U0929620

中共四川省委党校
四川行政学院
教授学术文库

丛书主编 刘 毅

新的时代观：重塑中国与世界关系研究

——学术论文自选集

Xin De Shidaiguan
Chongsu Zhongguo Yu Shijie Guanxi Yanjiu

吴嘉蓉 著

四川大学出版社

责任编辑：吴近宇
责任校对：喻　震
封面设计：墨创文化
责任印制：王　炜

图书在版编目（CIP）数据

新的时代观：重塑中国与世界关系研究：学术论文自选集 / 吴嘉蓉著. —成都：四川大学出版社，2015.11
（中共四川省委党校、四川行政学院教授学术文库 / 刘毅主编）
ISBN 978－7－5614－9153－9

Ⅰ.①新…　Ⅱ.①吴…　Ⅲ.①国际关系－文集②中外关系－文集　Ⅳ.①D8-53

中国版本图书馆 CIP 数据核字（2015）第 279815 号

书名　**新的时代观：重塑中国与世界关系研究——学术论文自选集**

著　　者　吴嘉蓉
出　　版　四川大学出版社
地　　址　成都市一环路南一段 24 号（610065）
发　　行　四川大学出版社
书　　号　ISBN 978－7－5614－9153－9
印　　刷　成都时时印务有限责任公司
成品尺寸　148 mm×210 mm
印　　张　9.625
字　　数　296 千字
版　　次　2015 年 12 月第 1 版
印　　次　2015 年 12 月第 1 次印刷
定　　价　45.00 元

◆读者邮购本书，请与本社发行科联系。
电话：(028)85408408/(028)85401670/(028)85408023　邮政编码：610065
◆本社图书如有印装质量问题，请寄回出版社调换。
◆网址：http://www.scup.cn

序 言

我作为嘉蓉同志在科社教研部的老主任和研究生导师，看到她的论文集编辑出版，感到由衷的喜悦和高兴！这不仅是她在科研方面个人成果的展示，也是多年来她在党校这个集体中长期受到关怀和培养的结果。我借此机会表示最热烈的祝贺！

省委党校担负着培训及轮训厅、县、科级领导干部和培养理论师资队伍的繁重任务，不仅要求党校教师具备教学和科研两方面的能力，还要求他们在教学科研中始终贯彻理论联系实际的方针，不断了解新情况，研究新问题，用马克思主义的基本原理作出实事求是的正确阐释。嘉蓉同志在党校从事教研工作近三十年来，不负组织上的期望，为发展党校教育事业做出了积极的贡献。

1983 年，嘉蓉同志本科毕业于复旦大学国际政治系国际政治专业。当时，我国的社会主义现代化建设和改革开放事业正在蓬勃发展，党校的正规化教育刚刚开始。为了适应形势的发展，党校急需增设新课程，开辟新专业。嘉蓉同志大学毕业后分配到我校工作，专业对口，正逢其时，填补了我校国际政治和国际关系学科建设的师资空缺，成为我校这门新学科的开拓者之一。

但是，嘉蓉同志并不满足于已经掌握的国际政治专业知识。为了扩展视野，加上教学的需要，来我校不久，她又在职攻读了科学社会主义专业研究生；之后，还旁听了国际金融和国际贸易课程。这使她如虎添翼，承担起两个专业的教研任务，以国际政治专业为主，兼搞科学社会主义专业。由于她理论基础扎实、勤学好问、勇于探索，在教学和科研两方面都取得了可喜的成绩，于 2003 年被评聘为教授。

嘉蓉同志勤于笔耕，著述较多，其中不乏真知灼见，有五项著述获得四川省哲学社会科学优秀科研成果奖（其中集体二等奖一项，个人二等奖一项，个人三等奖三项），一项著述获得全国党校系统优秀科研成果三等奖。这本论文集，集合了她近三十年来的主要著述，反映了她在科研方面的能力和水平。

这本论文集分为两个部分，按照发表时间顺序排列，反映了作者研究问题的历史线索。第一部分是“时代问题与中国特色社会主义”，共收集了公开发表的13篇文章（其中在核心期刊上发表4篇）。第二部分是“国际政治经济与中国对外关系”，收集了公开发表的19篇文章（其中在核心期刊上发表4篇，被人大报刊资料中心转载1篇）。论文集有两个特点：一个是理论性强，说理较为透彻；二是可读性强，涉及知识面广。这也反映了科学社会主义专业与国际政治专业各自的学科特点。

嘉蓉同志勤于学习，善于思考，有自己的独立见解。这是非常难能可贵的。1989年至1991年，在冷战结束、苏联解体和国际格局发生转折性变化时期，嘉蓉同志潜心研究国际格局过渡时期的特征及其给中国带来的影响。她在1992年发表的《论新旧格局交替的过渡时期与中国的发展》一文中指出：“当前我们所处的过渡时期比起历史上的过渡时期有着完全不同的新情况和新特点。因此，必须根据变化了的情况和特点作出新的判断。”“苏联解体从深层次说明了当代国际政治经济发展的一个重大变化是，现代经济与高科技力量已经取代了传统的军事力量，成为未来新格局建立的决定性因素和条件。”通过具体分析，她认为：“过渡时期起码在十年以上。较长的过渡时期对于中国既是一种宝贵的机会，更是一种严峻的挑战。过渡时期较长有利于中国搞现代化经济和发展高科技力量，主要体现在赢得了宝贵的时间，使中国在未来的新格局中能有一个更为强有力的地位。”她还指出：中国经济发展的立足点显然是在亚太地区，因为“亚太地区政局相对稳定，各热点地区局势缓和，出现了前所未有的宽松局面。这就为中国发展经济创造了一个有利的和平与缓和的国际小环境。这种国际小环境在过渡时期显得特别重要”。嘉蓉同志对国际格局过渡时期的分析和判断是比较深刻的，事实证明也是正确的。

嘉蓉同志求真务实，勇于探索。她参与了由我主持的我校首次承担的“八五”国家社会科学基金项目“现时代的本质与特征”的研究工作。参与者还有四川省社会科学院和其他高校的几位专家学者。这是科学社会主义专业的重大课题，也是难度极大的理论课题。可是接到课题不久就发生了东欧剧变、德国统一、苏联解体等重大事件，这些事件模糊了我们的透视感。按照传统的时代理论，根本无法解释这一现象的发生，我们的研究工作因此陷入困境。经过多年的冷静观察和资料积累，我们决定改换思路，从“后冷战时代的世界”的视角另辟蹊径。嘉蓉同志承担了该课题第一部分“国际关系重心向经济转移”的研究和撰写任务，提出和论证了不少颇具新意的观点。针对西方认为冷战结束是资本主义对社会主义、西方对东方的胜利的这种观点，她从分析世界经济发展的大趋势的角度，提出了美苏都是冷战的失败者，西欧和日本是赢家的看法；又从国际经济发展和相互关系的深层次分析中，提出苏联解体是国际关系重心向经济转移付出的代价这样一个对苏联解体问题的研究中尚属少见的观点。她认为国家与市场互动促使世界经济多极化，并要求改变国际政治两极权力配置；还从世界经济全球化的发展中，对国际政治关系的演变做出概括，提出“绝对主权”向“相对主权”让渡，“维护国家主权”与“让渡国家主权”并行不悖的观点。这些观点在省内评审中得到专家好评，认为它有助于人们深入了解国家间政治经济相互关系的客观状况和规律，把握中国的前进方向，坚定走有中国特色社会主义道路的信心。

嘉蓉同志治学严谨，刻苦钻研重大理论课题。她先后成功主持了三本专著的申报，并承担主要撰写任务。由她主持研究的国家社科基金项目的成果《邓小平的时代观及其创新——改变中国和影响世界》（西部项目05XKS003）由序言、导论和六个章节组成。其中她承担了导论、第二章、第三章的撰写任务。该书摒弃了过去国内理论界从资本主义与社会主义两大社会形态理论或者“帝国主义时代理论”研究时代问题的传统思路，而进入一种宽广的世界历史视野来审视这个问题，并以此为基础对邓小平的时代观进行了重新论证和构建。

她广泛汲取了国内理论界研究时代问题以及世界历史理论的相关成果，做出自己的分析和概括。在该书导论中她提出了世界历史理论是马克思主义时代观的起源的重要观点。认为马克思和恩格斯提出大工业

“首次开创了世界历史”的新论断，是他们考察近300多年来人类工业与交换发展的历史，特别是考察19世纪以来大机器生产力发展状况的结果。她还认为，马克思和恩格斯揭示了人类社会在地域、空间关系上打破闭关自守、孤立发展转向相互联系、依存发展的必然性，揭示了各民族从单个的、地域性的民族历史转变为人类社会共同体的世界历史的进程及其规律。这就是世界历史形成之后，生产力与世界交往这“两个普遍发展”成为推动人类社会生产方式不断变革的根本动力，也是实现共产主义即消灭了阶级的自由人的联合体的前提和基础。她强调无产阶级解放运动必须遵循世界历史发展的这一客观规律，科学社会主义理论必然要随着世界历史时代的发展而创新。

在第二章中，嘉蓉同志把时代问题放在战后美苏冷战两极格局、世界经济发展与国际关系演变的历史背景下进行考察，剖析了苏联推行世界革命战略的历史局限性；认为苏联把时代理论僵化、意识形态化，违背了战后世界政治经济发展的趋势和主流。她还史论结合地分析了中美关系、中苏关系的意识形态冲突与国家利益冲突的复杂斗争，进而为邓小平时代观的形成做了很好的历史论证。第三章是对邓小平时代观逻辑体系和主要内容的创建。嘉蓉同志提出世界历史标准论、时代特征论、时代主题论和世界共同发展论四个层面的逻辑体系，阐述了十二个方面的内容，完整地展示出邓小平运用宽广眼界认识当今世界，重新构建中国与世界发展关系的新理论体系。可以说，这在国内社科界是一个突破性的研究成果。

我非常赞同她的观点。时代问题不应局限于从苏联或者中国的革命历史中去寻找答案，而应当从作为世界整体的人类历史发展中去寻找。人类社会的共同命运，包括社会主义的前途，实现共产主义的理想都在这一历史发展方向之中。这本论文集取名为“新的时代观：重塑中国与世界关系研究”就是从这一视角出发的。我对此感到一种前所未有的欣慰！

是为序。

陈更生

2015年6月于成都

目　录

第一部分　时代问题与中国特色社会主义

第二部分　国际政治经济与中国对外关系

第一部分

时代问题与中国特色社会主义

关于世界历史时代标准的探讨

一、划分世界历史时代应以社会形态为基础

唯物史观揭示了人类社会发展的客观规律，为我们科学地认识世界所处的历史时代提供了方法论。唯物史观从社会存在决定意识这一基本立场出发，阐述了生产力和生产关系的矛盾运动是社会发展的根本动力。生产方式的变革是社会发展的决定力量。正如列宁所说："只有把社会关系归结于生产关系，把生产关系归结于生产力的高度，才能有可靠的根据把社会形态的发展看做自然历史过程………"① 因此，人们可以称维多利亚时代、拿破仑时代、石器时代、信息时代、核武器时代，但要真正分析人类社会发展的演进过程，制定我们所标记的时代在历史坐标中的位置时，就应当从社会形态及其不同发展程度所划分的历史发展阶段中寻找答案。只有在社会形态这一坚实的历史唯物主义基础之上，才能反映出时代的本质特性，才能从本质上区别这个时代与那个时代。

许多文章和著作都自觉地把社会形态作为划分世界历史时代的基础。《国际政治专题讲座》（甘本佑、冯良勤主编，西南财经大学出版社，1988 年版）一书就指出："整个社会形态，是包括生产力、生产关系、政治关系、意识形态的统一体。因此，我们的考察不能仅仅停留在生产力范围，必须考察生产力状况以及由此决定的生产关系，考察由生

① 《列宁选集》第 1 卷，北京：人民出版社，第 8 页。

产关系决定的一切社会关系，考察由这一切社会关系决定的社会历史发展的趋势，才能抓住时代的本质。”（见该书第2页）

由此可见，社会形态不是单一的尺度，它是由多层因素组成的。每个层次之间都有内在的必然联系，是一个统一的整体。社会形态的转换，是通过诸多因素一系列的矛盾运动作用的结果。如果简单地把一个层次的矛盾作用等于整体的作用的结果，就不能回答社会形态的转换或更迭的问题。比如，生产力因素是决定其他因素变化发展的根本原因。但是，生产力的变化只说明了社会形态更迭的动因，而没有说明社会形态更迭的结果。资本主义的生产力和生产关系的萌芽最早出现在14世纪末15世纪初的地中海沿岸城市。英国是资本原始积累最为典型的国家。马克思曾经说，资本主义时代是从16世纪才开始的。但是英国资产阶级革命取得成功却是在17世纪40年代。又如，中国资本主义生产的萌芽最早出现在明末清初，第一次资产阶级革命却发生在1911年。生产力因素还不能解释社会主义社会形态的确立。因为，资本主义不发达国家的无产阶级是在社会主义生产方式没有建立的条件下夺取政权，建立起社会主义社会的。

因此，以社会形态作为划分世界历史时代的基础，就必须坚持这样两个原则：第一，这个标准必须代表社会形态诸因素已完成其新质的转变；第二，这个标准必须代表有条件实现社会形态诸因素完成其新质的转变。

二、划分世界历史时代应以社会形态中的政治标准为依据

伟大的革命导师列宁为我们指明方向。他说：“哪一个阶级是这个或那个时代的中心，决定着时代的主要内容、时代发展的主要方向、时代的历史背景的主要特点等等。”① 列宁应用了唯物史观的一个基本原理，即阶级社会的历史是阶级斗争的历史，阶级斗争是阶级社会发展的

① 《列宁全集》第21卷，北京：人民出版社，1992年版，第123页。

直接动力。列宁之所以把新的统治阶级作为社会形态更迭的最重要标志，是因为这些新的经济阶级就是新的生产方式的代表。他们可能是代表着已经建立起来的资本主义生产方式的资产阶级，也可能是代表着将要建立的社会主义生产方式的无产阶级。这些处于统治地位的阶级代表着新时代的到来。列宁的教导告诉我们：社会形态的更迭，最终是通过人去完成的，阶级斗争的最高形式是政治斗争，是通过夺取政权来否定旧的生产方式，建立或巩固新的生产方式。阶级作为具体的社会成员的体现，它是通过人的思想意识指导和实践过程来完成的。只有人，而不是物才能发挥其主观能动性，认识和改造社会，促使社会向前发展。

我们有充分理由认为，划分时代的依据是社会形态中的政治标准，是哪一个阶级占统治地位的标准。我们在应用这一标准纵向考察世界历史时代发展时，应以奴隶主阶级、封建地主阶级、资产阶级或一定历史发展阶级的统治阶级作为划分不同时代的依据，而不应以奴隶社会生产方式、封建社会生产方式、资本主义社会生产方式的出现作为划分标准。同样的道理，社会主义社会形态也是以无产阶级占统治地位为依据的。坚持社会形态中的政治标准，并不是排斥其他因素的作用。因为社会形态的更迭不是一蹴而就的，它是一个长期的过程，必须达到诸多因素内在的统一，只能遵循生产力决定生产关系、经济基础决定上层建筑这两条客观规律，而不是违背它们。

坚持社会形态中的政治标准，能够解释世界历史中出现的多种社会形态更迭的模式，这些模式的演变都能体现社会发展的客观规律。在世界近代史上，至少有以下四种模式：

第一种，由于新的生产方式在旧的社会形态内部形成，新的所有者阶级通过政治斗争夺取政权，成为新的统治阶级。如近代史的英国、法国。

第二种，由于旧的生产方式和政治体制在旧的社会形态中失去生命力，引起社会被统治阶级自下而上的革命。通过代表新的生产方式的阶级在政治上夺取政权，开始一种新的社会形态的建立、发展和完善的过程。如苏联十月社会主义革命、中国的新民主主义革命胜利。第二种模式比第一种模式的更迭更为困难。因为它缺乏社会形态更迭时的物质基础。在生产力、生产方式、生产关系上层建筑的各个领域都要实行改革和不断完善，否则，新的社会形态将迟迟不能充分展示其优越性。

第三种，由于旧的社会形态内部出现了新旧生产方式的激烈斗争，迫使统治阶级通过自上而下的改革，逐步建立新的生产方式并完成新的社会形态的转变。如近代的德国、沙皇俄国和日本。

第四种，由特殊的历史条件，扶持了代表着新的生产方式的阶级。通过他们的建设和斗争不断完善新的社会形态。如近代美国、加拿大。

三、对世界范围内社会形态的考察和结论

从1919年10月苏联建立第一个社会主义国家开始，世界范围内就出现了三种社会形态，即资本主义社会、社会主义社会、混合型社会(具有前资本主义因素和资本主义因素)。这三种类型的社会形态都有自己的发展规律。资本主义形态的国家，如西欧、北美、日本等在第一次世界大战前后已进入帝国主义阶段。在第二次世界大战之后，由于帝国主义殖民体系土崩瓦解，以及资本主义生产方式的自我调节，资本主义国家相继进入国家垄断资本主义阶段。社会主义形态的国家，在这一段时间中，从苏联一国发展到东欧各国、中国、朝鲜、越南等一批社会主义国家。社会主义国家在确立生产关系和发展工业体系的过程中普遍采用了苏联模式。混合形态的国家在第二次世界大战前大多是亚非拉地区的殖民地半殖民地国家。战后，这些国家获得政治独立，形成争取民族经济发展，巩固民族主权的第三世界国家。这些国家在社会形态上既有自己过去的非资本主义因素，又有大量的资本主义因素。但他们中的大多数逐渐走上了资本主义发展道路，少数走上了社会主义道路。

经过战后几十年的发展，到了20世纪80年代的今天。我们看到，西欧、北美、日本等资本主义地区和国家在国家垄断资本主义这个阶段获得了很大的发展，科技革命浪潮不断涌现，生产的社会化和国际化水平进一步提高，生产关系的改革取得有效的结果。苏联、东欧、中国等社会主义国家和地区在建立社会主义生产关系的过程中遇到各种困难，出现了较大的失误。在20世纪80年代以后这些国家和地区普遍进入了

改革旧体制，促进科学技术和生产力发展的阶段。有的亚非拉地区的第三世界国家取得了巨大的经济成绩，成为新兴的资本主义工业国家和地区。少数国家在经受挫折之后，逐步进入调整和改革的阶段。

结论一：以上对世界范围内的简单考察可以归结到列宁的一段论述中："时代之所以称为时代，就是因为它包括有种种典型的和不典型的、大的和小的、先进国家和落后国家所固有的现象和战争。"① 列宁的论述说明，用一种社会形态的某个发展阶段来概括整个世界历史是偏颇的、片面的。列宁曾经批评有些人滥用"时代"和"帝国主义时代"概念。他说："试问，能不能从先进欧洲（以及美国）的资本主义已经进入帝国主义新时代这一事实得出结论说，瑞典会发生帝国主义战争呢？这是一种荒谬的论断，这是不善于把当前这个具体现象和本时代可能发生的种种现象区别开来。"因此，简单地把资本主义社会形态发展到的某一个阶段用来概括我们所处的时代是不恰当的。换言之，我们不应该把列宁分析的帝国主义时代称为我们当今的时代。帝国主义时代是资本主义社会形态已过去的一个发展阶段。同样的道理，我们也不应该把当今资本主义发展的新阶段——国家垄断资本主义称为我们所处的时代。

我认为，俄国十月社会主义革命以后，社会主义社会形态的出现标志着人类世界历史进入了资本主义和社会主义并存的大时代。第二次世界大战以后，出现了两个小阶段：第一阶段是资本主义与社会主义冷战和军事竞争的时代。第二阶段是20世纪80年代中期以后，出现的和平共处和经济科技竞赛的时代。

结论二：研究世界历史时代，不仅是为了回答人类社会所处的历史地位，更是为了认识和了解不同社会形态之间的相互关系。因为任何一种社会形态的产生和发展都是主观和客观条件作用的结果，都是不以人的意志为转移的。但资本主义社会形态相对于前资本主义社会形态又是先进的社会形态。资本主义作为有三百年以上历史的成熟的社会形态，对于新生的、历史还短的社会主义形态具有双重性质的影响作用：一方

① 《列宁全集》第23卷，北京：人民出版社，1990年版，第28页。

面，它与社会主义社会有着不可调和的矛盾和斗争；另一方面，它对社会主义社会又有吸引和借鉴的影响作用。同样的，它对那些正在选择适合本国国情的发展道路的第三世界国家也有巨大的影响能力。资本主义在国际经济、政治、军事领域，文化和意识形态方面的控制力和影响力都不能被低估。

社会主义社会是一种新型的社会形态。由于它出现在不发达的国家，因而要在较短的时间内充分显示出它的优越性是不可能的。苏联目前提出了"发展中社会主义"阶段论，中国共产党十三大政治报告提出"社会主义初级阶段"都说明了社会主义社会还处于它的幼年时期。社会主义作为一种新的社会形态不经过不断改革和完善的过程，就难以展现它美好的前景。因此，我们要坚持社会主义社会的改革和完善是能够实现的信念。这是历史发展的必然逻辑。

(原载《理论与改革》，1988 年增刊《纪念十一届三中全会十周年论文选》)

试论邓小平国际战略思想的构建

邓小平同志不仅是伟大的无产阶级革命家，也是伟大的国际战略家。邓小平国际战略思想是建设有中国特色社会主义理论的重要组成部分，值得我们认真学习和研究。本文拟围绕邓小平国际战略思想的主要方面作一些分析、探讨。

一、把制定国家发展战略目标和完成祖国统一大业摆在首位

国际战略是比外交政策更高一个层次的谋略。“国际战略指的是一国对较长一个时期的整个国际格局、本国国际地位、国家利益和目标以及相应的外交和军事政策等总的认识和谋划。”① 可以说，国际战略是揭示较长时期的国际关系中能够制约全局的带规律性的谋略，并用以指导本国内政外交政策的制定。

中国是一个发展中的社会主义国家，理应把国家的生存与发展作为制定国际战略的最基本的立足点。因此，国家发展战略目标是中国国际战略不可缺少的内容。战略目标的抉择有赖于对本国所处的国际政治经济环境的正确认识，对本国在国际格局中的地位与作用的认识，以及对国家战备利益的正确判断。

邓小平同志 1975 年再次担任党和国家领导职务以后，致力于制定

① 张季良：《国际关系学概论》，北京：世界知识出版社，1990 年版，第 33 页。

符合中国实际的发展战略目标。为此，他对国际政治环境作了客观的估计，纠正了70年代以前在制定战略目标时夸大世界大战危险的做法，明确指出："我们有可能争取多一点时间不打仗……可以争取延缓战争的爆发。"① 党的十一届三中全会将工作重心转向以经济建设为中心，实行改革与开放的国策，都是为了朝着发展这个战略目标靠近。在邓小平同志的领导下，党的十二大提出了在20世纪末实现国民生产总值翻两番的"两步走"目标；党的十三大又进一步制定出到21世纪中叶人均国民生产总值达到世界中等发达国家水平，基本上实现社会主义现代化的"三步走"战略目标。这是确立中国社会主义现代化强国地位的国家战略目标，是中国迈向21世纪的伟大旗帜。

从实现中国发展战略目标的需要出发，邓小平同志提出了用"一国两制"解决香港、澳门、台湾问题的新构想。从而把收回香港、澳门的国家主权，实现台湾与大陆的祖国统一的战略提上了议事日程。在解决国际领土争端等重大问题上，邓小平同志坚持原则性与灵活性的统一，提出用"搁置主权，共同开发"的方式来解决钓鱼岛问题、南沙群岛等问题，努力创造和平的国际环境。

在中国国际战略地位问题上，邓小平同志坚持并发展了毛泽东"三个世界"的战略思想。"三个世界"理论是毛泽东同志关于国际战略力量划分的理论。它指明了世界的基本力量是第三世界国家，并为中国确立了属于第三世界的国际战略地位。这个理论抛弃了按照社会制度和意识形态划分国际政治力量和确定国际地位的传统观点，转而根据一国在世界政治经济中的地位和作用以及未来走向来划分。不足之处是它没有指明第三世界的战略目标，实际上把反对美苏两霸作为第三世界的根本任务。邓小平同志把中国属于第三世界，中国站在第三世界一边称为"国际战略原则"。他多次讲过，"中国属于第三世界，将来发展起来了，还是属于第三世界，永远不做超级大国"②。从而把实现中国的发展战略目标与中国的国际战略地位有机结合在一起，取得了第三世界国家与世

---

① 《邓小平文选》第二卷，北京：人民出版社，1983年版，第74页。

② 《邓小平文选》第三卷，北京：人民出版社，1993年版，第94页。

界大多数国家的国际信任。

二、从中国和第三世界国家的实际出发，揭示世界战略性问题

一方面，邓小平同志胸怀中国发展战略目标，努力创造中国需要的和平与信任的国际环境；另一方面，邓小平同志站在第三世界国家的立场，从中国和第三世界国家的战略利益需要来考察全球性问题。

邓小平同志早在1982年或更早一些时候，就开始酝酿世界战略问题。那个时候，国际政治领域仍然是美苏争霸当道，美国里根政府此时抛出“高边疆”战略，酝酿“星球大战计划”。1986年3月4日，邓小平同志会见日本商工会议所访华团时，以更为概括准确的语言全面阐述了当今世界的根本问题。他指出：“现在世界上真正大的问题，带全球性的战略问题，一个是和平问题，一个是经济问题或者说发展问题。和平问题是东西问题，发展问题是南北问题，概括起来，就是东西南北四个字。南北问题是核心问题。”① 邓小平同志分析说，南方国家的贫困与不发达最终会制约北方国家的发展。北方国家不应害怕南方国家发展的竞争，而应以战略眼光处理南北问题，采取积极合作的态度。邓小平同志的分析指明了南方国家和北方国家在发展上的相互依赖性与共存性。

邓小平同志正确评估了中国发展和第三世界发展问题对世界政治经济的作用。在国际事务中，不仅发达国家对中国的发展抱有怀疑态度，而且对第三世界的发展问题也抱不积极态度。这个问题关系到中国改革和开放能否更多地得到国际社会的理解和支持，关系到中国发展和第三世界发展能否被纳入世界战略问题的轨道。邓小平同志指出，中国是一支和平力量。这是因为中国要实现自己的发展目标，就必须有一个安定的国内环境与和平的国际环境，就必须同世界上一切和平力量合作。对于不发达国家之间的战争，邓小平同志认为：“实际上是发达国家的需

① 《邓小平文选》第三卷，北京：人民出版社，1993年版，第106页。

要，发达国家欺侮落后国家的政策没有变。”① 邓小平同志说：“如果下一个世纪五十年里，第三世界包括中国有一个可喜的发展，整个欧洲有一个可喜的发展，我看那个时候可以真正消除战争的危险。”② 换言之，贫穷落后容易成为战争、战乱的导火索，而发展促进第三世界的真正强大与发达，也就成为抵制战争与冲突的基石。

邓小平同志深刻地分析了发展问题对世界市场和发达国家经济的影响。他认为，现在世界上占总人口四分之三的地区是发展中国家，还谈不上是重要市场。世界市场要扩大，就必须促使中国和发展中国家对外贸易额的提高，发达国家也要在经济上实行开放。发展中国家的市场扩大了，发达国家的资本、贸易和市场才有出路。因此，“从世界角度来看，中国的发展对世界和平和世界经济的发展有利”③。

我认为，邓小平同志把发展问题作为全球的核心问题，是他观察国际问题时坚持从整个世界大多数国家的实际出发的必然结果。一切从实际出发，实事求是，正是邓小平有中国特色社会主义理论的精髓。邓小平同志运用历史唯物主义关于生产力决定生产关系，经济基础决定上层建筑的基本原理，坚持科学技术是第一生产力的马克思主义观点，从错综复杂的国际现象中发现事物的本质，抓住发展这个核心，并把发展问题提到全人类的高度来认识，把它上升到全球战略的地位，使发展问题不仅成为发展中国家自己的责任，也成为发达国家的责任。由此也奠定了世界发展首先是第三世界的发展这一思想在邓小平国际战略思想中的核心地位。从思想方法论看，它恢复了我党在观察和分析国际问题上的实事求是的思想路线。

邓小平国际战略思想把发展作为核心，不仅体现了历史唯物主义的观点立场，而且展现了其辩证唯物主义的光辉。在国际政治历史上，维护和平很少与促进发展相联系。强国争霸之时，就是弱国、小国充当仆从或作为战利品被瓜分之日。即使是冷战时代，意欲摆脱美苏两个超级

① 《邓小平文选》第三卷，北京：人民出版社，1993 年版，第 319 页。
② 《邓小平文选》第三卷，北京：人民出版社，1993 年版，第 233 页。
③ 《邓小平文选》第三卷，北京：人民出版社，1993 年版，第 79 页。

大国控制，走“不结盟”第三条道路的许多发展中国家也由于自身的不发达和不稳定，难免不发生战争和不被美苏争霸所利用。邓小平同志辩证地阐明了全球性两大战略问题之间的内在联系，即把维护和平与促进发展视为两个相互关系、相互影响、相互作用的有机整体，提出了以发展促和平的新思路，并且找到了维护和平与促进发展的共同力量因素。邓小平同志明确地说：“如果说中国是一个和平力量、制约战争的力量的话，现在这个力量还小，等到中国发展起来了，制约战争的和平力量将会大大增强。”① 承认第三世界包括中国在内都是维护世界和平的关键，不是西方政治家所能做到的。现在，国际上仍然存在着遏制中国和发展中国家强大起来的思潮和势力。这股势力看不到或者不承认第三世界的发展对维护和平的辩证关系。

邓小平同志的国际战略思想，不是从一个国家的角度，探讨一国或国家集团对世界的根本看法和根本观点，而是把整个国际社会作为一个整体，研究这个整体发展变化的规律和具有全局性的根本问题。然而，这并不等于说这样的国际战略与中国的内政外交无关。恰恰相反，邓小平同志国际战略思想的核心已经把世界的实际与中国的实际有机结合在一起，把中国的发展提到了世界全球性战略问题的位置，并占有重要的一席之地。同时，中国的经济建设和改革开放的大政方针也与世界发展问题接轨。

三、提出世界转折时期中国外交的原则与方针

邓小平国际战略思想既有对世界全局的把握和概括，更有对中国外交的具体指导。1989 年秋，在东欧剧变和 1991 年 12 月苏联解体导致美苏两极格局终结的转折时期，我国的对外政策和对外关系也紧紧围绕着实现国家发展战略目标，为努力创造一个和平的国际环境而工作。这反映了邓小平国际战略思想在特殊和意料不到的紧急情况下所具有的威

① 《邓小平文选》第三卷，北京：人民出版社，1993 年版，第 106 页。

力。

针对美国和西方反华势力制裁和敌视中国，恶化中美关系的局势，邓小平同志严肃地提出了“以自己的国家利益为最高准则来谈问题和处理问题”①的外交原则，表明了中国政府捍卫国家利益的务实精神。

针对西方反华势力以所谓人权为幌子干涉中国内政，煽动内乱的局势，邓小平同志尖锐地批评说：“实际上是要损害我们的国权。”②“国家的主权、国家的安全要始终放在第一位。”③“中国如果不稳定就是国际问题，后果难以想象。”④“中国不能把自己搞乱，……这也是对全世界全人类负责。”⑤从而把中国的稳定问题提到国际安全与稳定的高度，抵制了西方的人权干涉。

针对东欧剧变、苏联解体，社会主义力量受到沉重打击的局势，邓小平同志概括了“冷静观察，稳住阵脚，沉着应付”这三句话作为外交活动的指南，要求做好一件事，即我们自己的事。邓小平同志坚信：“只要中国不垮，世界上就有五分之一的人口在坚持社会主义。”⑥从而避免了重蹈20世纪50年代中苏两党意识形态冲突的覆辙。邓小平同志还提醒说：“我们千万不要当头，这是一个根本国策。”⑦显示了高度灵活的外交策略。

针对旧的格局即将结束，新的格局尚未形成的国际政治经济形势，邓小平同志提出：“中国的对外政策还是两条，第一条是反对霸权主义、强权政治，维护世界和平；第二条是建立国际政治新秩序和经济新秩序。”⑧“国际关系新秩序的最重要原则，应该是不干涉别国的内政，不

① 《邓小平文选》第三卷，北京：人民出版社，1993年版，第330页。
② 《邓小平文选》第三卷，北京：人民出版社，1993年版，第348页。
③ 《邓小平文选》第三卷，北京：人民出版社，1993年版，第348页。
④ 《邓小平文选》第三卷，北京：人民出版社，1993年版，第357页。
⑤ 《邓小平文选》第三卷，北京：人民出版社，1993年版，第361页。
⑥ 《邓小平文选》第三卷，北京：人民出版社，1993年版，第321页。
⑦ 《邓小平文选》第三卷，北京：人民出版社，1993年版，第363页。
⑧ 《邓小平文选》第三卷，北京：人民出版社，1993年版，第353页。

干涉别国的社会制度。”[①]“现在确实需要以和平共处五项原则作为新的国际政治、经济秩序的准则。”[②]

邓小平同志是世界上最早倡导建立国际政治经济新秩序的国家领导人之一。邓小平同志预见到世界总的局势在变，巨大的转折性变化即将来临。从1988年9月下旬以后，邓小平同志在与外宾的谈话中，就明确地提出建立国际政治新秩序的主张，并认为建立国际政治和国际经济新秩序这两件事情要同时做。东欧剧变，苏联发生经济政治社会危机后，邓小平同志又及时地把中国关于建立国际政治经济新秩序的主张作为我国的外交战略任务提出来。这不仅使中国在世界剧变之时处于战略主动地位，而且由于中国的主张反映和代表了世界大多数国家和人民的要求和愿望，赢得了第三世界国家的支持和许多欧洲国家的理解和赞同，从而提高了中国在国际事务中的影响力。

回想起来，正是在邓小平同志这些外交战略思想的指导下，我国政府和人民才顶住了国际政治中的狂风巨浪，经受住了形势剧变的考验，仍然以一个社会主义大国的面貌屹立在世界东方。

坚信马克思主义是科学真理，坚持运用历史唯物主义所揭示的人类社会发展规律来观察和分析世界，坚信社会主义在经历一个较长时期的发展后必然代替资本主义的历史发展总趋势，这就是邓小平国际战略思想最深厚的阶级根源和无产阶级世界观、方法论的根本立场。由此也决定了邓小平同志作为无产阶级革命导师与国际战略大师之间必然存在着的某种联系。

（原载贾本乾主编《四川省第三次邓小平建设有中国特色社会主义理论研讨会论文集》，四川人民出版社，1997年版）

---

① 《邓小平文选》第三卷，北京：人民出版社，1993年版，第359页。

② 《邓小平文选》第三卷，北京：人民出版社，1993年版，第360页。

时代观理论与邓小平的时代观

时代观是一个比较复杂的跨学科的理论问题。多年来，我们根据马克思主义经典作家的论述，对划分世界历史时代的标准，对历史时代各个阶段的主要矛盾进行了分析，取得了一些成果。但是，由于战后世界的变化太大，许多新情况和新问题需要我们去重新认识。传统的时代观需要更新，一些观点需要我们纠正或重新解释。特别是冷战结束之后，我们再不应回避对时代问题的研究。总之，实践的发展已向我们提出了加快时代观理论建设的问题。

一、马克思主义的社会形态理论是时代观的基石

研究科学社会主义理论的学者认为，我们仍然处在从资本主义向社会主义过渡的历史大时代。研究国际政治学科的专家则提出当今世界是一球两制、政经多极、竞争共处的时代。其实，无论怎样表述，都离不开马克思主义关于社会形态演变的理论。

社会形态演变的理论是唯物史观的重要内容。这一理论有以下三个方面的观点：（1）人类社会的发展取决于生产力和生产关系、经济基础和上层建筑这两对基本矛盾的对立统一运动。其中，生产力决定生产关系，生产关系的总和构成社会经济基础，社会经济基础决定社会的政治与意识形态的上层建筑。因而，生产关系一定要适应生产力发展水平，上层建筑一定要适应经济基础，这是人类社会发展的普遍规律。（2）社会的经济基础或经济结构是划分社会形态演变的不同时代的标准。这是

因为经济基础具有质的规定性，即它是由一定的社会生产力状况制约的，并由生产资料所有制性质所决定的。这种质的规定性把奴隶制社会与原始社会相区别，把资本主义社会与封建社会相区别，把社会主义社会与资本主义社会相区别。（3）在资本主义社会形态之前的人类社会，包括资本主义社会自身都是一种自然形成的社会形态演变的历史过程。比如资本主义生产方式在封建社会中就已经孕育，资产阶级革命不过是更换政权的统治者。但马克思恩格斯并不认为社会主义社会是自然的历史过程；相反，他们主张无产阶级革命，以全社会的名义占有生产资料。

20 世纪初，资本主义进入帝国主义阶段，列宁根据变化了的新情况，进一步补充和发展社会形态理论，并实践了这一理论。十月社会主义革命的胜利是人类社会形态演变趋于复杂化和多样化的反映。它表明：不发达国家和地区受到来自国际资本主义的挑战以及日益加深的剥削和压迫，已经不可能继续走社会形态自然演变的历史发展道路。根据自身所处的历史条件采取跳跃式或激进式的变革已成为新的历史选择。从 19 世纪中叶始，欧洲资本主义国家在工业革命和技术革命的推动下就不断向外扩张，发展到以资本输出为特征的垄断阶段。由于资本实力的不平衡引起的帝国主义国家之间争夺资源和市场的矛盾不断加剧，帝国主义的殖民统治引起的帝国主义国家与殖民地半殖民地国家之间的矛盾不断加深。当帝国主义国家用世界性战争作为解决矛盾的手段时，俄国却在沙皇封建势力顽固、资产阶级力量软弱和无产阶级力量相对强大的历史条件下，经过多次革命最后选择了走社会主义道路。第一次世界大战给俄国工农大众带来了一次新的机遇，使他们能够用与西欧其他一切国家不同的方式来创造、发展文明。

列宁是把俄国社会主义革命作为世界历史发展一般规律中的一个特殊事例来看待的。这次革命建立了世界上第一个社会主义国家，它的确改变了社会形态自然的历史演进过程。列宁根据这一事实，提出了划分时代的阶级标准。他指出：“哪一个阶级是这个或那个时代的中心，决定着时代的主要内容、时代的发展的主要方向、时代的历史背景的主要特点等等。”① 也就是说，无产阶级成为统治阶级决定社会主义的命运，担负着发展生产力和建立与之相适应的生产关系和上层建筑的历史任务。

事实表明，一方面，社会主义社会从它出生到成长都与资本主义有着千丝万缕的联系。社会主义社会也可以被视为资本主义世界化的产物。另一方面，社会主义制度又给资本主义和整个世界带来挑战和希望。从世界范围来看，资本主义和社会主义是同一时代的两种社会制度。因此，不论苏联解体与否，我们都可以断定，资本主义与社会主义两种社会形态并存发展仍然是我们所处时代的一个基本特征。

二、时代观理论具有内在联系性

传统的时代观在世界历史时代的划分标准上有许多成果，但在说明世界社会形态矛盾运动方面却有较大的随意性。这反映了时代观理论建设很不成熟，在实践中常常顾此失彼的现状。例如，过去我们对资本主义生产方式的分析满足于论证其腐朽与垂死性，基本上没有遵循生产力决定生产关系的规律。又如，我们论证资本主义与社会主义两种制度和意识形态的对立，更多地是为了显示社会主义制度的优越性，同样是脱离生产力水平来谈生产关系和上层建筑。我们宣传世界社会主义运动，强调的是制度上的同一性，而忽视具体国情和差异性，结果给社会主义国家相互关系造成不利影响。此外，从不同学科的角度研究时代观也可能把它分割隔离，难以发现其内在的联系性。

坚持以马克思主义社会形态理论为指导，就应该贯穿所涉及的各个方面，打破学科的界限。是否可以这样理解，即把时代观分解为三个有机联系的部分：（1）对本国一定阶段社会形态基本矛盾运动的认识和判断，它涉及科学社会主义、哲学等领域；（2）对世界其他社会形态（包括相似和完全不相似的社会形态）的基本矛盾运动认识和判断。它涉及国别政治与经济，甚至宗教文化领域；（3）对一定阶段世界范围内不同

---

① 《列宁全集》第21卷，北京：人民出版社，1992年版，第123页。

社会形态相互关系的认识和判断。它涉及世界经济与国际关系领域。这三个部分既各自独立，又相互联系，构成时代观的内在逻辑结构。

通俗地说，时代观是一种世界观方法论。它是根据具体的历史条件，首先是生产力的状况，其次是生产关系的适应性，再次是上层建筑的适应性作出关于社会自身以及其他社会及其相互关系的总认识和判断的。

事实证明，人们对时代观的内在逻辑结构也有一个认识过程，并非一开始就是全面的、正确的。马克思曾对自由资本主义时期的社会基本矛盾进行了深刻的剖析，但恩格斯晚年却对他和马克思早年的某些结论进行了修正。马克思恩格斯对西欧社会主义革命的理想始终没有实现，但他们又看到了资本主义的世界影响可能改变西欧无产阶级革命的条件。列宁来不及深入认识社会主义建设的规律性，但却清醒地认识到学习资本主义社会的长处和实行经济的开放，并在同欧洲资本主义国家的冲突中寻求均势和妥协。斯大林在社会主义建设的探索中走了一条特殊的发展道路，因而没有留下多少理论建树。战后的苏联领导人思想僵化，陷入了一系列内政外交错误之中。他们不仅高估了苏联社会主义发展阶段，低估了资本主义社会的变革能力，而且不惜放弃体制改革以确保扩军备战与美国争夺霸权，最终导致经济停滞，引发社会政治和民族分裂危机。

中国共产党对中国社会落后的生产力与希望建立的社会主义生产关系之间的矛盾的认识和判断，以及上层建筑如何适应社会主义生产关系的问题更是经历了一番艰难的实践，付出了沉重的代价。这种状况一直到党的十一届三中全会彻底清算了极“左”的思想路线，恢复了实事求是的精神面貌之后才得以改变。

由此可见，正确的时代观，首先是正确认识一定阶段中本国社会的基本矛盾运动的状况，并按照社会生产力发展规律的要求去解决和处理好各种矛盾。是否能实事求是地认识本国的国情和发展状况，关系到对别的社会形态的认识和判断，还关系到对与自己相似或不相似的社会制度的国家能否理解和尊重的问题。只有克服高估自己，低估别人的心理，才能在与不同社会形态的国家之间发展关系时更多地寻求合作，而不是冲突。其次，是对当代资本主义社会形态要有一个客观的全面的评价。事实证明，当代资本主义绝不是向着现实社会主义社会过渡的社会形态。它有其自身发展变化的规律。不论是西欧，还是北美以及亚洲的发达资本主义国家，都是生产力水平居世界前列，生产关系和上层建筑不断调整变革的社会。世界经济的全球化和区域一体化都是以它们为中心的，也迫使它们不断寻求新的活力来保持领先地位。同时，对资本主义的世界影响力也要有正确的认识。由资本主义生产方式开拓的世界市场把不同社会制度的国家联系在一起的这个事实，再一次被冷战结束后的全球市场化浪潮所证实。经济利益优先冲破了各种传统思想的束缚，使当今国际社会的联系比过去任何一个时代都更加紧密。但是也应看到，随着更多的国家参与市场竞争，资本主义国家更不可能独占市场份额。由发达国家组成的国际金融机构对国际资本市场的控制力也日益削弱，区域性金融危机对世界经济的影响日益加深。而且，资本主义国家不能完全主导国际政治领域，也是战后世界发展的一个明显事实。国际关系的民主化趋势有目共睹。

资本主义与社会主义关系历来是一个重大理论和实践问题。冷战时代美国和苏联为争夺世界霸权都搞意识形态划线，把资本主义与社会主义关系凌驾于国际关系之上，从而在理论上形成一种误区。作为社会主义一方来说，似乎“资社”关系决定着人类的共同命运。其依据是社会主义必然要代替资本主义，人类终究要实现共产主义。作为资本主义一方来说，社会主义的发展和壮大构成了一种威胁，只有采取遏制或和平演变的战略方可罢休。这种势不两立的观点使美国和苏联两个超级大国都付出了沉重的代价，还使整个世界受到这种关系的制约，拖延了国际社会的发展。社会主义和资本主义谁战胜谁的问题究竟取决于这两种社会形态自身，还是多种社会形态共存的国际关系领域？社会基本矛盾运动是社会形态演变的内因，国际关系领域始终是社会形态演变的外因。“资社”关系只是国际关系的组成部分，国际关系只能是促使社会演变的条件，而非根据。社会主义社会的发展和完善有赖于一个有利于自身的国际环境，资本主义社会也是如此。因此，不能违背社会形态演变规律，不能超越国际关系自身的规则来处理“资社”关系。当代资本主义与当代社会主义既有区别又有联系。社会主义作为后发展社会可以通过掌握先进的科学技术生产力来缩小与资本主义的差距，并可以利用资本的国际扩张从世界市场获取各种资源，而这些都离不开资本主义社会的进一步发展与变化。

三、全面地把握邓小平的时代观

我国理论界在研究邓小平的时代观方面已有成果。如根据邓小平同志关于和平与发展是当代两大全球性战略问题的论述，提出了时代主题和重新判断当今世界历史时代的发展阶段的观点。和平与发展是当今时代的主题，在冷战结束以后被国际社会普遍承认。这是邓小平同志对世界的一大贡献。然而，我们不能停留在邓小平同志的结论上，应该探寻他的思路，全面地把握邓小平的时代观，这不仅能开阔我们的视野，且从中能发掘更为丰富的，给人启迪的思想。可以说，邓小平的时代观是他认识当今中国与当今世界的总方法。

邓小平的时代观是建立在对中国社会主义社会的理论反思和重新认识中国社会发展规律上的。邓小平同志的理论反思是深刻的和触及人心的。他认为中国搞了几十年不够格的社会主义。提出“要弄清什么叫社会主义和共产主义，怎样搞社会主义”①，“贫穷不是社会主义”②。邓小平同志认为，只有对僵化的经济体制模式和权力过分集中的党和国家制度进行有计划、有步骤而又坚决彻底的改革，才能解决好社会主义社会的基本矛盾，发挥社会主义制度的优越性。通过社会主义改革解放生产力的观点过去没有任何一位马克思主义经典作家这样明确讲过，而邓小平同志不仅这样讲，也这样做了。其结果，中国从内到外都焕然一新，谁能说中国今天不是一个充满活力的社会呢？邓小平同志提出的社会主义初级阶段理论是对中国基本国情最客观和最高度的概括，是党和政府制定一切方针政策的依据。邓小平同志对社会主义本质的概括更是我们

---

① 《邓小平文选》第三卷，北京：人民出版社，1993 年版，第 223 页。

② 《邓小平文选》第三卷，北京：人民出版社，1993 年版，第 225 页。

“搞清楚什么是社会主义”的一次思想大解放。发展生产力和实现共同富裕的目标把社会主义从空中楼阁变成了每个人的行动。正如邓小平同志所说：“发展才是硬道理。”①

邓小平的时代观是把世界经济和各国社会发展作为中国发展的参照系来看待的。邓小平同志高度重视国外的发展情况，从不拘泥于意识形态的束缚。他指出，世界形势日新月异，特别是现代科学技术发展很快。在这种背景下，一切马克思主义者都不能墨守成规，必须以新的思想、观点去继承、发展马克思主义。例如实行对外开放的长期国策集中体现了邓小平同志借鉴国外发展的经验，引进外国智力，同外国做买卖相互合作以加快中国发展的思路。对外开放不仅彻底改变了中国几十年来孤立自己和被别人孤立的状况，而且极大地促进了中国社会生产力的发展以及经济和政治体制的改革。而战后世界发展的一个基本特征就是各国的相互开放，世界市场在广度和深度上的拓展。中国顺应世界潮流是社会进步的一大表现。又如，邓小平同志深刻地认识到中国的发展离不开科学技术。长期封闭是中国落后的原因之一，而封闭的结果是在科学技术上与发达国家拉开了日益增大的差距。因此他说：“马克思讲过科学技术是生产力，这是非常正确的，现在看来这样说可能不够，恐怕是第一生产力。”② 科学技术是第一生产力的观点在邓小平的时代观中占有重要一席之地，用这一观点分析当今世界各国的竞争是最有说服力的。

邓小平的时代观是将追求本国利益和世界整体利益紧密联系在一起作为出发点的，具有强烈的国际责任感。20 世纪 80 年代中期，邓小平以国际战略家的眼光和胆识，提出了和平与发展是当今世界的两大主题的论断。这一论断的关键是要求国际社会更多地关注世界的发展问题。邓小平同志不仅指明了南方、北方国家在发展上的相互依赖性与共存性，而且把发展问题提到了全人类的高度来认识，把它上升到全球战略的地位，使发展问题不仅成为发展中国家自己的责任，也成为发达国家

① 《邓小平文选》第三卷，北京：人民出版社，1993 年版，第 337 页。
② 《邓小平文选》第三卷，北京：人民出版社，1993 年版，第 275 页。

的责任。世界共同发展，尤其是第三世界的发展成为时代主题的核心这一观点，是邓小平的时代观中最为重要的观点。这是邓小平同志长期观察包括中国在内的世界大多数国家都处于发展的初级阶段，都面临如何加快社会生产力发展这一矛盾得出的结论。这既是当今世界的最基本情况，也是世界大多数国家的根本利益所在。因此，邓小平同志绝不是从一个国家或国家集团的利益出发来提出问题；相反，他是把国际社会作为一个有机整体，并从这个整体的共同利益出发来提出问题的。紧紧抓住发展这个时代主题的核心，无论发生任何国际风浪都不动摇，正是在这一坚定信念的支持下，中国才能在国际形势发生剧变后克服重重困难，始终没有偏离发展的轨道。

邓小平的时代观是以提倡和平外交，反对霸权主义，追求建立公正合理的国际政治经济新秩序为目标的。中国共产党和中国政府一贯奉行独立自主的和平外交，并把和平共处五项原则作为国家关系的准则。然而，随着各国社会逐渐开放以及世界经济的全球化进程，一国的内政和外交之间的关系日益密切，一些属于内政的问题有被外交化或者国际化的倾向。更为重要的是世界上搞霸权主义和强权政治的国家趁机干涉别国内政，以达到其不可告人的目的。再加上社会主义改革中积累起来的矛盾一时难以化解，这种里应外合的机会一旦出现，社会主义国家就可能遭到灭顶之灾。因此，在世界格局发生转折性变化的关键时刻，邓小平同志坚持了“国家的主权与安全要始终放在第一位”的原则及“冷静观察，稳住阵脚，沉着应付”的策略，给中国外交指明要坚持一个方针，即同苏联、美国、日本和欧洲国家继续打交道，搞好关系。同时反复强调和声明“我们千万不要当头，这是一个根本国策”，“中国永远站在第三世界一边，中国永远不称霸，中国也永远不当头”。当发达国家对中国实行经济、政治、军事和外交的一系列制裁，国家关系严重恶化时，邓小平同志提出“社会制度和意识形态的差别，不应成为发展国家关系的障碍”的观点。他指出，考虑国与国之间的关系主要应该从国家自身的战略利益出发，着眼于自身长远的战略利益，同时尊重对方的利益，而不去计较历史的恩怨，也不去计较社会制度和意识形态的差别。此后的中美关系的发展的确证明了邓小平同志的这一观点是非常正确的。

邓小平的时代观还体现在他对在国际政治、经济领域建立更为公正合理的新秩序的关注和贡献上。邓小平同志是世界上最早倡导建立国际政治经济新秩序的国家领导人之一。从 1988 年到 1989 年，邓小平同志多次在同外宾的谈话中提出这个问题。邓小平同志认为，建立国际经济新秩序从 20 世纪 70 年代就提出来了，现在仍然应该建立国际政治新秩序与时代相适应。这表明邓小平同志已经预见到世界总的局势在变化，巨大的转折性变化即将来临，必须抓住机遇，战略上采取主动。1990 年邓小平同志明确指示中国对外政策“第一条是反对霸权主义、强权政治，维护世界和平；第二条是建立国际政治新秩序和经济新秩序”①。事实证明，冷战结束，两极格局解体之后，建立公正合理的国际关系新秩序是世界绝大多数国家的愿望和要求。中国的呼声不仅抵制了以美国为首的西方国家所谓的“世界新秩序”，而且代表了世界的多数。邓小平同志认为，中印两国共同倡导的和平共处五项原则最经得起历史考验，应成为国际关系新秩序的基础。他特别强调说：“国际关系新秩序的最主要的原则，应该是不干涉别国的内政，不干涉别国的社会制度。”② 邓小平同志的依据是：各国的社会制度是根据自己的情况来决定的，是受到人民拥护的；占世界人口大多数的国家具有本民族的文化和宗教传统，根本不可能照搬西方国家的社会制度模式；西方国家干涉别国内政只会导致别国的动乱，引发国际动乱；没有安定的政治环境，那些动乱的国家就不可能谈发展问题。因此，建立国际关系新秩序的根本目的就是为中国和广大发展中国家创造一个和平的国际环境。这不仅是对中国自己负责任，也是对世界负责任。

邓小平关于建立公正合理的国际政治经济新秩序的思想是邓小平的时代观的重要组成部分。国际关系新秩序是与各国谋求发展，选择适合本国国情的社会制度和发展道路相适应的一种国际性改革措施。尊重各国的主权与独立，反对外来干涉是其最基本和根本的原则，它与在国际

---

① 《邓小平文选》第三卷，北京：人民出版社，1993 年版，第 353 页。

② 《邓小平文选》第三卷，北京：人民出版社，1993 年版，第 359 页。

事务中不论国家大小强弱，一律平等的公正原则一起，为各国的发展和自主选择创造最为宽松的环境。因为经济全球化、贸易自由化以及国际金融一体化趋势最终还是要由各主权国家自己抉择和实施参与。这将是一个长期性的历史过程。

邓小平同志是坚定的马克思主义者。他认为："社会主义经历一个长过程发展后必然代替资本主义。这是社会历史发展不可逆转的总趋势，但道路是曲折的。"① "只要中国社会主义不倒，社会主义在世界将始终站得住。"② 不仅如此，邓小平对中国在国际事务中的地位和作用充满了信心和勇气，他不止一次说："所谓多极，中国算一极。中国不要贬低自己，怎么样也算一极。"③ 我们从邓小平的时代观中不仅看到了中国的希望，也看到了世界的希望，从而更加坚定了走建设有中国特色社会主义道路的决心。

（原载鲁毅、顾关福、俞正梁、傅耀祖主编《新时期中国国际关系理论研究》，时事出版社，1999 年版）

---

① 《邓小平文选》第三卷，北京：人民出版社，1993 年版，第 383 页。
② 《邓小平文选》第三卷，北京：人民出版社，1993 年版，第 346 页。
③ 《邓小平文选》第三卷，北京：人民出版社，1993 年版，第 353 页。

西部大开发与招商引资中的人才素质、社会舆论环境建设

西部大开发需要大量资金，除了部分依靠中央的投资外，更多依靠外来投资，包括外商投资和省外内资。从某种意义上说，内资和外资能否成功大规模引进是决定西部能否实现跨越式发展的关键因素，因此，招商引资在西部经济发展中具有重要的战略地位和作用。围绕招商引资不仅有大量工作可做，而且也是西部大开发走创新变革之路的一个新起点。

一、招商引资是各级政府一项重要职能，领导人才的素质和选拔的标准需要更新

1. 招商引资工作取得突出成绩的地区都是与当地政府狠抓招商引资工作分不开的

例如四川省广元市、雅安市的投资硬环境并不好，在全省都是处于落后水平，经济发展水平也在全省处于后列，人口不多，市场条件也不好，远离大城市，但两市招商引资却走在全省前列，这主要是两市充分落实和利用政府优惠、灵活的政策和优质的政府服务，因此取得了较好的成绩。可见政策的落实和良好的政府服务是一笔巨大的无形资产。其价值甚至远远大于基础设施和良好的经济基础，因为可以利用这一笔无形资产改善投资硬环境的不足，实行先招商，后改善硬环境的战略，改

变过去硬环境差会困扰招商引资的旧思维模式。如广元用三年时间吸引了26家房地产开发商，利用外来资金10.32亿元改造了旧城，不仅使城市面貌焕然一新，改善了投资环境；而且带动了房地产、建筑业、商品交易等进一步发展招商引资。如果按地方财政每年投入1000万元计算，需要100年才能完成旧城改造。

而一些地区却不重视招商引资工作，没有摆脱“等、靠、要”的思维，往往选派一般领导干部直接负责此项任务；还有的地方任命的领导干部是兼职而非专职的，其工作重心不能完全放在招商引资上，有的甚至长期挂名不到位。其结果，不但打不开招商引资的局面，而且还使原有的成绩倒退。这些状况令人忧虑。

2. 一个地区的经济发不发展，发展的快与慢在很大程度上取决于其领导班子是否具备开放的素质

只有具备开放素质的领导班子才能促进该地区的大开发，才能获得大发展。各级行政领导必须身先士卒地抓好开放工作。一个地区行政领导有开放的胸怀，能够礼贤下士，将大大有利于本地区的发展。广元市的领导班子就能够做到有外地重要企业家来时，不论时间早晚，哪怕半夜里，市领导都亲自到火车站或机场接待。市委书记第一把手亲自驾车去机场接客户是常有之事。这种真情实意感动了一批又一批的外来企业家。很多企业家就是冲着领导的“开明开放”而落户广元的。而与此相反，另一些地区的领导人对来投资的外地企业家还在摆架子，不及时出面接待，让外地企业家一等再等，感到受冷落和寒心，最后放弃投资。有外地企业家这样评价说：领导人有架子，就没有价值；没有架子，就有价值。广元领导人正因为有开放的素质，才能带动和提高各级各部门干部的开放意识，从而提高广元的整体招商水平。

重不重视对外开放，领导班子抓不抓招商引资，实际上反映了领导班子或领导干部本人具不具备开放素质的问题。有的地区领导班子不具备开放素质，招商引资不力，已经贻误了发展机遇。中组部在不久前的全国干部人事制度改革经验交流会上提出，当前和今后一个时期，要把解决干部能上能下问题，作为深化干部人事制度改革的着力点和突破口。其中第一条就是以观念创新为基本前提，进一步解放思想。凡是符

合“三个有利于”的标准，符合“三个代表”要求，有利于优秀人才脱颖而出、干部能上能下的制度和办法，就大胆地试、大胆地闯、大胆地干。按照这一精神，我们认为，应把是否具备开放素质作为提拔和使用干部的条件之一。本地区不具备这样的人才则可到外面招聘。

3. *招商引资人才和招商引资队伍的建设问题*

在知识经济时代初见端倪的今天，人们大谈科技人才、经营人才、管理人才、教育人才以及各种专业人才，却忽视了西部与四川需要的招商引资人才。提出招商引资人才概念很有必要。因为随着招商引资方式的多样化，招商引资中的人才问题将日益突出。西部开发和四川实现跨越式发展不是一蹴而就的，如果不把招商引资人才的发现、使用、培养作为一个重要任务来抓，将是一个很大的失策。

我们看到，现实中从省到地、市（州）、县各级政府部门，凡是抓招商引资工作抓得好的，人员数量虽然不多，但是比较精干。这些队伍的工作量很大，效率较高，常常加班加点，没有正常的休息时间。相反，如果遇到领导不重视的地区，就是另一种状况，也很难留住和吸引人才进入这个部门。因此，加强招商引资队伍建设刻不容缓。招商队伍建设也是干部队伍建设的组成部分，当前发挥着极为重要的作用。由于招商队伍建设是由各地区各部门自己组织，摸索前进的，仍然具有自我封闭的特点。对内开放与对外开放并举的战略要求涉及招商引资的对内对外两个方面。特别是到县、乡一级基层地区，对外对内开放的招商引资人才非常缺乏。一些地区搞不好对外开放，与缺乏人才也有关系。一些地区的工作人员缺乏市场经济的基本知识和涉外经济知识，不知道怎么签合同、履约、索赔、打官司，不知道外贸规则和国际经济惯例，也不知道怎样咨询、查询、验证外商身份和资金实力。因此，在对外开放过程中，这些地区一些单位及干部被假外商、假投资、有漏洞的合同或不平等条约欺骗，上当事例不少，主动出击的机会却大大减少，导致这些地区在对外开放中竞争能力大大降低。因此，需要加紧培养一批对外开放专业人才。因此，我们建议，随着对内开放力度加大，对外开放进程加快，有必要把招商引资队伍建设统筹起来。

从长远看，招商引资工作以政府为主体将向着以社会、企业为主体转变。各级政府主要为企业招商引资“搭台”，组织企业参与招商引资，让企业到市场中去寻找出路，谋求发展。企业是招商引资的主体，而许多企业实际上缺乏真正懂得招商引资的人才，这既不利于企业自身发展，企业对政府的依赖性也不会减弱，因此政府职能难以转变。四川的中小企业很多，这方面的人才又缺乏，很有必要做好这一工作。

二、通过招商引资的社会舆论环境建设来加快西部人的观念转变

招商引资不仅是单纯的引进资金和技术，更是引进人才和管理知识、管理制度等。这在偏僻和相对封闭的内陆地区是一件可能影响整个社会的大事。招商引资带来的新变化不可避免地要和传统的人才观、利益观、价值观发生碰撞，而这种碰撞将带来当地社会舆论环境建设的新问题。社会舆论环境的改变不仅关系到投资软环境的改善，而且是西部人重新认识自己，转变观念的过程，也就是破旧立新的过程。

1. 要把外地企业家作为创业人才和管理人才来对待，必须转变陈旧的人才观念

在四川内陆，对人才的观念还是十分陈旧的，除了按职称高低划分的人才和各种专业人才以外，社会上传统的观点是按“官本位”划分人才。白手起家的创业人才只是改革开放以后才被承认的。广元引进数量可观的温州中小企业家，带来了文化水平不高的创业人才对有文凭或高文化程度的当地人才的挑战，大大地冲击了内陆地区的传统人才观，使其必须更新，更加开放。

因此，改善投资软环境必须强调以新的人才观标准，在全社会中倡导建立一种尊重知识、尊重人才的良好氛围。这有利于西部和四川内陆地区转变农耕文化意识和小农经济意识。内地人有自己的特点和优势，但外地企业家的赢利思想又是内地人所欠缺的。西部大开发需要大量的经商人才和资本营运人才。西部大开发，重点是人才资源开发，人才资源开发的主体是企业，而非政府。各级地方政府制定的一系列有关人才引进流动的政策，归根到底都是为社会和企业等用人单位服务的。这些

都将有利于内陆地区转变旧的人才观。

2. 传统的利益观是你赢我输或我赢你输，用事实证明“你赚钱，我发展”是一种双赢的利益观

在3800多位温州人落户广元之后，社会上传出了这样的话：广元的钱被温州人赚走了，广元要成为温州的殖民地了。是这样吗？一位温州企业家对我们说：“我们自己带资金过来建厂经商，带动了广元相关企业的发展，解决了广元人的就业，我们没有损害广元的利益。我们生根下来，不可能走掉，我们已是广元人了。”广元市委市政府认为要解决干部和群众对招商引资的认同是重要的基础工作。一开始群众不能自觉接受，只有通过反复认识、对比，一步一步地统一认识。为此，广元市委市政府在社会舆论引导方面做了大量工作，如专门组织党政代表团去温州学习和考察，最多一次组织了250多人的党政代表团。同时通过电视、报纸专题宣传温州的创业历程，让广元人认识温州、了解温州、学习温州。同时给予了温州企业家相当的社会政治待遇，年终表彰大会把投资者摆在首位，可以说开了一个好头。1996年至1998年的旧城改造使广元人服气了。1985年建市时，广元是个破旧的小城，居民住房寒酸。现在就像走马灯式地变了过来：昔日低矮简陋的平房变成了高楼大厦，拥挤狭隘的街道变得宽阔平直；6000户家庭，20000多人搬进了新居；新增商业口岸10000多个，就业人数20000多人。据统计，1998年以来，广元市GDP增长明显加快，其中市外客商投资项目的贡献率近20%。这是互利互惠的利益观带来的结果。

3. 树立合法赚钱是为社会做贡献这种新的价值观

在市场经济条件下，赚钱是一种行为、一种手段，通过这种手段可以实现多种目标。但合法赚钱又是一种本事，是一项脑力劳动、智力劳动，不是单靠学校教授的知识就能解决问题的。鄙视外地人才来赚钱的行为本身就是错误的。“你赚钱，我发展”是一个双赢的选择，不是单方面的选择，而是互惠互利的行为。而自己赚不到钱，又恼恨别人赚钱这种心态本身就是一种小农经济意识，而怕苦怕累懒得赚钱不过是计划经济条件下养懒汉的产物。所以，面对广元人的不平心态，温州人理直气壮地说：“我不是为了赚钱，而是追求一种价值观，对社会做贡献。”

我们的许多国有企业亏损，停滞不前，而我们的民营企业在赚钱，正是他们顶起了沿海地区发展的天。但为什么人们对他们的社会贡献却视而不见呢？为什么不扶持他们呢？内陆地区人民应当看到，开发西部是一项伟大的事业，能参与到这个事业中来的人是光荣的人、有胆识的人。用西部大开发的事业和荣誉吸引人是根本之道。相信全国、全世界将会有越来越多的人投入到这项事业中。如果没有党中央开发西部的决心，如果没有沿海地区发展相对饱和需要对外扩张这些有利条件，西部的贫瘠与落后不是仍然可能继续下去吗？如果内陆地区总是认为民间资本仅仅是为了赚钱，是捞一把就走的话，就可能永远不会改变自己落后的状况。这个理不想通，就不能创造对招商引资有利的社会舆论环境，就可能贻误我们的发展前途。

三、几点建议

1. 要大力宣传招商引资的好处

让全社会都懂得招商引资对社会发展的贡献，使其产生社会整合力，有利于克服小农经济意识、排外意识，增强商品经济意识和市场经济观念。这是内陆地区改善投资软环境的一个好办法。它发动群众参与对内对外开放的活动，把不自觉的参与，变成自觉的参与。实际上，中国西部论坛的成功召开就是一次极好的宣传。它将大大改善成都市的投资软环境。因此，要利用各种宣传媒介和各种宣传形式，大力宣传招商引资的先进典型和成功经验，努力使人人争做招商引资的“铺路石”，造就人人支持招商引资，人人服务招商引资的大环境。

2. 要加大向东部沿海地区学习的力度

对东部不能“只看钱不看人”。不仅要学习其管理和技术，特别是要学习东部人先进的思想、工作作风和价值观等精神境界方面的东西，这将大大冲击西部现有的、几千年农耕文化积淀下来的负面影响。也将把西部人从计划经济时代遗留下来的固定思维和旧习惯中解放出来。既然从上到下都认为西部落后首先是思想观念的落后，那么为什么不从狠抓这一转变入手呢？我们承认这种转变有一个过程，它是与西部地区加快一系列改革的步伐相联系的，但西部开发的精神动力只有依靠西部人自己去启动，自己去改造自己。这种转变不仅需要时间去证明，更需要从我做起，从现在做起。

3. 要坚持不懈地开展解放思想，找差距的大讨论

在许多人看来，进一步解放思想的大讨论似乎作用不大。他们认为自己的思想是解放的，但实际上却不是这样。在涉及个人利益、部门利益或团体利益的关键时刻，他们往往是封闭的、保守的、狭隘的。这恐怕是投资软环境改善困难的最根本原因之一。错误的观念导致错误的行为，轻则贻害人的一生，重则贻误一个地区的经济发展。招商引资是一种硬指标，但如果仅仅停留在每年招来多少资金项目，建立了多少企业上是不够的，还要建立一种软指标，看看通过招商引资转变了多少内地人的旧观念，缩短了多少与沿海地区的精神差距。

比如，什么是开放的精神？就是不怕别人把钱赚走的胸襟。沿海大城市的上海就是典型。有消息称，全球资金流动中，上海招来了最多的外商投资。为什么？——上海人有开放的胸怀："土地批租，就是把外国大公司请进来，50 年或者 70 年你拿去投资这片土地，50 年后能带走什么？管理留下来、环境留下来、人才也留下来了。"上海人把这种开放的思维转变为脚踏实地的工作作风。上海人看到德国大众对物资的有效利用做得很好，马上就在全市进行推广；上海与日立公司合资，头五年是认认真真、老老实实地学，不讲什么创造，那时没有能力创造，就看人家怎么做；第二个五年是双方共同创造，到了第三个五年把技术学过来了，就完全自己创造。由此可以认为，只有具备开放思维才能虚怀若谷，去接纳别人的长处，才能脚踏实地虚心服气地向别人学习，才能增长自己的才干。

有些内地人以为开放就是先保住自己的那一块或先把自己推销给别人，把自己的商品卖给别人，不让别人占领阵地。最典型的例子是利用地方保护主义搞垄断，制定地方政策保护本地产品。在投资者看来这是一种典型的排外行为。其结果当然是吓跑了投资者，这叫作保住既得利益，牺牲发展利益。事实上，这样的狭隘和保守是非常愚蠢的，是用牺牲长久利益来换取眼前利益，是牺牲大利谋小利。聪明的做法是像广元

那样，更要像上海那样。在上海，永远不要指望有人向你推荐上海本地产的啤酒，总会有不同的人向你推荐不同的牌子，全是外地产品。只要这些产品比上海产品好，上海就接受它。这才是牺牲小利谋大利的聪明之举。

(原载《四川社科界》，2001 年第 1 ~ 2 期)

论马克思恩格斯关于世界历史发展的时代观

时代是指某一个历史阶段或历史时期的国际社会发展变化的状况以及与之相适应的国际关系。时代观是对一定历史阶段的世界发展变化的历史和现实的总体认识和总的看法，是任何统治阶级和任何国家在制定国内发展战略与对外战略的过程中都不可或缺的理论依据。本文从一个更开阔的视野来研究马克思主义的时代理论。通过探寻马克思恩格斯关于世界历史发展的时代观的形成逻辑，以达到对马克思恩格斯时代观的历史回归。

一、马克思恩格斯的世界历史发展观揭示了资本主义生产方式与世界交往发展的内在联系

马克思恩格斯根据他们所阐述的世界历史发展的规律和划分世界历史大时代的标准，创立了马克思主义的时代理论，形成了他们对资本主义，主要是自由资本主义时代的世界发展变化的历史和现实的总看法。他们对时代问题的阐述可以概括为世界历史发展观。它揭示出自由资本主义时代的资本主义生产方式与世界发展的内在联系和规律性。

1. 在认识和回答人类社会发展规律的基础上提出划分世界历史大时代的标准

马克思恩格斯根据唯物史观关于生产力决定生产关系、经济基础决定上层建筑的基本原理，分析了人类社会形态从低级向高级运动、交替

更迭的发展规律，从而把资本主义生产方式终将被共产主义生产方式所取代视为人类历史发展的必然。他们还运用阶级斗争是推动阶级社会发展的直接动力的原理，把资产阶级和无产阶级之间的斗争视为他们所处时代的社会变革的巨大杠杆。马克思揭示了人类社会发展进程中不同的社会经济形态即生产方式的更迭是划分世界历史大时代的标准。他在《政治经济学批判》的序言中指出："大体说来，亚细亚的、古代的、封建的和现代资产阶级的生产方式可以看作是社会经济形态演进的几个时代。"① 因此，马克思曾经用"资本主义时代""资产阶级时代"来表述他们所处的时代的本质特征。

2. 阐述了资本主义生产方式是一系列交往革命和生产力发展到工场手工业阶段的产物，揭示了世界市场是资本主义生产方式的基础，资本主义生产方式促进世界市场扩大的内在联系

在《德意志意识形态》第1卷第1章中，马克思恩格斯分析了从欧洲中世纪到17世纪中叶至18世纪末的交往革命的历史。在他们看来，交往是生产力发展的前提和基础，交往与生产力是相辅相成、不可割裂的关系，交往是与生产力具有同样地位的一个非常重要的研究范畴。

第一，交往是从个人之间的交往发展到国家之间的交往的。人类历史的第一个前提是有生命的个人的存在。人类第一个历史活动是他们所必需的生活资料的生产。生产随着人口的增长开始进行，而生产方式或者这些个人的活动方式是以个人之间的交往为前提的，交往的形式又是由生产决定的。因此，决定各民族之间的相互关系的是每一个民族的生产力、分工和内部交往的发展程度。在奴隶私人占有制出现之后，"暴力、战争、掠夺和抢劫等被看作是历史的动力"，"战争本身还是一种经常的交往形式"。

第二，马克思恩格斯指出："一切历史冲突都根源于生产力和交往形式之间的矛盾。"② 必须把人类的历史同工业和交换的历史联系起来研究和探讨。因为，这种与生产相对应的交往是在生产力和分工进步基础

---

① 《马克思恩格斯选集》第2卷，北京：人民出版社，1995年版，第33页。
② 《马克思恩格斯选集》第1卷，北京：人民出版社，1995年版，第115页。

上发展起来的，特别是城市和乡村的分离以及由此产生的资本和地产的分离。这仅仅是“以劳动和交换为基础的所有制的开始”。商人这一特殊阶级的产生是交往革命的标志。商人使商品交往成为社会活动的重要组成部分，交通工具的变革扩大了城市间交往的规模和范围，引起城市间新的分工并逐渐消除了地域局限性。交往革命使城市摆脱了封建联系，形成工场手工业，加速了工业资本和商业资本（现代意义上的资本）的积累。在市民阶级的基础上逐渐形成了大资产阶级，并同时出现了没有财产的或失去财产的无产阶级。

第三，他们指出，通过地理大发现开辟新的航线和殖民地的开拓，在更大范围内的交往基础上逐渐形成了世界市场。马克思在《资本论》关于商人资本的历史考察中，分析商业和商业资本发展对资本主义生产方式形成的影响时指出：“世界市场本身形成这个生产方式的基础。另一方面，这个生产方式所固有的以越来越大的规模进行生产的必要性，促使世界市场不断扩大。”① 各国在国内市场，特别是国外市场的竞争使商业具有政治意义。“各国经过长期斗争，瓜分了已开辟出来的世界市场。”② 当时最强大的海上强国英国在商业和工场手工业方面都占据优势。这种集中给英国创造了相对的世界市场的需求，进而成为它产生大工业——利用自然力来为工业服务的动力。

3. 指出在资本主义大工业的前提下，以普遍交往和世界市场的形成为基础，人类历史从孤立的、民族的、狭隘的地域性历史转变为世界历史

首先，马克思恩格斯认为，各国间的交往扩大、形成世界市场和国际分工具有世界意义。“各个相互影响的活动范围在这个发展进程中愈来愈大，各民族的原始闭关自守状态则由于日益完善的生产方式、交往以及因此自发地发展起来的各民族之间的分工而消灭得愈来愈彻底，历史也就在愈来愈大的程度上成为全世界的历史。”③ 大工业“首次开创

---

① 《资本论》第3卷，北京：人民出版社，2004年版，第371页。

② 《马克思恩格斯选集》第1卷，北京：人民出版社，1995年版，第111页。

③ 《马克思恩格斯选集》第1卷，北京：人民出版社，1995年版，第88页。

了世界历史，因为它使每一个文明国家以及这些国家中的每一个人的需要的满足都依赖于整个世界，因为它消灭了以往自然形成的各国的孤立状态”①。这种建立在物质基础上的交往并不局限在资本主义范围之内。先有交往的革命然后才有民族历史向世界历史的转变。因为，“只有在交往具有世界性质，并以大工业为基础的时候，只有一切民族都卷入竞争的时候，保存住已创造出来的生产力才有了保障”②。

其次，马克思恩格斯阐述了资本主义生产方式如何打破地域和民族之间的隔阂与对立，开创了一个各民族从物质生产到精神生产相互依存的世界历史的新时代。他们认为，自由资本主义的生产力的物质技术基础是以大工业为核心的社会化大生产，由此扩大了分工的规模，促进了世界市场发展并建立了世界经济，使本国大工业完全依赖于世界市场、国际交换和国际分工。“单是大工业建立了世界市场这一点，就把全球各国人民，尤其是各文明国家的人民，彼此紧紧地联系起来，致使每一个国家的人民都受着另一个国家事变的影响。”③“资产阶级，由于开拓了世界市场，使一切国家的生产和消费都成为世界性的了。”④“由于机器和蒸气的应用，分工的规模已使脱离了本国基地的大工业完全依赖于世界市场、国际交换和国际分工。”⑤“过去那种地方的和民族的自给自足和闭关自守状态，被各民族的各方面的互相往来和各方面的互相依赖所代替了。物质的生产是如此，精神的生产也是如此。各民族的精神产品成了公共财产。民族的片面性和局限性日益成为不可能了。”⑥

4. 提出了只有以生产力的普遍发展和与此有关的世界交往的普遍发展为前提才能实现共产主义的结论

“两个普遍发展”是世界历史发展的基本动力。由于社会主义（共产主义）生产方式比资本主义生产方式更为先进，所以才能够取代资本

① 《马克思恩格斯选集》第1卷，北京：人民出版社，1995年版，第114页。
② 《马克思恩格斯选集》第1卷，北京：人民出版社，1995年版，第108页。
③ 《马克思恩格斯选集》第1卷，北京：人民出版社，1995年版，第241页。
④ 《马克思恩格斯选集》第1卷，北京：人民出版社，1995年版，第276页。
⑤ 《马克思恩格斯选集》第1卷，北京：人民出版社，1995年版，第166页。
⑥ 《马克思恩格斯选集》第1卷，北京：人民出版社，1995年版，第276页。

主义生产方式。但是，马克思恩格斯并不认为这种取代是无条件的或者完全是以人的意志为转移的。他们坚信："共产主义只有作为占统治地位的各民族'立即'同时发生的行动才可能是经验的，而这是以生产力的普遍发展和与此有关的世界交往的普遍发展为前提的。"① 因为"两个普遍发展"使资本主义生产方式的内在矛盾在世界范围内展开，造成普遍竞争和各民族间的相互依存关系，把狭隘地域性的个人转变为世界历史性的、真正普遍的个人。不这样，"共产主义就只能作为某种地域性的东西而存在"②。换言之，共产主义不是作为地域性的现象或个别现象而存在的；相反，共产主义取代资本主义是在世界范围内必然发生的结果，是一种世界历史性的现象。没有这"两个普遍发展"的实现就没有共产主义的到来。

二、马克思恩格斯的世界历史发展观要求无产阶级的解放事业不能脱离世界发展的整体性和相互依存性

离开了马克思恩格斯对所处时代的世界发展和变化的具体情况的正确认识，就没有世界历史发展观。世界历史发展观的价值在于它是具有世界战略眼光的整体思维的时代观。它对于无产阶级的解放斗争和社会主义国家乃至整个人类的发展都具有战略指导意义。

1. 世界历史发展观是研究无产阶级解放斗争的国际条件的重要理论指导；世界历史发展观与科学社会主义理论有着不可分割的联系性；没有马克思恩格斯的时代观，也就没有科学社会主义和国际共产主义运动

人们一直把 1848 年发表的《共产党宣言》视为科学社会主义诞生的标志。而马克思恩格斯的时代理论却在早两年发表的《德意志意识形态》中就已阐述出来。长期以来人们认为，马克思恩格斯以唯物史观与剩余价值学说这两块理论基石创立了科学社会主义，使社会主义从空想变成了科学。事实上，科学社会主义也是马克思恩格斯运用世界历史发

① 《马克思恩格斯选集》第 1 卷，北京：人民出版社，1995 年版，第 86 页。

② 《马克思恩格斯选集》第 1 卷，北京：人民出版社，1995 年版，第 86 页。

展观认识无产阶级解放运动的发展规律的理论智慧。一方面，马克思和恩格斯通过批判各种非科学的社会主义理论观点以清除它们对无产阶级的消极影响，使无产阶级认识到自身必须为实现共产主义远大目标而奋斗终生的历史使命；另一方面，按照恩格斯的定义，科学社会主义是关于无产阶级解放运动的发展规律的学说，它包括无产阶级解放运动的性质、条件和一般目的三个方面。科学社会主义理论研究的重点是无产阶级解放斗争的条件。① 这是包括国际和国内、主观和客观、精神与物质等多方面的内容的丰富的、相互联系和影响的具体条件。离开了世界发展变化的具体条件和马克思主义对世界历史发展的规律的揭示和研究，就很难创造和实现无产阶级解放斗争的条件。

2. 马克思恩格斯阐述了无产阶级的国内政治环境是民族国家构成的国家体系，国际经济环境是世界市场体系；这种分割的状况表明了无产阶级解放斗争与世界发展的整体性相联系和各国无产阶级团结的重要性

在一国国内，资本主义生产方式的统治产生的社会后果是彻底瓦解封建残余，并且消除封建割据，建立统一的民族国家。资本主义经济的发展使国内政治更为集中，表现为统一的政府、统一的法律，统一的关税和统一的民族利益。从国际上看，民族国家被分割于两种不同的体系之中。这就是说，民族国家"在经济上又处在'世界市场的范围内'，而在政治上则处在'国家体系的范围内'"②。马克思恩格斯都认为，世界市场的力量既是日益扩大的支配个人的异己力量，又是个人参与世界历史活动的组成部分，只有同整个世界的生产（也包括精神的生产）发生实际联系，并充分利用全球的这种全面生产（人们所创造的一切），最后通过共产主义革命，才能实现"对那些异己力量的控制和自觉的驾驭"③。

马克思恩格斯还认为，由广泛的国际交往引起的竞争会使工业不发达国家也产生类似工业发达国家的矛盾。由于世界资本主义发展对落后

---

① 赵曜：《科学社会主义教程》，北京：中共中央党校出版社，2004 年版，第 4 页。
② 《马克思恩格斯选集》第 3 卷，北京：人民出版社，1995 年版，第 308 页。
③ 《马克思恩格斯全集》第 3 卷，北京：人民出版社，1960 年版，第 42 页。

国家的生产力和经济基础具有破坏和更新的双重作用，因此将在落后国家引发伟大的社会革命①，进而引发欧洲的经济危机和社会革命。所以，被压迫民族的解放运动是无产阶级革命的前提。压迫民族的无产阶级必须坚决支持和无私援助被压迫民族的解放斗争。无产阶级的解放事业的国际性使得无产阶级的民族性也是暂时的。“工人没有祖国。决不能剥夺他们所没有的东西。”②

3. 马克思恩格斯始终坚持在实践中修正那些与实际情况不相符合的个别结论和观点，以现实主义的态度指导无产阶级制定正确的阶级斗争和政治斗争的战略和策略

马克思恩格斯毕生为无产阶级的解放事业而奋斗，他们改组共产主义同盟，起草《共产党宣言》并领导第一国际的工作。恩格斯亲自参加了 1848 年革命的街头巷战，并直接领导第二国际前期的工作。他们根据当时欧洲的政治经济形势为工人阶级政党制定战略策略。如提出了被压迫民族的革命是无产阶级解放斗争的必要条件的观点；无产阶级要洞悉国际政治的秘密，监督本国政府的外交活动的观点；无产阶级争得政治权力建立新社会后奉行独立自主与和平的国际原则，实行无产阶级国际主义的观点。由他们发起、组织和领导的国际共产主义运动是他们所处时代的国际政治与国际关系的重大实践。科学社会主义的旗帜和无产阶级政党组织的发展对改变资本主义时代一切不合理和不公正的现象起着不可估量的积极作用。

马克思等人曾经寄希望于在欧洲爆发深刻和全面的社会革命，提出过社会主义在西欧多国同时取得胜利的观点。“联合的行动，至少是各文明国家的联合的行动，是无产阶级获得解放的首要条件之一。”③ 但是，随着资本主义在欧洲的和平发展和向世界市场的扩张，西欧无产阶级的政治地位和经济条件发生了很大改变，越来越不可能采用暴力革命

① 宋新宁、陈岳：《国际政治经济学概论》，北京：中国人民大学出版社，1999 年版，第 15 页。

② 《马克思恩格斯选集》第 1 卷，北京：人民出版社，1995 年版，第 291 页。

③ 《马克思恩格斯选集》第 1 卷，北京：人民出版社，1995 年版，第 291 页。

的方式夺取政权。马克思本人特别是恩格斯晚年在一系列论著中对此予以承认并且修正了过去某些不切实际的观点。恩格斯晚年还对世界战争和革命形势进行了科学预测，认为沙皇俄国与其他欧洲强国争夺世界霸权有可能导致世界战争并加速资本主义的崩溃和社会主义的胜利。但是恩格斯仍然主张保持和平的国际环境更有利于社会主义运动的发展。事实证明，欧洲各国代表工人阶级利益的政党最终选择了“议会道路”或“和平长入”的方式。有的从革命党转变为改良党单独执政，有的保持共产党的独立性并且参与执政。这对推动战后欧洲的一体化进程与经久不息的世界和平运动起到了积极作用。

三、马克思恩格斯关于世界历史发展的时代观的理论价值

马克思恩格斯关于世界历史发展的时代观为无产阶级政党和社会主义国家提供了认识世界发展和争取无产阶级解放斗争条件的思想武器。它是无产阶级政党、社会主义国家制定国内、国际战略的世界观和方法论。无产阶级和社会主义国家的执政党必须以马克思主义时代理论为指导，深刻认识世界历史发展的进程、演变的动力与历史发展的方向。根据当今世界的变化发展的大趋势与时代特征、无产阶级和社会主义国家在世界政治经济中所处的地位来制定本阶级、本民族国家的发展战略与对外战略。

1. 马克思恩格斯关于世界历史发展的时代观，揭示了关于世界历史演变的运动和发展的一般规律，它超越了任何阶级、民族和国家的传统视野和狭隘眼界，是具有世界历史眼光和全球战略意识的带普遍指导意义的科学真理

（1）马克思主义关于世界历史大时代的划分是从新旧生产方式的更迭推动世界历史演进的纵向视角来认识世界的。这是马克思创立唯物史观的伟大贡献。世界历史发展观是从占主导地位的生产方式与世界发展的横向视角来认识世界的。这是马克思主义对国际关系理论的伟大贡献。只有这种把世界历史发展的纵横两个方面相结合的认识论才能构成完整的马克思主义时代观。在明确世界历史发展大方向是从资本主义向

社会主义（共产主义）过渡的大时代前提下，从世界历史发展的横向联系来认识世界，应当成为我们继承和发扬马克思主义时代观的重点。以往我们过分强调世界历史大时代的发展方向，而忽视了世界历史发展中资本主义生产方式与世界交往普遍发展的横向联系。

（2）世界历史发展观始终是建立在世界交往与世界生产力普遍发展基础之上的。在世界历史发展中，世界交往的重要形式，即世界市场与国际分工具有举足轻重的作用。资本主义生产方式曾经在欧洲发展和世界历史发展中起着决定作用。这种生产方式同样依赖于世界交往和世界生产力的发展。马克思恩格斯对资本主义生产方式的形成和发展的研究集中体现在《德意志意识形态》《资本论》等巨著中。它们揭示了资本主义生产方式的形成和发展就是一个围绕交往和生产力的发展和矛盾冲突展开的自然历史过程，也就是内部扬弃过程，而非外部的取代过程。正是借助世界市场和国际分工的交往形式，资产阶级在不到一百年的阶级统治中所创造的生产力，才能比过去一切世代创造的全部生产力还要多、还要大。因此世界市场和国际分工的交往形式的作用远远超出了资本主义生产方式本身的内容。世界交往形式是人类社会从分散走向集中，从相互隔绝走向相互联系，从单个发展走向共同发展的载体，是国际社会形成和发展的纽带和机制。它与各国的社会生产方式相互影响、相互促进，共同带来世界范围内各民族国家前所未有的大变革和大发展。在知识经济引领的高科技革命和经济全球化发展趋势的推动下，随着大批发展中国家和社会主义国家进一步融入全球化进程，世界生产力的发展更加突飞猛进，世界市场、国际分工的交往形式仍然处在深刻的变化中。21 世纪国际社会的共同发展与进步将远远超过 19 世纪和 20 世纪。

（3）资本主义生产方式与世界历史发展的互动开拓了全球意义上的国际关系。这些多层次、多领域的国际关系是推动世界共同发展的强大力量。对资本主义生产方式以及包括社会主义在内等其他不同生产方式的影响和作用日益增强。一方面，资本主义生产方式开辟了各民族国家相互依存发展的新时代，形成全球意义上的国际关系。它涉及不同生产方式，不同民族以及国家之间在世界范围内通过世界市场和国际分工形成的复杂的生产与交往关系，是国际社会中的经济、政治、文化等国际关系以及国家关系的总和。前资本主义的社会形态，如从奴隶社会形态向封建社会形态过渡带来人类社会形态的更迭，从来没有产生过像资本主义社会形态这样大的世界效应。无论是奴隶制下的罗马帝国（主要在欧洲），还是封建制下的清帝国（在亚洲）都不可能达到全球范围意义上的开拓与创造。另一方面，当资本主义生产方式在世界历史发展中起决定作用的时候，它自身存在和发展的前提和条件也包含在世界如何发展以及全球范围的国际关系的运动规律之内。当后发展的现实社会主义生产方式在社会主义国家建立之后，它自身存在和发展的前提和条件也包含在世界如何发展以及全球范围的国际关系的运动规律之内。这两种生产方式在世界生产力与世界交往发展的关系上没有本质差异。所不同的是，现实社会主义生产方式应当更快更好地融入国际社会，学习如何发展，并且创造更为公正平等的国际关系秩序。即使在资本主义国家占据主导地位的当今世界的经济全球化进程中，后发展的现实社会主义生产方式与先发展的现代资本主义生产方式之间仍然是相互联系、相互影响和相互依赖的并存发展关系。社会主义国家和资本主义国家之间是主权原则下的相互尊重、和平共处关系。在国际竞争中既存在为维护各自国家利益而进行的权力斗争、各种矛盾引发的摩擦与冲突，也存在为解决全球性共同问题需要建立共同秩序与规则而展开的全球治理的协调与合作。建构两种制度并存条件下新型的国际关系已经成为维护世界和平，促进世界共同发展和进步的新要求。

2. 正确把握马克思主义时代观，对社会主义国家的执政党具有至关重要的理论指导作用，总结国际共产主义运动的经验应当高度重视苏联在时代观上的教训

（1）苏联在斯大林时期先后提出了一系列观点：关于“资本主义体系总危机进一步加深”的观点；关于“两个对立阵营的存在所造成的经济结果，就是统一的无所不包的世界市场瓦解了，因而现在就有了两个平行的也是互相对立的世界市场”① 的观点；关于新的世界大战是不可

① 《斯大林选集》（下卷），北京：人民出版社，1980 年版，第561 页。

避免的观点。这些观点中的部分或许在一定的条件下具有正确性，但是在苏联却变成长期性、全局性和战略性的指导思想，直接影响到苏联对内发展和对外战略的制定。这在很大程度上是由斯大林教条地对待马克思主义和列宁主义的基本原理，用主观主义、形而上学的理论和观念来认识和分析战后资本主义的发展和国际形势造成的。①

在斯大林时期，苏共就不注重研究当代国际政治与经济关系的发展。② 对国际形势的复杂变化缺乏实事求是的研究和长期观察。苏共《真理报》总编辑阿法纳西耶夫曾经多次参与苏共中央重要文件的起草。他后来在回忆中对苏共日益败坏的党风痛心疾首。他举例说，苏共中央向大会所作的报告，其起草的方式、方法和顺序早就定型了：开头，永远是“资本主义总危机”。③ 事实证明，斯大林关于资本主义体系总危机的判断，关于两个平行世界市场的观点，以及世界大战是不可避免的结论都没能经得起历史的考验。关于资本主义体系总危机的判断、关于两个平行世界市场的观点使苏联将自身发展与资本主义的发展和世界的发展相脱离。其结果是，20 世纪 60—70 年代当资本主义国家，特别是西德和日本在快速地发展之时，苏联的社会主义生产力却大大落后于西方。到 20 世纪 80 年代中期戈尔巴乔夫上台时，苏联的国民经济增长停滞，军费开支包袱沉重，面临美国星球大战计划、世界科技革命和世界经济迅速发展、中国改革开放这三大挑战。

（2）在相对不利的国际环境条件下，列宁领导苏联时期曾经制定了与资本主义国家长期和平共处的对外方针。第二次世界大战以后，由于国际环境的改变和苏联自身实力的大大增强，苏联逐渐把社会主义与资本主义两种社会制度和意识形态的关系绝对化、对抗化，以至于把社会主义国家与资本主义在国际政治斗争中的决战视为战胜世界资本主义的

---

① ［俄］格·阿·阿尔巴托夫：《苏联政治内幕：知情者的见证》，徐葵、张达楠等译，北京：新华出版社，1998 年版，第 95 页。

② ［俄］格·阿·阿尔巴托夫：《苏联政治内幕：知情者的见证》，徐葵、张达楠等译，北京：新华出版社，1998 年版，第 93 页。

③ 李慎明等：《居安思危——苏共亡党的历史教训》，载《科学社会主义》，2006 年第 6 期，第 115 页。

关键，形成一种“左”的冷战思维。美国从自由民主价值观出发，认为苏联的共产主义意识形态威胁了西方的安全，这又是一种“右”的冷战思维。苏联出于自身安全需要抵制美国的冷战政策和马歇尔计划，进一步加剧了双方之间的战略利益与国家利益冲突等。美苏两极格局下国际关系的潜规则受制于或“左”或“右”的冷战思维。在这两种思维模式之下，社会主义和资本主义国家之间正常的交往和关系得不到维护，国家利益受到强权政治和霸权主义的挟持，世界和平悬于美苏维系核恐怖平衡的军备竞赛之下，世界发展岌岌可危。苏联的对外战略先以输出社会主义革命为宗旨，把美苏政治军事对抗摆在高于一切的地位。赫鲁晓夫时期，苏联走上了与美国进行核军备竞赛的道路。勃列日涅夫时期，苏联的全球战略是与美国争夺世界霸权。不仅要求社会主义国家服从苏联争霸为目标的战略需要，而且可以完全不顾及国际关系的基本准则。苏共在社会主义阵营内部唯我独尊，实行高压政策，加强控制，不允许改革，按照亲苏联的社会制度还是亲美国的社会制度作为界线来决定与其他国家关系的亲疏，最后导致社会主义阵营的分裂。

总之，东方落后国家建设社会主义的实践证明，只有经过革命和建设的长期实践，不断汲取正反两个方面的经验和教训，才能逐渐把握好马克思恩格斯关于世界生产力和世界交往的两个普遍发展的世界历史发展的时代观。

（原载《中共四川省委党校学报》，2007 年第 3 期）

论邓小平时代观指引下的中国和平发展新道路与国家大战略

2003 年 11 月 3 日，中共中央党校原常务副校长、中国改革开放论坛理事长郑必坚同志在博鳌亚洲论坛年会主会场发表了题为“中国和平崛起新道路和亚洲的未来”的讲演，在国内外产生了很大反响。“中国和平崛起”这一提法，立即受到国际国内社会的广泛关注和不同解读。为了避免国际上一些国家和一些人抓住“崛起”二字大做文章，自 2004 年 9 月以后，党和国家领导人在公开场合的讲话以及中央政府文件中不再使用“和平崛起”的提法，改为“和平发展”。中国之所以要提出“和平崛起”原本是为了回应挑战，改为“和平发展”则能够不再产生歧义。况且中国和平发展的确比中国和平崛起能够更好地表述中国发展的历程、现实与未来，因而解读和平发展的来龙去脉是本文的意图。

一、邓小平的时代观奠定了中国和平发展道路的理论基石

从 20 世纪 80 年代到 21 世纪初，经过长达 20 多年的实践，中国提出和平发展新道路的条件已经基本成熟。邓小平提出的和平与发展是当今时代主题的新时代观和全球战略思维，奠定了中国和平发展道路的理论基石。中国在国际形势剧变和转折性变化过程中进一步巩固了世界政治大国的地位，克服重重困难加入世界贸易组织是实现中国从封闭走向开放的发展，继而开创中国走和平发展道路的两个最重要的国际条件。

20 世纪 80 年代中期，邓小平提出的和平与发展是当今世界两大全球性战略问题的科学判断，是中国选择和平发展道路的时代依据。首先，邓小平不再按照两种社会制度和意识形态的冷战思维模式来认识当今世界；而是把国际社会视为一个有机整体，从各种社会形态相互影响、相互促进、相互依存发展的现实出发，从世界大国都是根据自身的国家利益和战略利益看问题的现实主义立场出发来提出问题，把时代问题的重心从解决两种社会制度和意识形态的胜负转向了解决国际社会中事关全局、带有普遍意义的问题和任务。这是邓小平对马克思主义世界历史发展观的继承和发展。

其次，和平与发展是当今时代的主题阐明了世界需要共同发展这样一个新的时代观。一部人类社会发展史，根本上是人类防止战争、维护和平、争取生存和发展的历史。但是，在防止战争、维护和平问题上，人类往往会陷入一种“为了安全而发展—扩张—不安全”的历史怪圈。世界大国强国从兴盛到衰落的历史规律也是如此。在争取生存与发展问题上资本主义强国是既得利益者并拥有绝对发言权，虽然能够发现、提出解决全球性共同问题的途径，对经济增长与社会发展有战略性的认识，但更多的是站在发达国家的立场说话。所以，世界很难走出这种“安全陷阱”和“发展困境”。

邓小平站在世界是一个不可分割、相互联系的有机整体的高度来审视当今世界。他预见到世界和平力量超过战争力量制约美苏争霸，有可能推迟世界大战的爆发或使之得以避免。他辩证地指出，美苏争霸是当时世界和平的主要障碍，不仅遭到世界各国的谴责和反对，也使美苏各自背上了军备竞赛的包袱。他们进行战略调整与改革是迟早的事。与此同时，世界上反对战争、主张和平的力量日益增长。在发展问题上，邓小平对日本友人说：“欧美国家和日本是发达国家，继续发展下去，面临的是什么问题？你们的资本要找出路，贸易要找出路，市场要找出路，不解决这个问题，你们的发展总是要受到限制的。”① “第三世界人

① 《邓小平文选》第三卷，北京：人民出版社，1993 年版，第 105 页。

口大约占世界人口的四分之三，其余四分之一的人口在发达国家。总之，南方得不到适当的发展，北方的资本和出路就有限得很，如果南方继续贫困下去，北方就可能没有出路。”① 从而指明了不论是发达国家、资本主义国家还是发展中国家、社会主义国家，都必须在发展问题上相互依存、寻找出路，都必须改变两个超级大国的军事竞赛阻碍世界和平的现状，从而揭示出绝大多数国家的根本利益是要维护世界和平、谋求共同发展的真谛。

再次，邓小平的新时代观奠定了中国的发展离不开世界这样一个全球性的战略思维，走和平发展之路成为必然选择。1984 年 6 月，邓小平提出“现在的世界是开放的世界”②。同年 10 月，他又指出：“经验证明，关起门来搞建设是不能成功的，中国的发展离不开世界。”③ 1985 年 4 月，他提出“要尊重社会经济发展规律，搞两个开放，一个对外开放，一个对内开放。对外开放具有重要意义，任何一个国家要发展，孤立起来，闭关自守是不可能的，不加强国际交往，不引进发达国家的先进经验、先进科学技术和资金，是不可能的”④。邓小平坚持认为作为世界上最大的发展中国家，中国的发展问题绝不单纯是、仅仅是属于中国自己的问题。中国的发展关系到世界的和平与发展，关系到人类的进步事业。中国发展起来了，中国对世界和平与国际局势的稳定肯定会起到比较显著的作用。因此在国际交往中，中国不是以社会主义国家的身份，而是以发展中国家的身份去寻求与发达资本主义国家以及其他国家的对话与合作。中国国际身份的调整为中国制定指导改革开放历史进程的国际战略创造了有利条件。它使中国与世界的关系发生了转折性的变化：中国的改革开放不仅成为中国改变与世界相互隔绝状态的里程碑，而且使中国融入国际社会的进程与中国的经济社会发展的速度几乎成正比关系。可以说，邓小平从国际国内两个大局来谋划中国的生存和发展

① 《邓小平文选》第三卷，北京：人民出版社，1993 年版，第 106 页。
② 《邓小平文选》第三卷，北京：人民出版社，1993 年版，第 64 页。
③ 《邓小平文选》第三卷，北京：人民出版社，1993 年版，第 78 页。
④ 《邓小平文选》第三卷，北京：人民出版社，1993 年版，第 117 页。

问题，开辟了中国必须走开放式发展的道路，引领了中国和平发展的航程。

20 世纪 90 年代初，冷战结束与两极格局解体给中国带来了成为世界强国的机遇与挑战。1989 年东欧剧变和 1991 年苏联解体，其直接后果就是雅尔塔体制崩溃，美苏两极格局解体。中国在世界政治“一超多强”格局中的地位开始凸显。同时，中国政府坚决维护国家主权和安全，抵制西方的和平演变，因而遭到以美国为首的一些西方国家的制裁。中国在争取成为世界强国的过程中面临美国的防范和遏制。然而，在邓小平国际战略思想的指导下，中国以“沉着应对，韬光养晦，有所作为”的外交方针处理对外关系，通过进一步扩大对外开放和加快改革的步伐等内政，表明了中国坚定不移地融入国际社会谋求发展的决心，从而渡过了国际政治的难关。由于政局稳定和改革措施得力，经过 20 世纪 90 年代十多年的经济的高速发展，中国巩固了与世界大国的战略关系，逐步维护了强有力的世界政治大国地位。

2001 年 11 月中国加入世界贸易组织，标志着中国要以市场经济地位和体制为条件，在发达国家主导的世界经济体制和规制中谋求世界经济大国和强国的地位。作为一个发展中的世界经济大国，中国与世界贸易组织成员的关系是非歧视的平等关系和互利双赢的关系，将在世界贸易组织的场合与机制中解决彼此的摩擦及争端。随着中国在世界经济中排位和比重的提高，特别是中国国防力量的增强和在地区国际事务中、政治中影响力的提升，国际社会中出现了较多关于防范和警惕中国发展和强大的舆论，包括各种版本的“中国威胁论”。中国入世不仅向世界开放本国市场，增强世界经济增长的动力和发展的活力，也是从制度上约束所谓“中国威胁论”的最好办法。

邓小平指引中国走和平发展的新道路是要表明，中国改革开放所走的是一条完全不同于历史上世界大国崛起之路。从世界上新兴强国历史来看，强国在崛起过程中都发生过暴力冲突和战争。因为它们要求重新制定不符合他们利益的规则。而已有的强国却难以与新兴的强国分享领导权。德国曾经发动两次世界大战都是要分享英法对世界的领导权。在战后时代，美苏两个超级大国长期互相猜疑、互不信任、彼此防范，使核军备竞赛和军事力量不断提升，陷入一种“安全的陷阱”，也同样制约了他们各自的发展，军备竞赛更是拖垮了苏联。相反，德国与日本这两个曾经的战败国利用美苏矛盾，在和平的空隙中加快发展，成为当今世界经济大国。中国和平发展是依靠中国自己的国内市场并且通过统筹国内发展与对外开放，与世界各国相互联系，紧密合作来发展中国，而不是单方面依靠国际市场，更不是用武力手段和战争方式来谋求发展。

二、中国和平发展是致力于中华民族复兴和关系到社会主义前途的国家大战略

自党的十一届三中全会以来，中国以经济建设为中心，把发展视为国家战略目标的核心，把创造一个和平的国际环境作为外交政策的首要任务。中国开始调整党的十二大提出的以不结盟为核心的反对霸权主义的外交政策宗旨。经过党的十三大、十四大、十五大，到2002年党的十六大明确提出中国外交政策的宗旨，就是维护世界和平，促进共同发展。十六大以后，以胡锦涛为首的党中央和新一届中国政府在国际和国内公开讲话中一再阐述“中国和平崛起”或“中国和平发展”的思想理念，根据他们的阐述可以看出，中国和平发展是致力于中华民族复兴和关系社会主义前途的国家大战略。

国家大战略，是对历史的总结、对当前的把握和对未来的选择，是关系到国家前途、兴衰存亡的战略谋划。[①] 它不仅包括通常所说的对外战略或国际战略，还包括与之相联系的国内发展战略。[②] 国家大战略是从世界整体的高度来认识和谋划一国的生存和发展问题。它包括一国对较长时期的国际格局、本国国际地位、国家利益和目标的认识和判断，还包括根据国际环境对本国政治、军事、经济、环境、文化、教育等的影响来制定发展战略。因此，大战略也被称为总体战略。中国和平发展

---

① ［美］罗伯特·阿特：《美国大战略》，郭树勇译，北京：北京大学出版社，2005年版，第1页。

② 叶自成：《中国大战略》，北京：中国社会科学出版社，2003年版，第2页。

就是一项总体战略。这项战略构想与中国改革开放的过程相辅相成，与国际政治经济形势的深刻变化紧密相连。改革开放创造了中国和平崛起的国内条件，国际环境的变化以及中国在世界经济政治中影响力的提升和扩大又进一步促进了改革开放。

中国和平发展是中华民族复兴的国家大战略。它包含中国成为世界强国的目标和地位的认定。其最深刻的实质内涵，是要争取在21世纪上半叶，在同当代人类各种文明交汇中，实现中华文明的复兴；就是要实现中国人100多年来的救亡图存和兴国之梦，以文明大国的形象屹立于世界民族之林。它是中国根据20世纪90年代以来对国际政治多极化趋势、经济全球化格局的发展趋势、三步走的国家利益目标、初级阶段的基本国情以及综合国力的判断基础上，对21世纪中叶的中国国际地位的一种认识和谋划。它也是建设富强民主文明和谐的社会主义现代化国家的内在要求的外在表现。这种认识只要符合中国与世界的客观实际，就能够成为一种国家共识，成为全方位的、联系领域广泛的、具有主观认识与客观因素相统一的，带有普遍指导意义的东西。

自2003年11月3日郑必坚同志发表了题为“中国和平崛起新道路和亚洲的未来”的讲演之后，以胡锦涛总书记为首的党中央在国际国内公开场合积极推动中国和平发展的大战略已经有目共睹。2003年12月10日，温家宝总理在访美期间发表的“共同谱写中美关系的新篇章”演讲中指出：“中华民族历来珍惜和平，崇尚和睦。中国的崛起，是和平的崛起，是依靠自己的力量来发展自己。”当时，美国《基督教科学箴言报》发表文章说，在中国新任总理温家宝首次访美之际，一个应该得到更多关注的首要问题是中国外交政策的新举措——“中国的和平崛起”。新政策对亚洲和美国将产生深远影响。2003年12月26日，胡锦涛总书记在纪念毛泽东110周年诞辰座谈会上的讲话中明确提出，坚持中国特色社会主义道路，就要坚持走和平崛起的发展道路。2004年2月23日，在中共中央政治局第十次集体学习中，胡锦涛总书记再次强调，要坚持和平崛起的发展道路和独立自主的和平外交政策。2004年9月，《中共中央关于加强党的执政能力建设的决定》明确指出，高举和平、发展、合作的旗帜，坚持独立自主的和平外交政策，走和平发展的道路，永远不称霸。2005 年 12 月 22 日，国务院新闻办发表《中国的和平发展道路》白皮书，全文约 12000 字。这是中国政府首次全面系统地阐述中国走和平发展之路的必然性和坚定决心，以及为实现这一目标而采取的战略方针和政策措施。

温家宝总理在 2004 年 2 月“两会”闭幕后会见中外记者的招待会上，明确阐述过中国和平崛起的五点要义。第一，中国和平崛起就是要充分利用世界和平的大好时机，努力发展和壮大自己，同时用自己的发展维护世界和平。第二，中国的崛起，基点主要放在自己的力量上，独立自主、自力更生、艰苦奋斗。依靠广阔的国内市场、充足的劳动资源和雄厚的资金储备，以及改革带来的机制创新。第三，中国的崛起离不开世界。中国必须坚持开放的政策，在平等互利的原则下，同世界一切友好国家发展经贸往来。第四，中国的崛起需要很长的时间，恐怕要多少代人的努力奋斗才能实现。第五，中国的崛起不会妨碍任何人，不会威胁任何人，也不会牺牲任何人。中国现在不称霸，将来强大了也永远不会称霸。中国依靠自己的力量发展即和平发展这条道路，最重要的战略方针有三条：一是锐意推进以社会主义市场经济和社会主义民主政治为基本内涵的经济和政治体制改革，以形成实现和平发展的制度保证；二是大胆借鉴吸收人类文明成果而又坚持弘扬中华文明，以形成实现和平发展的精神支柱：三是统筹兼顾各种利益关系，包括统筹城乡发展、统筹区域发展、统筹经济社会发展、统筹人与自然和谐发展、统筹国内发展和对外开放，努力构建社会主义和谐社会，建设社会主义新农村，以形成实现和平发展的国内社会环境。

三、构建合作共赢、和谐共处的外部大环境是中国和平发展的必由之路

当今世界，即使在经济全球化加快发展的情况下，国际社会仍然是一种以多元文化和多元意识形态为基础的。中国不仅要超越意识形态与社会制度差异处理国家关系，摆脱冷战思维，避免重蹈美苏冷战覆辙，而且必须谋求双赢与多赢的发展战略，为世界和平与发展做出更大的贡

献。2006年10月，党的十六届六中全会再次重申，坚持走和平发展道路，营造良好外部环境。其中包括和平稳定的国际环境、睦邻友好的周边环境、平等互利的合作环境、互信协作的安全环境、客观友善的舆论环境。

首先，中国与“一超多强”的关系不是对抗，而是合作关系。中国赞成世界多极化趋势，但从没有排斥大国合作。现在的多极化趋势并没有完全排除竞争性多极的可能性。美国希望继续保持超级大国地位，中国则需要赢得相对稳定和有利的国际环境，全面提升整体实力。中国不构成对美国的威胁，相反还是一个合作者和利益攸关者。中美关系不仅对中国的现代化建设具有重要意义，而且直接涉及中国的国家统一问题和国家安全利益。由于中国始终面临如何消除美国存在“中国威胁”的疑虑的问题，中国不仅要避免成为美国的敌人，而且还要牵制美国的霸权。中国必须向美国和国际社会表明：中美是朋友，不是对手。中国的发展途径与发展前景对美国不构成任何威胁，力争把中美关系建立在相互平等、相互信任、相互合作的基础之上。当前，中美在双边和多边的广泛领域的合作与对话出现了良好态势。中国加快发展，已经给中美关系发展提供了新的机遇和动力。中国与世界其他大国，特别是与俄罗斯、法国等欧洲大国普遍建立了战略合作伙伴关系。中日关系正处于结构性调整过程中，但合作仍然是主流。

其次，中国和平发展的首要舞台将始终在亚洲，尤其是东亚、中亚和南亚。中国在利益问题上不损人利己，而是谋求平等互利，共同发展，搁置争议，共同开发，已经解决了许多边界争端问题。在这些地区逐步构建多边体制，是为经久地缓解甚至逐渐消除中国所处的多项“安全两难”所绝对必需的。中国参与区域经济合作不断深化，中国-东盟自由贸易区的建设进程正在加快，上海合作组织建设进入全面务实合作阶段，贸易投资便利化进程全面启动。中国还相继与有关国家签署了自由贸易区协定。在亚太经济合作组织、中非合作论坛等活动中，中国也是积极和务实的参与者。

再有，中国维护国际社会的正义，主持公道，坚持原则又灵活处理。中国主张加强联合国权威的多边主义，使联合国成为建立国际新秩序的保障机制和协调机制；同时提出了新秩序的建立过程应是世界各国充分参与的民主过程，国家不分大小，都有平等参与建立新秩序的权利。中国坚持在联合国框架内政治解决伊拉克问题、伊朗核问题，反对美国动武。2006 年 10 月 9 日，朝鲜宣布地下核试验成功，朝鲜半岛的无核化进程由此受到破坏。中国坚决反对朝鲜进行核试验，赞成联合国安理会通过 1718 号决议，同时也坚持通过对话谈判和平解决朝核问题，防止半岛局势失控或恶化。中国派出特使到朝鲜进行斡旋，与韩国、美国进一步沟通，力促重启了新一轮六方会谈。

还有，中国坚持独立自主的和平外交政策，本着民主、和睦、公正、包容的精神，发挥建设性作用，努力同各国一道实践建立和谐世界的崇高目标。中国用实际行动表明，中国过去、现在、将来都永不称霸。这是因为中华民族具有极其深厚的文化底蕴，形成了“和而不同”的历史文化。“和而不同”是中国古代思想家提出的一个伟大的思想，和谐而又不千篇一律，不同而又不彼此冲突，和谐以共生共长，不同以相辅相成，用“和而不同”的观点观察和处理问题，不仅有利于我们善待友邦，也有利于国际社会化解矛盾。

2005 年 9 月 15 日，在联合国成立 60 周年首脑会议第二次全体会议上，国家主席胡锦涛发表了题为“努力建设持久和平、共同繁荣的和谐世界”的重要讲话。提出坚持包容精神，共建和谐世界。应该以平等开放的精神，维护文明的多样性，促进国际关系民主化，协力构建各种文明兼容并蓄的和谐世界。中国认为，各民族的文明都是人类智慧的成果，对人类进步做出了贡献，应该彼此尊重和平共处。人类因无知或偏见引起的冲突，有时比因利益引起的冲突更可怕。中国主张以平等和包容的精神努力寻找双方的共同点，开展广泛的文明对话和深入的文化交流。中国倡导和谐世界不是偶然的，它是中国寻求对内和谐的同时要求外部和谐的必然选择。

（原载《理论与改革》，2007 年第 4 期）

马克思恩格斯的时代观与国际关系问题研究

马克思恩格斯的时代观，体现了他们对所处的资本主义时代的世界发展的看法。本文试图从马克思恩格斯世界历史理论中展现的时代观来探询这种时代观与国际关系的内在联系。同时，结合20世纪社会主义国家的经验教训，阐述马克思主义时代观对认识和处理当今国际关系的指导意义。

一、马克思恩格斯世界历史时代观的基本内涵

马克思主义的时代观是世界历史时代观，这源于马克思恩格斯合写的《德意志意识形态》《共产党宣言》等著作。马克思恩格斯指出，他们所处的时代特征体现为：两大阶级对抗和民族解放的世界政治，资本扩张、开拓世界市场的世界经济，以阶级国家为本质的民族国家基础上的国际关系体系。作为马克思恩格斯时代观的基本内涵，这些反映了人类社会基本矛盾进入资本主义生产方式阶段后世界发展的客观规律性。

在《德意志意识形态》中，马克思恩格斯分析了资本主义生产方式与世界交往的联系，揭示了具有全球意义的时代主题，这就是资本主义大工业使人类社会从孤立的、民族的、狭隘的地域性历史转向世界历史的发展进程。大工业“首次开创了世界历史，因为它使每一个文明国家以及这些国家中的每一个人的需要的满足都依赖于整个世界，因为它消

灭了各国以往自然形成的闭关自守的状态"①。在《共产党宣言》中，马克思恩格斯分析了资本主义生产力的历史作用和资产阶级时代西欧资产阶级和无产阶级两大阶级的对抗，阐明了他们所处时代具有全球意义的国际关系的基本特征，就是建立在世界市场基础上的资本主义大工业打破了地域和民族之间的隔阂与对立，开创了一个各民族从物质生产到精神生产都是相互依存发展的国际关系体系的新时代。"由于机器和蒸汽的应用，分工的规模已使脱离了本国基地的大工业完全依赖于世界市场、国际交换和国际分工。"②"过去那种地方的和民族的自给自足和闭关自守状态，被各民族的互相往来和各方面的互相依赖所代替了。物质的生产是如此，精神的生产也是如此。各民族的精神产品成了公共财产。民族的片面性和局限性日益成为不可能。"③ 马克思恩格斯的世界历史理论运用辩证唯物主义的时空观，揭示了人类社会发展从分散走向集中、从民族的历史发展走向世界的历史发展的客观规律，反映的是人类社会发展的横向联系。而唯物史观的基本原理则是揭示了人类社会形态从低级向高级运动的客观规律，反映的是人类社会发展的纵向联系。人类社会发展一刻也不能离开空间和时间这一物质运动的基本形式。因此，唯物史观和世界历史理论共同构成了完整的马克思主义时代观，也称世界历史时代观。我们只有把握人类社会发展纵横两个方面的联系，才能把握好马克思主义时代观。

根据上述马克思恩格斯的世界历史理论，我们经过进一步探讨，可以作出这样一个判断：人类社会发展的横向联系的规律性集中表现为人类社会发展的整体性和相互依赖性。首先，他们阐述的世界历史理论及其创立的科学社会主义原理表明，他们是站在人类或者世界的高度而不是仅从民族或者国家的角度来观察人类的历史发展。高瞻远瞩的世界历史眼光和全球空间意识，正是人类社会发展的整体性在马克思恩格斯头脑中的反映。从他们对世界历史形成的精辟阐述以及人类社会走向共产

① 《马克思恩格斯选集》第1卷，北京：人民出版社，1995年版，第114页。
② 《马克思恩格斯选集》第1卷，北京：人民出版社，1995年版，第166页。
③ 《马克思恩格斯选集》第1卷，北京：人民出版社，1995年版，第276页。

主义社会前景的科学预见中，我们已经感悟到这种世界观的崇高境界。其次，世界历史发展是世界交往与资本主义生产方式相互作用下世界的整体性凸现的过程。人类社会发展的横向联系就是整体性的凸现。世界历史理论把世界交往与生产力的“两个普遍发展”作为人类社会向共产主义社会发展的两个前提条件。它不仅指明了世界交往与生产力的普遍发展是世界历史朝向共产主义社会发展的物质基础，也表明这“两个普遍发展”是一种整体性的推动力量。“共产主义只有作为占统治地位的各民族‘一下子’同时发生的行动，在经验上才是可能的，而这是以生产力的普遍发展和与此相联系的世界交往为前提的。”① 因此，共产主义取代资本主义是在世界范围内必然发生的结果，是一种世界历史性、整体性的现象。我们可以看到，在当今世界全球化趋势加快发展的进程中，当代资本主义在政治、经济和社会等领域的变革也在加快。再次，以科学社会主义为指导的国际共产主义运动就是被压迫的阶级和民族以人类社会发展的整体性为前提而展开的争取自身解放的斗争。无产阶级反对资产阶级的解放事业的国际性，使得无产阶级的民族性也是暂时的。“工人没有祖国。决不能剥夺他们所没有的东西。”② 按照恩格斯的定义，科学社会主义是关于无产阶级解放运动的发展规律的学说。它包括无产阶级解放运动的性质、条件和一般目的这三个方面。科学社会主义理论研究的重点是无产阶级解放斗争的条件。③ 这是包括国际与国内、主观与客观、精神与物质等多方面内容且相互联系和影响的具体条件。离开了国际条件亦即世界发展变化的具体条件和马克思主义对世界历史发展规律的揭示，就很难创造和实现无产阶级解放斗争的条件。

整体是相对于部分而言的，人类社会发展的整体性决定了不同或相同生产方式之间、各国之间的相互依赖性，由于世界历史发展的进程把人类社会紧密联系在一起，共产主义已经成为人类社会发展的共同和必然的趋势。实现共产主义社会理想目标的途径，在于现代大工业所开创

---

① 《马克思恩格斯选集》第1卷，北京：人民出版社，1995年版，第86页。
② 《马克思恩格斯选集》第1卷，北京：人民出版社，1995年版，第291页。
③ 赵曜：《科学社会主义教程》，北京：中共中央党校出版社，2004年版，第4页。

的不断发展的物质基础和进步的条件。这就要求任何阶级、民族和国家都不能离开世界历史发展的轨道来谈革命、搞建设和促发展。资本主义生产方式的进步，同样依赖于世界交往和在世界生产力发展基础上建立的国际政治经济秩序。资本主义国家之间的相互依赖，表现在政治、经济、军事等领域的竞争、合作与冲突，也包括它们在与社会主义国家、第三世界国家关系中的政策协调与矛盾。现实中的社会主义生产方式并没有离开世界历史发展的轨道。它与资本主义生产方式并存于一个国际社会空间。社会主义国家的无产阶级及其政党的首要任务是利用并且创造国际、国内条件来建立实现未来社会的物质基础。加强与资本主义国家的联系，积极参与国际竞争与合作，乃是必然的选择。否则就是离开了世界历史，回到了孤立的、民族的、狭隘的地域性历史，也就不可能建设社会主义，更不可能发展到共产主义社会。

总的来讲，由于我们没有真正搞清楚资本主义生产方式与世界历史发展的关系，也就没有搞清楚马克思恩格斯所讲的科学社会主义与世界历史发展的关系。产生于革命与战争为主题的时代，主要来源于斯大林时期的传统的时代观，对于马克思恩格斯奠定的时代观的理解是机械的、简单化的，甚至陷入了唯心论和形而上学。

二、世界交往理论是马克思主义时代观的重要组成部分

世界历史理论包含着丰富的世界交往思想。要弄清楚人类社会发展横向联系的规律性，必须把握马克思恩格斯的世界交往理论。近年来，随着全球化浪潮的高涨，国内外学术界日益关注、加强研究并且高度评价马克思的交往理论。国内有学者认为，过去囿于苏联教科书的束缚，把交往问题与生产关系混为一谈，并与意识形态相对应，否定了交往理论应有的地位。尽管理论界对交往与实践的关系存在争议，但交往具有重要意义这一点已成共识。马克思恩格斯通过分析资本主义生产方式与世界交往之间的关系，阐明了世界交往在资本主义生产方式形成和发展的历史进程中的巨大作用。这在实际上肯定了世界交往与任何现代生产方式进步的必然联系。

在《德意志意识形态》第一卷第一章，马克思恩格斯是把交往和生产力作为第二节“意识形态的基础”的第一个重要问题来写的。在他们看来，交往是生产力发展的前提和基础。交往与生产力是相辅相成、不可割裂的。交往是与生产力具有同样地位的一个非常重要的研究范畴。资本主义生产方式是一系列交往革命和生产力发展到工场手工业阶段的产物。通过地理大发现开辟新的航线和殖民地的开拓，在更大范围内的交往基础上逐渐形成了世界市场。“世界贸易和世界市场在16世纪揭开了资本的现代生活史。”①“世界市场本身形成这个生产方式的基础。另一方面，这种生产方式所固有的，以越来越大的规模进行生产的必要性，促使世界市场不断扩大。”② 各国在国内市场，特别是国外市场的竞争使商业具有政治意义。“各国经过长期斗争，瓜分了已开辟出来的世界市场。”③ 最强大的海上强国——英国在商业和工场手工业方面都占据优势。

马克思恩格斯还认为，世界市场是资本主义生产方式的基础，资本主义生产方式促进了世界市场的扩大和发展。经典作家从来没有把世界市场与资本主义生产方式割裂开来谈生产力的发展，而是认为先有交往的革命，然后才有民族历史向世界历史的转变。“只有在交往具有世界性质，并以大工业为基础的时候；只有一切民族都卷入竞争的时候，保存住已创造出来的生产力才有了保障。”④ 而且这种建立在物质基础上的交往并不局限在资本主义范围之内。同理，资本主义生产方式的形成和发展，就是一个交往和生产力发展与矛盾冲突并存的自然历史过程，也就是内部扬弃过程，而非来自外部取代的过程。资产阶级正是借助世界市场和国际分工的交往形式，才能做到在它不到一百年的统治中所创造的生产力，比过去一切世代创造的全部生产力还要多、还要大。这表明，世界市场和国际分工的交往形式的作用，远远超出了资本主义生产

---

① 《资本论》第1卷，北京：人民出版社，2004年版，第171页。
② 《资本论》第3卷，北京：人民出版社，2004年版，第371页。
③ 《马克思恩格斯选集》第1卷，北京：人民出版社，1995年版，第111页。
④ 《马克思恩格斯选集》第1卷，北京：人民出版社，1995年版，第108页。

方式本身的内容。因此，“资本的全球化过程也是世界交往、世界历史的过程。世界性的交往是一种代表着当下人类物质生产力发展的先进水平或一定高度的文明成果的空间坐标图示”①。可见，世界交往形式是人类社会从分散走向集中、从相互隔绝走向相互联系、从单个发展走向共同发展的载体。它们与各国的社会生产方式相互影响、彼此促进，共同带来世界范围内各民族国家前所未有的大变革和大发展。在知识经济引领的高科技革命和经济全球化发展趋势的推动下，世界市场、国际分工的交往形式仍然处于深刻的变化中。不仅世界生产力是物质的，世界交往也是物质的。任何割断两者之间联系的理论和观点，都是违背马克思主义的世界交往思想，经不起实践检验的。

传统的时代观恰恰忽视了马克思恩格斯阐述的世界交往对社会主义生产方式的意义与作用。社会主义国家曾经长期断绝与世界的交往，错过了许多利用世界生产力来发展自己的机遇。苏联在这方面的教训尤其深刻。斯大林时期，教条主义地对待马克思主义和列宁主义的基本原理，用主观主义、形而上学的理论和观念来认识和分析战后资本主义的发展和国际形势。低估资本主义的发展生命力，割断了与资本主义世界的经济联系，使苏联脱离了世界交往的轨道。斯大林先后提出了关于“资本主义体系总危机进一步加深”的观点，关于两个平行市场的观点。这些观点中的某些成分在一定条件下或许具有正确性，但是在战后的苏联，却变成了具有长期性、全局性和战略性的指导思想，直接影响到苏联的对内发展和对外战略的制定。与此相呼应的是，斯大林时期的苏共不注重研究当代国际政治与经济关系的发展，对国际形势的复杂变化缺乏实事求是的研究和长期观察。其结果是：当资本主义国家，特别是西德和日本在快速发展之时，苏联的社会主义生产力却逐渐下降，与西方国家的发展差距日益拉大。这是苏联社会主义脱离世界交往的惨痛教训。理论上对马克思主义采取主观主义和教条主义态度，仅仅是原因之一。从实践来看，一旦离开了世界交往的联系，社会主义社会的发展就

---

① 张雄、速继明：《时间维度与资本逻辑的勾连》，转引自《新华文摘》，2007年第3期。

会失去参照系，变得故步自封。以苏联为首的社会主义国家普遍高估社会主义社会的发展阶段，对现实社会主义生产方式的认识严重脱离民族国家的实际。从斯大林开始，苏共历届领导人都过高地估计了苏联所处的社会主义发展阶段。他们过早地提出苏联已建成了社会主义社会，现在的主要任务是从社会主义逐步过渡到共产主义，最后建成共产主义社会。1961 年苏共二十二大党纲宣称：当今的一代苏联人将生活在共产主义制度下，勃列日涅夫宣布苏联建成了发达的社会主义。同期，我国更是急躁冒进，急于用现实建立的社会主义生产关系和意识形态去代替尚未成长起来的资本主义乃至消灭资本主义。直到实行改革开放的路线、方针和政策，党的十三大阐述了社会主义初级阶段的理论，才从根本上纠正了过去那种超越历史发展阶段的错误认识，使历史进程重新回到了正确的发展轨道。而且中国的改革开放“一开始就是从世界的角度、从世界政治、世界经济的角度来设计有中国特色的社会主义，体现了中国特色社会主义的发展必须立足于世界市场的思想”①。1984 年 6 月，邓小平提出“现在的世界是开放的世界”②。同年 10 月，他又指出：“经验证明，关起门来搞建设是不能成功的，中国的发展离不开世界。”③ 1985 年 4 月，他提出：“要尊重社会经济发展规律，搞两个开放，一个对外开放，一个对内开放。对外开放具有重要意义，任何一个国家要发展，孤立起来，闭关自守是不可能的，不加强国际交往，不引进发达国家的先进经验、先进科学技术和资金，是不可能的。”④ 通过建立与世界交往的关系，中国的改革开放不仅改变了与世界隔绝的状态，而且使国家经济发展的速度与中国融入国际社会的进程大大加快。

---

① 张爱武：《世界历史性社会主义研究》，北京：社会科学文献出版社，2005 年版，第 51 页。

② 《邓小平文选》第三卷，北京：人民出版社，1993 年版，第 64 页。

③ 《邓小平文选》第三卷，北京：人民出版社，1993 年版，第 78 页。

④ 《邓小平文选》第三卷，北京：人民出版社，1993 年版，第 117 页。

三、马克思主义时代观指导我们拓宽对当代国际关系的认识

马克思恩格斯的时代观阐明了国际关系与人类社会的生产方式变革紧密联系的客观规律性，由此揭开了隐藏在国家间关系背后的秘密，即全球意义的国际关系不是简单的国家关系的总和。它是世界历史发展整体性和相互依赖性的集中体现。国际关系是以民族国家间关系为基础而建立起来的国际社会关系。

首先，从区域性的国际关系逐步发展到建立世界范围内的国际关系，这是人类历史转向世界历史的重要标志之一。而国际关系作为世界交往的产物，又形成了一定历史阶段的国际社会。社会生产方式的发展和进步，推动了国家之间的交往和联系，建立在大机器生产基础上的资本主义生产方式又以建立国际分工和世界市场为基础，最终确立了世界范围内的，各民族国家联系日益紧密的全球性的国际社会秩序。国际社会就是国家（包括非国家行为体）之间在政治、经济、文化等社会生活领域广泛联系交往，把地理上的世界连接成一个因共同的物质条件而相互联系在一起的世界共同体。

其次，与资本主义生产方式相联系的国际关系必然是围绕世界范围内的生产、交换以及分配而发生的国际经济关系。在国际经济关系基础上建立国际政治关系，同时也要受到国家自身及其相互间政治关系的制约。相对于一国范围内的社会关系，它只能是一种特殊的社会关系。我国国际关系学者早就提出国际关系是人们超越国家界限建立的一种特殊的社会关系，我们称之为国际社会关系。从行为者来说，它可以是不同国家的个人、阶级、集团、企业、组织、政党、政府之间发生的关系；从内容来说，对外贸易和对外投资是最基本的活动，但随着货物交往联系的扩大和深入，活动呈现出多样性，不仅有传统的领域，而且要开辟出许多新的领域，亦即从人类物质生活需要的领域发展到精神生活需要的领域。

马克思早就提出了生产的国际关系这一命题，他的《1857—1858 年经济学手稿》有关生产、消费、分配、交换（流通）一章中，就包含对国际分工、国际交换、输出和输入、汇率的研究以及对世界市场和危机

的研究范畴。马克思在写《资本论》时分别在各章对相关内容作了大量的论述，尽管马克思恩格斯没有关于国际贸易和世界市场等国际交往方面的专著，但是他们为后人留下了关于国际经济交往的许多论述，如国际分工、国际贸易和资本输出等。马克思提出的生产的国际关系这一命题显然不是指一般意义上的所有制关系，而是世界各国通过国际分工、世界市场交换等市场经济活动形成的一种全球生产和交往体系。它构成了不依赖于单个个人、单个国家的一种国际社会关系的物质基础。生产的国际关系不仅构成了世界经济的有机整体性，使一国的发展不能离开世界经济，而且形成了各国都要遵守的国际规则、国际惯例和相应的市场运行机制。因此，这也是建立在世界生产和世界交往基础上的国际社会关系。

再有，民族国家与国际社会关系既相互适应，又存在矛盾与冲突，这正是国际关系复杂多变之要害所在。民族国家的产生和各国维护本民族和本国利益的斗争，构成了各个时期国际关系的主要内容。国际政治中的战争与和平、对抗与缓和、冲突与对话以及国际经济中的合作与竞争，都是国际关系矛盾运动的表现形式。马克思主义的时代观把全球意义的国际关系的矛盾运动作为世界历史发展的重要条件。马克思恩格斯曾经阐述了无产阶级的国内政治环境是民族国家构成的国家体系，国际经济环境是世界市场体系。这种状况表明了无产阶级解放斗争条件的复杂性、长期性和无产阶级团结的重要性。马克思恩格斯总是结合世界范围内资本主义的发展变化与世界政治、经济和国际关系的状况，来认识无产阶级解放斗争的条件。他们始终坚持在实践中修正那些与实际情况不相符合的个别结论和观点，从而以现实主义的态度指导无产阶级制定正确的阶级斗争和政治斗争的战略和策略。

笔者认为，建立在生产力和世界交往“两个普遍发展”基础上的不同生产方式与国际关系的互动，已经成为世界和平与发展的推动力量。一方面，生产方式进步与科技革命推动着国际社会向前发展。生产力是人类社会中最活跃的因素，而国际关系在相当程度上则是人类社会生产力扩张的产物。在生产方式的变革中，首要的因素是生产工具的变革。它来源于技术进步和科学的发展。而任何技术进步和科学的发展，又都离不开区域性或世界市场和交换的刺激。人类社会曾发生过的三次科技革命均发源于西方国家，这是推动不同时期国际关系形成和发展的根本力量。第二次世界大战结束以来的第三次科技革命，以原子能、微电子技术、光纤、航天和生物工程为代表的高科技群，对当代国际关系产生了更为广泛而深远的影响。用原子能技术发展核力量，曾经使社会主义苏联足以与西方长期抗衡，并最终改变了人类战争的形式和手段，促进了世界和平。20 世纪下半叶，以微电子技术为代表的信息技术革命使发达国家迈向信息社会，知识经济初露端倪。而且在全球范围内整合和提升了各国经济的水平，加深了各国经济的相互依赖，使国际关系的结构出现更新和实质性改变。它使跨国公司迅猛发展，各种国际组织应运而生，国际关系向制度化和组织化发展。

另一方面，现实社会主义与现代资本主义在国际社会进步和国际关系的竞争与斗争中依然是相互联系、相互影响和相互依赖的并存发展关系。在利用世界生产力与世界交往发展的关系上，这两种生产方式并没有本质差异。不同的是，资本主义国家在国际社会中占据相对有利的地位，控制着更多的政治、经济资源和话语权。现实社会主义国家应当更快、更好地融入国际社会，学习如何发展，并且创造更为公正、平等的国际关系秩序。即使在当今世界资本主义国家占据主导地位的经济全球化进程中，社会主义国家和资本主义国家之间也只能是主权原则下的相互尊重、和平共处关系。在国际竞争中既存在为维护各自国家利益而进行的斗争、摩擦与冲突，也存在为解决共同性问题需要建立共同秩序与规则而展开全球治理的协调与合作。在维护持久和平与促进共同发展的前提下，建构两种社会制度并存条件下的新型国际关系，建构和谐世界，已成为时代的迫切要求。

（原载《当代世界与社会主义》，2007 年第 6 期）

解放思想的关键在于把握和遵循世界发展的客观规律

——论中国改革开放 30 年的成功经验

20 世纪 80 年代以来的中国改革开放是一个新事物。不仅苏联模式没有这个特点，新中国成立后的前 30 年也没有。中国实行改革的循序渐进和对外开放的大胆勇进相互补充，克服了许多困难和风险。改革开放的关键是解放思想、实事求是、与时俱进。改革开放改变了传统的思维模式，引进了许多新观念，产生了许多新思维，进而就有了许多新做法、新创举。从中我们可以发现，解放思想的要领是把握并且遵循世界经济发展的客观规律。中国改革开放之所以能够取得成功，这是一条基本经验。

一、解放思想把中国与世界生产与世界交往紧密联系，融入世界发展潮流

把握并且遵循世界经济发展的客观规律，顺应世界历史发展的主流、潮流是社会主义国家的历史经验总结。

马克思恩格斯认为，在大工业首次开创世界历史之后，共产主义社会取代资本主义社会就成为世界范围内的必然趋势和结果，是一种世界历史性、整体性的现象。但是，无产阶级所处的国内政治环境仍然是民族国家构成的国家体系，国际经济环境是世界市场体系。后来的历史进程并没有按照马克思恩格斯设想的那样发展，社会主义革命首先出现在苏联、中国

等资本主义不发达的国家。尽管如此，社会主义国家建立之后，在如何对待社会主义国家体系与世界市场体系的关系上却颇为曲折。苏联曾经尝试把苏联领导的社会主义阵营建成与资本主义国家主导的世界经济体系平行的世界市场，另搞一套。苏联以社会主义国家建设的样板身份向资本主义世界挑战，与美国争夺世界霸权。在苏联意识形态和国家利益与西方国家相冲突的情况下，苏联社会主义经济建设服务于军备竞赛，国内长期搞计划经济体制，严重脱离了世界市场经济发展的要求。实践证明，用苏联模式对抗世界市场体系发展不仅是错误的，而且注定是失败的。在美苏冷战的背景下，受苏联社会主义理论的影响和我们自己犯的“左”的错误，我们实际上在国际上处于孤立状态。改革开放作为我国的一项基本国策，就是在以邓小平为核心的第二代领导集体认识到世界经济发展是一个相互联系的有机整体之后作出的重大抉择。

邓小平后来总结道：“我们都是搞革命的，搞革命的人最容易犯急性病。我们的用心是好的，想早一点进入共产主义。这往往使我们不能冷静地分析主客观方面的情况，从而违反客观世界发展的规律。中国过去就是犯了性急的错误。”① 因此，中国在经历了社会主义建设的挫折和“文化大革命”的惨痛失败之后，作为改革开放的总设计师，邓小平用中国人自己的语言对世界经济发展的时代特征进行了高度概括。关于世界生产力的发展，他提出了“科学技术是第一生产力”的观点。他指出：“一切先进成果都是全人类共同努力的结果，就是资产阶级也懂得这个起码的常识，世界上先进的东西它都引进。”② “过去，我们很多方面学苏联，是吃了亏的。”③ 邓小平在20世纪80年代的一系列讲话中反复阐述“世界科学技术在六十年代末期七十年代初期有个突飞猛进的发展。各个科学领域一日千里地发展，一年等于好几年，甚至可以说一天等于几年”④。“科学技术本身是没有阶级性的，资本家拿来为资本主义

---

① 《邓小平文选》第三卷，北京：人民出版社，1993年版，第139～140页。
② 《邓小平年谱》上卷，北京：中共中央文献出版社，2004年版，第200页。
③ 《邓小平年谱》上卷，北京：中共中央文献出版社，2004年版，第210页。
④ 《邓小平年谱》上卷，北京：中共中央文献出版社，2004年版，第307页。

服务，社会主义国家拿来为社会主义服务。我们要把世界一切先进技术、先进成果作为我们发展的起点。”① 关于世界交往发展，邓小平提出了“现在的世界是开放的世界。三十几年的经验教训告诉我们，关起门来搞建设是不行的，发展不起来”②。邓小平在一系列谈话中批驳了四人帮的所谓崇洋媚外、爬行主义，指出真正的爬行主义是不吸收世界先进成果。不利用世界生产力与世界交往来发展自己不仅是愚蠢的，而且是违背世界各国发展规律的。“研究世界所有发达国家的历史就可以看到，实际上它们都是从这条路走出来的。”③ 提出要以世界先进水平作为赶超的起点，采取拿来主义态度。

改革开放实际上是民族国家应对世界市场体系的唯一正确的选择。没有改革开放，就没有民族国家的立锥之地，就会丧失生存与发展的历史机遇，也就谈不上实现民族国家所追求的理想目标。因此邓小平反复强调说：“不能搞穷过渡、穷社会主义。”“社会主义要消灭贫穷。贫穷不是社会主义，更不是共产主义。”④ 社会主义制度要在民族国家显示其优越性，就必须能够创造更高的劳动生产率，不断解放和发展生产力。这才能与民族国家的发展相统一并结合在一起。坚持社会主义制度和理想的民族国家的发展就是社会主义的发展。而社会主义制度通过民族国家与世界交往、世界生产力相联系，就必然走向世界，产生世界影响。总之，改革开放成为决定中国命运的重大决策。30 年来我国经济社会发展取得的一切成就，都同坚决地推进经济体制改革和对外开放分不开。

二、解放思想把社会主义前途与实现现代化紧密结合，形成中国特色社会主义道路

大工业开创了世界历史，以工业化为核心的现代化道路是世界历史

① 《邓小平年谱》上卷，北京：中共中央文献出版社，2004 年版，第 307 页。
② 《邓小平文选》第三卷，北京：人民出版社，1993 年版，第 64 页。
③ 《邓小平年谱》上卷，北京：中共中央文献出版社，2004 年版，第 521 页。
④ 《邓小平年谱》上卷，北京：中共中央文献出版社，2004 年版，第 271 页。

开辟的人类社会发展的新道路。世界历史的发展开辟了民族国家的现代化进程和发展的趋势。现代化进程是将一国社会与国际社会紧密联系在一起的路径。现代化与世界发展具有同步性。参与世界政治、世界经济体系与国际竞争活动就是一国实现现代化的国际条件。

现代化首先是以现代生产力状况为基础的。它与民族国家的综合国力、人民生活水平密切相关。然而，现代化的进程在新中国却一波三折，异常艰难。要么是违背经济发展客观规律的“大跃进”，要么是阶级斗争为纲的“文化大革命”。粉碎“四人帮”之后，1977 年 7 月党的十届三中全会召开，邓小平第三次复出。邓小平肩负着实现四个现代化的历史使命成为党的第二代领导集体的核心。在邓小平看来，不是社会主义决定现代化，而是现代化决定社会主义的命运。他在 1978 年 12 月十一届三中全会召开前后一系列论述中，阐明了把社会主义的前途和中华民族复兴统一于四个现代化目标的重大战略意义。他说：“共产主义是什么？是各尽所能，按需分配。按需分配就要物质极大丰富。所以要实现四个现代化，才能更好地体现社会主义的优越性，不然，就始终处于挨打的地位。光喊口号没有用。”① “实现四个现代化，是一场根本改变我国经济和技术落后面貌，进一步巩固无产阶级专政的伟大革命。这场革命既要大幅度地改变目前落后的生产力，就必然要多方面地改变生产关系，改变上层建筑，改变工农业企业的管理方式和国家对工农业企业的管理方式，使之适应于现代化大经济的需要。”② “我们的政治路线就是搞四个现代化，四个现代化的思想基础就是辩证唯物主义。”“根本的是要学习马列主义、毛泽东思想，要努力把马克思主义的普遍原则同我国实现四个现代化的具体实践结合起来。”③ “能否实现四个现代化，决定着我们国家的命运、民族的命运。”“社会主义现代化建设是我们当前最大的政治。”④ 邓小平的四个现代化思想成为中国共产党坚定不移地

---

① 《邓小平年谱》上卷，北京：中共中央文献出版社，2004 年版，第 399 页。

② 《邓小平年谱》上卷，北京：中共中央文献出版社，2004 年版，第 514 页。

③ 《邓小平文选》第二卷，北京：人民出版社，1983 年版，第 143 页。

④ 《邓小平文选》第二卷，北京：人民出版社，1983 年版，第 148 ~149 页。

发展社会主义生产力，把党的工作重心转移到经济建设上来的战略指导思想。

每个国家都要用自己的方式来实现现代化，相应地就有自己本国的发展道路。基于我们党对前30年社会主义建设经验的总结和对我国社会主义建设规律的认识，邓小平提出了建设有中国特色的社会主义的命题。“中国特色社会主义”这一概念突出了中国的现代化发展道路的特殊性。正如1982年9月1日邓小平在党的十二大开幕词上所讲的：“照抄照搬别国经验、别国模式，从来不能得到成功。这方面我们有过不少教训。把马克思主义的普遍真理同我国的具体实际结合起来，走自己的道路，建设有中国特色的社会主义，这就是我们总结长期历史经验得出的基本结论。”① 邓小平的历史功绩之一就是把社会主义前途与中国实现现代化的目标紧密地结合起来，从而开创了中国特色社会主义道路。党的十七大把它概括为：“在中国共产党领导下，立足基本国情，以经济建设为中心，坚持四项基本原则，坚持改革开放，解放和发展社会生产力，巩固和完善社会主义制度，建设社会主义市场经济、社会主义民主政治、社会主义先进文化、社会主义和谐社会，建设富强民主文明和谐的社会主义现代化国家。”十七大报告还指出：“改革开放以来我们取得一切成绩和进步的根本原因，归结起来就是：开辟了中国特色社会主义道路，形成了中国特色社会主义理论体系。”

中国特色社会主义道路通过解放和发展社会生产力、对外开放来实现现代化目标。因而，改革开放是实现社会主义现代化的必经之路。社会主义的前途与现代化道路的关系应当成为一个不可分割的有机整体。现代化道路是社会主义的机体，社会主义理想与制度应当成为现代化的灵魂。中国特色的社会主义道路实际上就是中国特色的社会主义现代化道路。

当一个社会的现代化动力产生于内生机制，对外开放就会有力促进内生力的发展。因此，党的十三大提出，改革是社会主义社会发展的重

① 《邓小平文选》第三卷，北京：人民出版社，1993年版，第3页。

要动力，对外开放是实现社会主义现代化的必要条件。在改革开放之初，开放比较改革更为重要。邓小平反复强调说："要实现四个现代化，就要善于学习，大量取得国际上的帮助。要引进国际上的先进技术、先进装备，作为我们发展的起点。"① 党的十五大提出的党的基本路线是"一个中心，两个基本点"。坚持改革与开放成为实现四个现代化目标的两大动力。中国实行的一系列开放政策为加快城市改革提供了机遇，改革为扩大开放做好准备。20 世纪 80 年代中期以后，邓小平多次把改革也称为开放。"无论是农村改革还是城市改革，其内容和基本经验都是开放，对内把经济搞活，对外更加开放。"② 他提出："要尊重社会经济发展规律，搞两个开放，一个对外开放，一个对内开放。对外开放具有重要意义，任何一个国家要发展，孤立起来，闭关自守是不可能的，不加强国际交往，不引进发达国家的先进经验、先进科学技术和资金，是不可能的。"③ "十一届三中全会以来我们走的是一条新路。所谓新路，就是两个开放，对内开放和对外开放。两个开放的作用，就是加速或者说比较快地发展经济，发展生产力，我们叫社会主义社会生产力。"④ "实现本世纪末和下世纪中叶的两个目标，关键是坚持开放政策。不仅对外是开放政策，对内也是开放政策；不仅是在本世纪，下个世纪实现更大的目标、达到中等发达国家的水平，离开开放政策也不行。"⑤ "我们制定了两个开放的政策，即对外开放和对内开放。搞社会主义现代化建设，没有这两个开放不行。"⑥ "对内开放就是改革。改革是全面的改革，不仅经济、政治，还包括科技、教育等各行各业。"⑦

邓小平为什么要把改革称为开放？他曾经讲过，改革是中国的第二次革命。邓小平在南方讲话中又讲，"革命是解放生产力，改革也是解

---

① 《邓小平年谱》上卷，北京：中共中央文献出版社，2004 年版，第 944 页。
② 《邓小平文选》第三卷，北京：人民出版社，1993 年版，第 82 页。
③ 《邓小平文选》第三卷，北京：人民出版社，1993 年版，第 117 页。
④ 《邓小平年谱》下卷，北京：中共中央文献出版社，2004 年版，第 1060 页。
⑤ 《邓小平年谱》下卷，北京：中共中央文献出版社，2004 年版，第 1154 页。
⑥ 《邓小平年谱》下卷，北京：中共中央文献出版社，2004 年版，第 1172 页。
⑦ 《邓小平文选》第三卷，北京：人民出版社，1993 年版，第 370 页。

放生产力。社会主义基本制度确立以后，还要从根本上改变束缚生产力发展的经济体制，建立起充满生机和活力的社会主义经济体制，促进生产力的发展，这是改革，所以改革也是解放生产力”①。改革像革命一样，是扫除发展生产力的障碍，要通过解放生产力来发展生产力。“所谓开放，是指大量吸收外国资金和技术来加速我国的四个现代化建设。”② 我的理解是，社会主义的根本任务是发展生产力。既包括通过改革解放生产力来发展生产力，也包括通过开放来发展生产力。所以，改革开放统一于发展生产力，服从于现代化建设这个中心。改革也叫作开放。从中国发展的战略和长远目标来看，能否充分利用世界发展的成果，抓住发展的机遇，还是取决于改革，取决于能否建立起充满生机和活力的社会主义经济体制，促进生产力的发展。世界最先进的科学技术不可能依赖于市场买卖获得。交往中的秩序与规则只能凭借经济实力才能改变。而与社会主义市场经济体制紧密联系的政治体制、社会管理体制也必然要进一步深化改革。由于改革涉及的面广，影响的利益较多、较深，改革在取得成绩的同时，改革的难度也日益增加。邓小平早有所料：“开放不简单，比开放更难的是改革，必须有秩序地进行。……如果没有秩序，遇到这样那样的干扰，把我们的精力都消耗在那上面，改革就搞不成了。”③ 没有前人的经验，全靠自己去摸索，有了错误就努力去改。这就是中国的改革开放之路，实现现代化之路。

三、解放思想使中国特色社会主义道路成为中国和平发展之路

中国相对于世界是部分与整体的关系。在中国与世界的关系上，中国特色社会主义道路能否产生长期性的、深远的影响力在于和平发展。

改革开放30年的实践证明，中国正在融入世界整体之中，成为世

① 《邓小平文选》第三卷，北京：人民出版社，1993年版，第199页。
② 《邓小平年谱》上卷，北京：中共中央文献出版社，2004年版，第944页。
③ 《邓小平文选》第三卷，北京：人民出版社，1993年版，第199页。

界的重要组成部分。与十月革命以后的苏联社会主义建设和发展的道路相比较，中国通过改革开放实现和平发展而不是对抗发展，这就开创了一条社会主义大国前所未有的建设和发展道路。中国特色是由中国的国情所决定的。还体现在中国对香港、澳门、台湾问题的处理上，制定了“一国两制”的政策。最主要体现在中国初级阶段的社会主义是符合中国国情的社会主义。

第一，也是最重要的一点，中国特色社会主义道路是通过与世界共同发展来实现中国的工业化和现代化目标，这不同于苏联走的一条封闭的、片面重工业化的畸形发展道路。在和平与发展的时代主题下，中国抓住经济全球化的发展机遇，发挥本国的比较优势，在经济发展的速度提升和人民的生活改善方面取得了一些成绩，但也积累了不少问题。2001 年中国加入世界贸易组织以来加快了向世界开放本国市场的速度，获得了更广阔的国际市场，进一步了增强世界经济增长的动力和发展的活力，实现了中国与世界发展的双赢。这也是从制度上约束所谓中国“威胁”他国言论的最好途径。

第二，在科学发展观等重大战略思想的指导下，中国依靠自己的国内市场并且通过统筹国内与国际两个大局，与世界各国相互联系，紧密合作的道路来发展自己。不是单方面依靠国际市场，更不是用武力手段和战争方式来谋求发展。因此，中国需要长期的国际国内和平环境去实现自己的发展战略。它没有称霸世界的能力和野心。用一百年去完成社会主义现代化目标，仅仅是其中一个历史阶段。用和平的手段实现和平目标不仅符合中国人民的利益，也符合世界人民的利益。中国发展起来之后还有比这一目标更为远大的理想，中国只能走一条完全不同于历史上世界大国崛起之路。

第三，中国的发展中国身份和发展中国家的战略地位决定它必须坚决反对世界上形形色色的霸权主义行径，发展起来之后成为维护世界和平的中坚力量。中国只有自身遭受列强侵略的历史，没有对外侵略扩张的劣迹。因而它的国家形象是热爱和平、反对战争，维护国际社会的公道。中国过去、现在、将来都永不称霸。因为中华民族具有极其深厚的文化底蕴，形成了“和而不同”的历史文化。“和而不同”是中国古代思想家提出的伟大的思想，和谐而又不千篇一律，不同而又不彼此冲突，和谐以共生共长，不同以相辅相成，用“和而不同”的观点观察和处理问题，不仅有利于我们善待友邦，也有利于国际社会化解矛盾。中国正在用五千年的文明积淀的传统文化的吸引力来惠泽世界和平。

中国和平发展与世界社会主义事业相联系，有着远大的前程。中国特色社会主义是对苏联模式代表的传统社会主义及其意识形态的超越。现代化道路赋予中国初级阶段社会主义的生命活力，使之能够从根本上改变贫穷落后面貌，从而为实现社会主义共同富裕的价值目标和共产主义的远大目标奠定物质基础。当世界越来越多的国家承认中国的和平发展，当第三世界国家从中国的和平发展中得到启发，中国特色社会主义就走向了世界，赢得了世界。“如果中国要对国际共运、对人类做出重大贡献的话，关键是生产力的发展。这种发展不仅表现在国际上社会主义对资本主义比重的增加，而且要体现在社会主义比资本主义更加优越。”① 因此，中国特色社会主义对于人类的贡献是奉献和平、发展、合作与和谐。

（原载四川省科学社会主义学会等编《中国特色社会主义三十年——解放思想、科学发展、城乡统筹》，成都时代出版社，2008 年版）

---

① 《邓小平年谱》上卷，北京：中共中央文献出版社，2004 年版，第 944 页。

试论推进马克思主义中国化的历史必然性

党的十七大报告在第二部分、第十二部分不止一次提到“推进马克思主义中国化”和“马克思主义中国化最新成果”，这是党的十六大报告中没有的情况。马克思主义中国化不是一个新名词，更不是一个新问题。但作为一篇马克思主义的纲领性文献，提出“推进马克思主义中国化”和“马克思主义中国化最新成果”的新概括寓意深远，个中包含着非常深刻的政治含义。本文认为十七大报告对这一问题的新概括对我们加强马克思主义的理论学习和继续探索改革开放的实践具有重大意义，对研究马克思主义中国化问题起到了积极推动的作用。

一、把世界发展的普遍性与中国发展的特殊性相统一需要马克思主义中国化的理论指导与实践检验

首先，中国共产党是以马克思列宁主义为指导思想建立起来的无产阶级政党，担负着把握世界历史发展方向并将中国发展道路与之相结合的历史使命。

马克思主义的本质在于揭示自“世界历史”形成以来被资本主义大工业和世界市场联系在一起的人类社会发展的客观规律性。马克思主义是马克思和恩格斯共同创立的。它是以唯物辩证法和唯物史观为核心的哲学世界观，以马克思《资本论》为代表的政治经济学，建立在唯物史观、剩余价值学说基础上的科学社会主义三大部分组成的。马克思恩格斯阐述的世界历史理论和他们创立的科学社会主义基本原理表明，他们

是站在人类或世界的高度而不是仅从民族或者国家的角度来观察人类的历史发展。高瞻远瞩的世界历史眼光和全球空间意识本身，正是人类社会发展的整体性在马克思恩格斯头脑中的反映。从他们对世界历史形成的精辟阐述以及人类社会走向共产主义社会的前景的科学预见中，我们已经感悟到这种世界观和方法论具有的普遍价值和崇高境界。

列宁是马克思恩格斯创立的无产阶级学说及其事业的继承者。他创建了俄国布尔什维克党，并成功地领导了苏联十月革命，在世界上建立了第一个社会主义国家——苏联。十月革命在资本主义统治占主导地位的帝国主义时代开辟了世界历史的新篇章，即无产阶级革命和被压迫民族的解放运动。列宁是世界无产阶级及其他劳动人民的领袖和导师、殖民地半殖民地被压迫民族的朋友。列宁主义是帝国主义时代的马克思主义。列宁主义是列宁将马克思主义基本原理与俄国的具体实践和资本主义发展到帝国主义阶段的具体时代特征相结合的理论成果。

因此，无论是马克思恩格斯根据欧洲资本主义时代，主要是西欧国家变化发展的实际所揭示的人类社会发展的一般的客观规律性，还是列宁主义所揭示的俄国等东方国家的无产阶级先通过暴力革命夺取政权，后进行社会主义建设的特殊规律性，对于中国这个具有数千年历史的文明古国探索如何摆脱帝国主义的殖民剥削和几千年来的封建统治，进行资产阶级民主革命和社会主义建设的道路都具有极其重大的引领和指导作用。

毛泽东同志是党的第一代中央领导集体的核心，也是马克思主义中国化的奠基人。他针对党内存在的教条主义和主观主义问题最先提出了马克思主义中国化的命题。1938 年 10 月，毛泽东同志在党的六届六中全会上所作的政治报告《论新阶段》中首次提出并精辟论述了马克思主义中国化的问题。他指出："离开中国特点来谈马克思主义，只是抽象的空洞的马克思主义。因此，使马克思主义在中国具体化，使之在其每一表现中带着必须有的中国的特性，即是说，按照中国的特点去应用它，成为全党亟待了解并亟须解决的问题。"① 按照毛泽东同志所说的一

① 《毛泽东选集》第二卷，北京：人民出版社，1991 年版，第 534 页。

句话来理解马克思主义中国化的内涵是："用马克思主义的立场、方法来解决中国问题，创造些新的东西。"① 根据中共中央审定的马克思主义理论研究和建设工程重点教材，马克思主义中国化的科学内涵"就是将马克思主义基本原理同中国具体实际相结合"。"用马克思主义来解决中国的问题，同时又使中国丰富的实践经验上升为理论，并且同中国的历史传统、中国的优秀文化相结合，以形成具有中国特性、中国作风和中国气派的中国化的马克思主义理论。"②

其次，中国共产党的历史和经验已经证明，必须把马克思主义的基本原理同中国的具体实际与时代特征相结合才能取得革命和建设事业的胜利。

在马克思主义中国化的第一大理论成果，即毛泽东思想的指引下，中国完成了民族独立、人民主权、国家大部分统一的历史任务。在马克思主义中国化的第二大理论成果邓小平理论的指引下，中国进行了举世瞩目的改革开放，探索出一条中国特色的社会主义现代化道路。在马克思主义中国化的第三大理论成果"三个代表"重要思想的指引下，中国共产党增强了执政能力建设和党的先进性建设，初步实现了小康社会目标。以胡锦涛为总书记的党中央提出了以科学发展观为核心内容的科学理论和重大战略思想，为实现全面小康社会目标，建设民主富强文明和谐的社会主义现代化强国指明了前进的方向。

再有，党的最高纲领是实现共产主义，而共产主义的最高理想需要在社会主义社会的充分发展和高度发达的基础上才能实现。这是一个需要坚持推动马克思主义中国化的长期过程。改革开放之后，我们党对共产主义理想的认识更加符合实际。正如江泽民同志所讲："共产主义社会，将是物质财富极大丰富，人民精神境界极大提高，每个人自由地全面发展的社会。必须看到，实现共产主义是一个非常漫长的历史过程。过去，我们对这个问题的认识比较肤浅、简单。经过这么多年的实践，

---

① 《毛泽东文集》第二卷，北京：人民出版社，1993 年版，第 408 页。

② 本书编写组：《毛泽东思想、邓小平理论和"三个代表"重要思想概论》，北京：高等教育出版社，2007 年版，第 3 ~4 页。

现在，我们对这个问题的认识要全面和深刻得多了。"①“从世界历史进程看，社会主义的历史还很短，总的说来还处在实践和发展的初期，没有现成的经验可以遵循。……巩固和发展社会主义制度，需要几代人、十几代人甚至几十代人的努力。"② 十七大报告明确指出，实现全面建设小康社会的目标还需要继续奋斗十几年，基本实现现代化还需要继续奋斗几十年，巩固和发展社会主义制度则需要几代人、十几代人甚至几十代人坚持不懈地努力奋斗。

二、不断解放思想，与时俱进，坚持实事求是的思想路线是推进马克思主义中国化的关键

毛泽东同志是我党实事求是思想路线的创立者。邓小平同志是党的第二代中央领导集体的核心，也是解放思想的提出者和党的实事求是思想路线的恢复者。

1941 年，毛泽东针对党内存在的把马克思主义教条化的学风和主观主义的工作作风，在《改造我们的学习》一文中指出，许多同志虽然读了马列的书，“但是消化不了。只会片面地引用马克思、恩格斯、列宁、斯大林的个别词句，而不会运用他们的立场、观点和方法，来具体地研究中国的现状和中国的历史，具体地分析中国革命问题和解决中国革命问题”。毛泽东为教条主义开出的药方是有的放矢的态度。这个“的”就是中国革命，“矢”就是马克思列宁主义，就是要有目的地去研究马克思列宁主义的理论。“是为着解决中国革命的理论问题和策略问题而去从它找立场，找观点，找方法的。这种态度，就是有的放矢的态度。"③ 为解决如何用马克思列宁主义之“矢”去射中国革命之“的”的问题，毛泽东提出了实事求是的思想路线和作风。他说：“‘实事’就

① 江泽民：《在庆祝中国共产党成立八十周年大会上的讲话》，2001 年 7 月 1 日。

② 中组部：《“三个代表”重要思想党建理论学习纲要》，北京：党建读物出版社，2005 年版，第 13 页。

③ 《毛泽东选集》第三卷，北京：人民出版社，1991 年版，第 801 页。

是客观存在着的一切事物，‘是’就是客观事物的内部联系，即规律性，‘求’就是我们去研究。”① 毛泽东对此身体力行，他本人一生坚持和倡导“认真看书学习，弄通马克思主义”。他把马克思主义当作改造中国和世界的工具，培养和造就出了中国共产党的马克思主义思想基础。他一生最讨厌“教条主义”，看不起那些“言必称希腊”者，认为教条主义不是对马克思主义的“忠诚”，而是马克思主义的“大敌”。毛泽东搞农村调查不是一时一事，而是终其一生。但遗憾的是，毛泽东同志晚年发动“文化大革命”，背离了实事求是的思想路线。

邓小平同志在恢复被“文化大革命”搞乱了的实事求是思想路线的同时，把“解放思想”四个字放在首位。1978 年 5 月 30 日，邓小平第三次复出后在同胡乔木等谈准备在中国人民解放军全军政治工作会议上讲话的内容时，提出要着重讲实事求是问题。他说：“我们讲要继承和发扬毛主席为我们培育的优良传统，第一个就是实事求是。归根到底，这是涉及什么是马克思列宁主义，什么是毛泽东思想的问题。毛泽东思想最根本的最重要的东西就是实事求是。”② 1978 年 12 月 13 日，邓小平在中央工作会议上讲话指出：“解放思想，开动脑筋，实事求是，团结一致向前看，首先是解放思想。只有思想解放了，我们才能正确地以马列主义、毛泽东思想为指导，解决过去遗留的问题，解决新出现的一系列问题，正确地改革同生产力迅速发展不相适应的生产关系和上层建筑，根据我国的实际情况，确定实现四个现代化的具体道路、方针、方法和措施。一个党、一个国家、一个民族，如果一切从本本出发，思想僵化，迷信盛行，那它就不能前进，它的生机就停止了，就要亡党亡国。只有解放思想，坚持实事求是，一切从实际出发，理论联系实际，我们的社会主义现代化建设才能顺利进行，我们党的马列主义、毛泽东

---

① 《毛泽东选集》第三卷，北京：人民出版社，1991 年版，第 801 页。

② 《邓小平思想年谱（1975—1997）》，北京：中共中央文献研究室，1998 年版，第 66 ~ 67 页。

思想的理论也才能顺利发展。”①

邓小平所说的解放思想包括对马克思主义列宁主义的态度。也包括对毛泽东思想和他本人思想的态度。正如1989年5月16日邓小平会见苏联总统戈尔巴乔夫时所指出：“绝不能要求马克思为解决他去世之后上百年、几百年所产生的问题提供现成答案。列宁同样也不能承担为他去世以后五十年、一百年所产生的问题提供现成答案的任务。真正的马克思列宁主义者必须根据现在的情况，认识、继承和发展马克思列宁主义。……不以新的思想、观点去继承、发展马克思主义，不是真正的马克思主义者。”②

江泽民同志作为党的第三代领导集体的核心，继承和发展了党的实事求是的思想路线，提出了马克思主义具有与时俱进的理论品格的重要观点。他说：“马克思主义的发展史充分说明：解放思想、实事求是，是引导社会前进的强大力量。社会实践是不断发展的，我们的思想认识也应不断前进，应勇于和善于根据实践的要求进行创新。要坚持实践是检验真理的唯一标准，在党的基本理论指导下，一切从实际出发，自觉地把思想认识从那些不合时宜的观念、做法和体制中解放出来，从对马克思主义的错误的和教条式的理解中解放出来，从主观主义和形而上学的桎梏中解放出来。坚持科学态度，大胆进行探索，使我们的思想和行动更加符合客观实际，更加符合社会主义初级阶段的国情和时代发展的要求。”“只要我们站在时代前列，立足于新的实践，把握住时代特点，运用马克思主义基本理论研究现实中的重大问题，不断深化对共产党执政的规律、对社会主义建设的规律、对人类社会发展的规律的认识，不断吸取一切科学的新经验、新思想、新成果，我们就能够对丰富和发展马克思主义作出新的贡献。”③ 与时俱进，就是党的全部理论和工作要体现时代性，把握规律性，富于创造性。

---

① 《邓小平思想年谱（1975—1997）》，北京：中共中央文献研究室，1998年版，第99～100页。

② 《邓小平文选》第三卷，北京：人民出版社，1993年版，第291～292页。

③ 江泽民：《在庆祝中国共产党成立八十周年大会上的讲话》，2001年7月1日。

三、中国特色的社会主义理论体系是马克思主义中国化的第二次历史性飞跃的最新理论成果

我党著名的马克思主义理论家龚育之同志认为，马克思主义与中国具体实际相结合的过程，经历了“三个历史阶段”，即新民主主义革命、新中国成立后到十一届三中全会、十一届三中全会以后；“两次历史性飞跃”即新民主主义革命时期是第一次历史性飞跃，十一届三中全会以后是第二次历史性飞跃；产生了“三大理论成果”，它们是：毛泽东思想、邓小平理论和“三个代表”重要思想。①

邓小平同志是党的第二代领导集体的核心。他在党的历史上首次提出了建设有中国特色的社会主义的命题，成为中国特色社会主义道路和中国特色社会主义理论的开创者。他在1982年9月1日致党的十二大的开幕词中说：“照抄照搬别国经验、别国模式，从来不能得到成功。这方面我们有过不少教训。把马克思主义的普遍真理同我国的具体实际结合起来，走自己的道路，建设有中国特色的社会主义，这就是我们总结长期历史经验得出的基本结论。”② 1992年党的十四大报告将中国特色的社会主义理论概括为发展道路、发展阶段、根本任务、发展动力、外部条件、战略步骤、政治保证、党的领导和依靠力量、祖国统一等九个方面。1997年党的十五大报告把建设有中国特色的社会主义称为邓小平理论。邓小平理论是在和平与发展成为时代主题的条件下，在我国改革开放和现代化建设的实践中，在总结我国社会主义建设的历史经验并借鉴其他社会主义国家兴衰成败的历史经验基础上逐步形成和发展起来的。邓小平理论是马克思列宁主义的基本原理同当代中国实践和时代特征相结合的产物。它第一次比较系统地初步回答了中国这样的经济文化比较落后的国家如何建设社会主义、如何巩固和发展社会主义一系列基本问题。

中国特色的社会主义是以邓小平为核心的第二代党的领导集体对中

---

① 宋贵伦：《加强马克思主义中国化研究，坚持和发展中国特色社会主义》，载《中国特色社会主义研究》，2007年第5期，第7页。

② 《邓小平文选》第二卷，北京：人民出版社，1983年版，第371～372页。

国社会主义现代化建设道路的探索和实践的理论成果，是邓小平同志留给我们的最可宝贵的财富。邓小平把中国特色社会主义的形成和发展作为现实世界历史时代的有机组成部分来把握，在世界历史时代的大坐标系上找准中国特色社会主义的历史方位，开辟了中国特色社会主义道路。只有从“世界历史”高度，才能理解和把握“中国特色社会主义”的世界意义。中国特色社会主义理论的创立，标志着世界各社会主义国家的经济建设从单一的斯大林模式走向多种模式。它深化了对落后国家建设社会主义的规律和本质的认识。它作为科学社会主义观的新形态，为社会主义的再度振兴起了示范作用。它也是中国在改革开放中逐渐形成和发展起来的应对全球化挑战的发展战略和治理模式。

以江泽民为核心的党的第三代中央领导集体在建设中国特色社会主义的实践中，加深了对什么是社会主义、怎样建设社会主义和建设什么样的党、怎样建设党的认识，积累了治党治国新的宝贵经验，在科学判断党的历史方位基础上提出了“三个代表”重要思想，即“中国共产党必须始终代表中国先进生产力的发展要求，代表中国先进文化的前进方向，代表中国最广大人民的根本利益”。“三个代表”重要思想是在和平与发展仍然是时代主题的发展阶段下，在世情、国情和党情发生了重大变化，特别是在党的地位和环境、肩负的历史任务、党的自身状况出现了新情况的时代背景下产生的。它把治党和治国、执政和为民结合起来，提出了一系列新思想、新观点和新论断。提出了建设中国特色社会主义经济、政治和文化的新概括。创造性地回答了建设什么样的党，怎样建设党的问题。2002 年党的十六大报告把“三个代表”重要思想同马克思列宁主义、毛泽东思想、邓小平理论一道确立为党必须长期坚持的指导思想。

2007 年 10 月，胡锦涛总书记代表党中央所作的十七大报告鲜明地高举中国特色社会主义的旗帜，更加突出了中国特色社会主义这个主题。胡锦涛总书记在同年“6 · 25”重要讲话中深刻地回答了在全面建设小康社会，推进中国现代化进程中，我们应该“举什么旗、走什么路”这一事关全局的根本问题。党的十七大报告指出：“改革开放以来我们取得一切成绩和进步的根本原因，归结起来就是：开辟了中国特色社会主义道路，形成了中国特色社会主义理论体系。高举中国特色社会主义伟大旗帜，最根本的就是要坚持这条道路和这个理论体系。”党的十七大报告提出了中国特色社会主义理论体系的新概念。就是把十一届三中全会以后，改革开放以来马克思主义中国化的理论成果作为一个整体来认识和概括。“这就是包括邓小平理论、‘三个代表’重要思想以及科学发展观等重大战略思想在内的科学理论体系。”这个理论体系，坚持和发展了马克思列宁主义、毛泽东思想，凝结了几代中国共产党人带领人民不懈探索实践的智慧和心血，是马克思主义中国化的最新成果，是党最可宝贵的政治和精神财富，是全国各族人民团结奋斗的共同思想基础。十七大报告通过揭示中国特色社会主义旗帜的科学内涵，即这条道路和理论体系，从而将这面旗帜所代表的道路和理论与其他非中国特色社会主义的道路和理论区别开来。

以胡锦涛为总书记的党中央提出以人为本，全面协调可持续发展的科学发展观，进一步回答了在全面建设小康社会新的历史阶段中实现什么样的发展和怎样发展的重大问题。正如党的十七大报告指出的：“科学发展观是对党的三代中央领导集体关于发展的重要思想的继承和发展，是马克思主义关于发展的世界观和方法论的集中体现。”它是同马克思列宁主义、毛泽东思想、邓小平理论和“三个代表”重要思想既一脉相承又与时俱进的科学理论。它已经成为我国经济社会发展的重要指导方针，是发展中国特色社会主义必须坚持和贯彻的重大战略思想。今天，在改革开放已经走过了近 30 年的光辉历程的时候，我们必须承认以下事实：经济增长的资源环境代价过大；城乡、区域、经济社会发展仍然不平衡；农业稳定发展和农民持续增收难度加大；劳动就业、社会保障、收入分配、教育卫生、居民住房、安全生产、司法和社会治安等方面关系群众切身利益的问题仍然较多，部分低收入群众生活比较困难等问题。因而，贯彻落实科学发展观成为实现全面建设小康社会目标的重大战略任务。

总之，推动马克思主义中国化，不断产生中国化的马克思主义理论新的成果，使中国特色社会主义道路越走越宽广已经成为以胡锦涛为总书记的党中央和全党的共识。

（原载《中共四川省委党校学报》，2008 年增刊）

世界历史大时代与科学社会主义

按照恩格斯的定义，科学社会主义是关于无产阶级解放运动的发展规律的学说。它包括无产阶级解放运动的性质、条件和一般目的三个方面。科学社会主义理论研究的重点是无产阶级解放斗争的条件。① 而无产阶级的解放运动总体上是世界历史发展的产物。

一、马克思主义的世界历史理论揭示了科学社会主义创立的时代依据

欧洲的马克思主义理论，也是传统的马克思主义认为，唯物史观与剩余价值学说是创立科学社会主义的两块理论基石，它们使社会主义从空想社会主义变成了科学社会主义。这里还需要补充的是，马克思恩格斯运用世界历史发展规律来认识无产阶级解放运动的条件，从而为科学社会主义的创立提供了时代依据。认识到这一点对于落后国家建设社会主义非常重要。

1. 人类社会发展到资本主义工业文明阶段形成了“世界历史”大时代

马克思曾在《〈政治经济学批判〉导言》中说过：“世界史不是过去一直存在的，作为世界的历史是结果。”② 马克思和恩格斯在《德意志意识形态》和《共产党宣言》中对世界历史的形成都做了详尽地论述。在

① 赵曜：《科学社会主义教程》，北京：中共中央党校出版社，2004 年版，第 4 页。
② 《马克思恩格斯全集》第 30 卷，北京：人民出版社，1995 年版，第 51 页。

《德意志意识形态》第一卷第一章中，马克思和恩格斯分析了从欧洲中世纪到17世纪中叶至18世纪末的交往革命的历史。阐述了资本主义生产方式是一系列交往革命和生产力发展到工场手工业阶段的产物，揭示了世界市场是资本主义生产方式的基础，资本主义生产方式促进世界市场扩大的内在联系。他们指出，只有资本主义经济的成长才把世界普遍联系起来，社会历史向世界历史的转变，是通过资产阶级的活动才得以实现的，也可以说是资产阶级创造了世界历史。他们还通过实例来说明这个问题："如果在英国发明了一种机器，它夺走了印度和中国的无数劳动者的饭碗，并引起这些国家的整个生存形式的改变，那么，这个发明便成为一个世界历史的事实；同样，砂糖和咖啡是这样来表明自己在19世纪具有的世界历史意义的：拿破仑的大陆体系所引起的这两种产品的匮乏推动了德国人起来反对拿破仑，从而就成为光荣的1813年解放战争的现实基础。"① 在《共产党宣言》中，马克思和恩格斯更加详尽地论述了世界历史在资产阶级活动中的形成过程："不断扩大产品销路的需要，驱使资产阶级奔走于全球各地。它必须到处落户，到处开发，到处建立联系。……资产阶级，由于开拓了世界市场，使一切国家的生产和消费都成为世界性的了。……过去那种地方的和民族的自给自足和闭关自守状态，被各民族的各方面的互相往来和各方面的互相依赖所代替了。……各民族的精神产品成了公共的财产。民族的片面性和局限性日益成为不可能。"一句话，资产阶级"按照自己的面貌为自己创造出一个世界"②。可见，人类历史并不是从来就如此，世界历史作为一种"历史状态"是在资本主义工业文明的基础上形成的，正是由于资本主义工业文明的形成，商品经济的产生与发展，才使社会群体打破了孤立的封闭状态，在空间上把世界各地的人们联系起来，从而形成了以普遍交往为特征的世界历史。

2. 科学技术革命与世界交往的发展是"世界历史"大时代演变的推动力

《共产党宣言》指出："资产阶级在它的不到一百年的阶级统治中所创造的生产力，比过去一切世代创造的全部生产力还要多，还要大。自

① 《马克思恩格斯选集》第1卷，北京：人民出版社，1995年版，第89页。
② 《马克思恩格斯选集》第1卷，北京：人民出版社，1995年版，第276页。

然力的征服，机器的采用，化学在工业和农业中的应用，轮船的行驶，铁路的通行，电报的使用，整个整个大陆的开垦，河川的通航，仿佛用法术从地下呼唤出来的大量人口，——过去哪一个世纪料想到在社会劳动里蕴藏有这样的生产力呢?"① 马克思在《不列颠在印度统治的未来结果》中指出，"资产阶级历史时期负有为新世界创造物质基础的使命"，使命之一就是"要造成以全人类互相依赖为基础的普遍交往，以及进行这种交往的工具"②。在所有的技术和生产力中，交通和通信工具的发展对世界历史的形成无疑具有直接的作用。马克思指出："由于交通工具的惊人的发展——远洋轮船、铁路、电报、苏伊士运河——第一次真正地形成了世界市场。"③ 世界历史的形成，首先意味着人类交往对时间和空间的制服。在农业社会，人类的交通和通信工具非常落后，因此人们的活动空间也必然被限制在很狭小的范围之内。资本主义工业文明的生产力和技术的发展，为人们的世界性的交往奠定了物质技术基础。这种建立在物质基础上的交往并不局限在资本主义范围之内。先有交往的革命然后才有民族历史向世界历史的转变。因为，"只有当交往成为世界交往并且以大工业为基础的时候，只有当一切民族都卷入竞争斗争的时候，保持已创造出来的生产力才有了保障"④。

3. 人类社会发展的基本趋势是社会历史的"国际化""全球化"

在马克思恩格斯的历史时代，世界历史大时代的进程才刚刚开始。但是他们却预见到人类社会历史的"国际化"是基本趋势。《德意志意识形态》明确指出："各个相互影响的活动范围在这个发展进程中越是扩大，各民族的原始封闭状态由于日益完善的生产方式、交往以及因交往而自然形成的不同民族之间的分工消灭得越是彻底，历史也就越是成为世界历史。"⑤ 因为随着生产力以及技术（特别是通信技术和交通技

① 《马克思恩格斯选集》第1卷，北京：人民出版社，1995年版，第277页。
② 《马克思恩格斯全集》第12卷，北京：人民出版社，1998年版，第251页。
③ 《马克思恩格斯全集》第46卷，北京：人民出版社，2003年版，第554页。
④ 《马克思恩格斯选集》第1卷，北京：人民出版社，1995年版，第108页。
⑤ 《马克思恩格斯选集》第1卷，北京：人民出版社，1995年版，第89页。

术）的发展，人们之间的社会交往的空间障碍必然会得到进一步的突破。他们把生产力的发展、国际分工以及商品经济（市场经济）的发展看作是国际化的基本动力和条件。而生产力、技术、分工和市场经济是一个不断发展的过程，因而人们的社会交往也会发展得越来越快，人类社会历史的“国际化”也会在更大的程度上得以实现。

马克思在《1857—1858 年经济学手稿》中首次提出了“生产的国际关系”这一命题。其中包含对国际分工、国际交换、输出和输入、汇率的研究以及对世界市场和危机的研究范畴。“生产的国际关系”反映了马克思把世界历史形成后的人类社会发展视为一个有机联系在一起的国际社会整体的思想。后来，马克思在《资本论》研究中分别在各章对国际分工、国际贸易和资本输出等相关内容有大量的论述。正如马克思指出的：“世界贸易和世界市场在 16 世纪揭开了资本的现代生活史。”① 马克思在《资本论》中深刻地分析了资本的本性以及商品经济运行的规律。他指出，资本的本性就是增殖。单纯的“金钱”还不是资本，只有把金钱用于投资，并且产生利润和剩余价值，金钱才成为资本。利润最大化的原则是商品经济的基本原则。他说过：“创造世界市场的趋势已经直接包含在资本的概念本身中。”② 因此，正是资本驱使资本家奔走于世界各地，用各种手段为资本自由流通和实现增殖创造条件。市场经济的这种无限扩张的内趋力，驱使人们之间的交往不断扩大。

我们今天所说的全球化时代实际上是建立在“国际化”基础之上的。但是“全球化”更加依赖高科技革命的成果。它与相互依赖、网络、距离、信息技术这些中性词汇不可分离。当今世界通信和交通技术的高度发展——电气化铁路的建造、高速公路的铺设、超音速喷气飞机的发明、无线电话以及因特网的普及，都现实地缩短人们交往的时间和空间，把地球变成了一个村庄，从而进一步把人类的历史“全球化”了。以世界经济的全球化为核心，跨国公司的全球经营战略为特点的生产全球化形成了一种新的国际分工体系，开始了一场以发达国家为主

---

① 马克思：《资本论》第 1 卷，北京：人民出版社，2004 年版，第 171 页。

② 《马克思恩格斯全集》第 30 卷，北京：人民出版社，1995 年版，第 388 页。

导，跨国公司公司为主要推手的全球范围内的产业结构调整。这种调整使发达国家率先进入知识经济社会。总之，全球化是以各种方式沟通全球各大洲之间的联系，增进各民族与各国的相互了解，加强整体的意识与作用的过程。正是这样一个不以人的意志为转移的过程，使人类有了全球视野和对全球性共同问题的关怀。

二、无产阶级革命是为了创造实现共产主义的前提条件即“两个普遍发展”

在马克思恩格斯看来，人类社会历史的“国际化”“全球化”趋势与无产阶级的解放运动是并行不悖的。阶级斗争和无产阶级专政仅仅是实现无产阶级解放条件的第一步，只有尽可能快地增加生产力的总量，同时消灭旧的生产关系，才能为实现共产主义社会——自由人的联合体创造条件。因此，我们完全有理由推断阶级斗争及其无产阶级专政的学说，并不是科学社会主义的全部内容，也不是贯穿始终的一条红线。

1. 无产阶级革命取得胜利仅仅是实现无产阶级解放的第一步

马克思逝世后，恩格斯在《共产党宣言》1883年德文版序言中明确指出：“贯穿《宣言》的基本思想：每一历史时代的经济生产以及必然由此产生的社会结构，是该时代政治的和精神的历史的基础；因此（从原始土地公有制解体以来）全部历史都是阶级斗争的历史，即社会发展各个阶段上被剥削阶级和剥削阶级之间、被统治阶级和统治阶级之间斗争的历史；而这个斗争现在已经达到这样一个阶段，即被剥削被压迫的阶级（无产阶级），如果不同时使整个社会永远摆脱剥削、压迫和阶级斗争，就不再能使自己从剥削它、压迫它的那个阶级（资产阶级）下解放出来，——这个基本思想完全是属于马克思一个人的。”① 毫无疑问，阶级和阶级斗争的学说是建立在历史唯物主义的基本原理之上的，拥有充分的历史依据为佐证。但正如在这一论述中第一段所表明的，历史时

① 《马克思恩格斯选集》第1卷，北京：人民出版社，1995年版，第252页。

代的经济生产与社会结构是基础。它们决定着时代的政治和精神的历史，因此也决定着阶级斗争的性质和方式。考虑到各国在世界历史进程中的地位不同，各国无产阶级解放运动的条件不同，马克思和恩格斯早在《共产党宣言》1872 年德文版序言中就指出："这些原理的实际运用，正如《宣言》中所说的，随时随地都要以当时的历史条件为转移，所以第二章末尾提出的那些革命措施根本没有特别的意义。"① 1882 年俄文版序言称："《共产党宣言》的任务，是宣告现代资产阶级所有制必然灭亡。但是在俄国，我们看见，除了迅速盛行起来的资本主义狂热和刚开始发展的资产阶级土地所有制外，大半土地仍归农民公共占有。"②因此，马克思晚年着重思考俄国以及东方落后国家的无产阶级如何根据本国的国情跨越资本主义制度的"卡夫丁峡谷"的问题。

20 世纪的社会主义实践曾经普遍犯了阶级斗争扩大化的错误，各个国家的无产阶级专政不是用于"尽可能快地增加生产力的总量"，而是用于搞阶级斗争扩大化。归结起来，我们对于无产阶级革命太自我陶醉和迷恋，殊不知无产阶级革命取得胜利仅仅是实现无产阶级解放的第一步。正是对从革命转向建设的历史规律性缺乏深刻的认识和把握，我们塑造了一种与资本主义根本对立的社会主义的理念。这种狭隘和绝对的观念完全否定了马克思恩格斯所揭示的世界历史大时代的客观规律性：任何民族国家都不能脱离世界生产力与世界交往的发展。

2. 共产主义社会是建立在生产力和世界交往的普遍发展基础之上的社会

马克思恩格斯在《德意志意识形态》中提出了"两个普遍发展"的重要观点，即"共产主义只有作为占统治地位的各民族'一下子'同时发生的行动，在经验上才是可能的，而这是以生产力的普遍发展和与此相联系的世界交往为前提的"③。他们寄希望于在欧洲爆发深刻和全面的社会革命，并且在《宣言》中提出："至少是各文明国家的联合的行动，

---

① 《马克思恩格斯选集》第 1 卷，北京：人民出版社，1995 年版，第 248 ~ 249 页。
② 《马克思恩格斯选集》第 1 卷，北京：人民出版社，1995 年版，第 251 页。
③ 《马克思恩格斯选集》第 1 卷，北京：人民出版社，1995 年版，第 86 页。

是无产阶级获得解放的首要条件之一。"① 历史虽然没有证明社会主义在欧洲发达资本主义国家同时取得胜利，但却证明了包括现实社会主义社会、发达资本主义社会以及未来的共产主义社会在内都离不开"两个普遍发展"的基础。据马克思恩格斯推导，这"两个普遍发展"使资本主义生产方式的内在矛盾在世界范围内展开，造成普遍竞争和各民族间的相互依存关系，把狭隘地域性的个人转变为世界历史性的、真正普遍的个人。由广泛的国际交往所引起的竞争会使工业不发达国家也产生类似于工业发达国家的矛盾。由于世界资本主义发展对落后国家的生产力和经济基础具有破坏和更新的双重作用，由此将在落后国家引发伟大的社会革命②，进而引发欧洲的经济危机和社会革命。西欧民族国家"在经济上处在'世界市场的范围内'，在政治上'处在国家体系的范围内'"③。这种政治经济的双重结构要求欧洲无产阶级的解放斗争必须首先在一国范围内谋求无产阶级的解放并且顺应世界历史发展的潮流和趋势为共产主义理想奋斗。随着资本主义在欧洲的和平发展和向世界市场的扩张，西欧无产阶级的政治地位和经济条件发生了很大改变，越来越不可能采用暴力革命的方式夺取政权。马克思本人特别是恩格斯晚年在一系列论著中对此予以承认并且修正了过去的某些不切实际的观点。

在当今世界全球化趋势加快发展的进程中，不仅社会主义国家加快改革开放的步伐，当代资本主义国家中的社会党人、共产党人也在积极探索不同于传统资本主义和传统社会主义的第三条道路，也在加快政治、经济和社会等领域的改革。

三、科学社会主义的生命力在于超越狭隘的阶级意识和民族眼界，坚持世界历史大时代的宽广思维

马克思恩格斯在160年前阐述的世界历史理论和他们创立的科学社会主

---

① 《马克思恩格斯选集》第1卷，北京：人民出版社，1995年版，第291页。

② 宋新宁、陈岳：《国际政治经济学概论》，北京：中国人民大学出版社，1999年版，第15页。

③ 《马克思恩格斯选集》第3卷，北京：人民出版社，1995年版，第308页。

义原理表明，他们是站在人类或世界的高度而不是仅从民族或者国家的角度来观察人类的历史发展。高瞻远瞩的世界历史眼光和全球空间意识本身，正是人类社会发展的整体性在马克思恩格斯头脑中的反映。从他们对世界历史形成的精辟阐述以及认为人类社会走向共产主义社会前景的科学预见中，我们已经感悟到这种崇高境界的世界观赋予科学社会主义的生命力。

邓小平也是一位超越狭隘的阶级意识和民族眼界，坚持世界历史大时代的思维的政治家。他在 1977 年第三次复出后的一系列谈话中批驳了“四人帮”的所谓崇洋媚外、爬行主义。指出真正的爬行主义是不吸收世界先进成果。不利用世界生产力与世界交往来发展自己不仅是愚蠢的，而且是违背世界各国发展规律的。他提出要以世界先进水平作为赶超的起点，采取拿来主义态度。“研究世界所有发达国家的历史就可以看到，实际上它们都是从这条路走出来的。”① 1985 年 8 月邓小平在会见外宾，总结社会主义建设时期的经验时说道：“我们都是搞革命的，搞革命的人最容易犯急性病。我们的用心是好的，想早一点进入共产主义。这往往使我们不能冷静地分析主客观方面的情况，从而违反客观世界发展的规律。中国过去就是犯了性急的错误。”② 我们要学会运用马克思主义的世界历史理论的基本观点和方法来认识无产阶级解放运动的历史时代和解放条件，不断推进改革开放事业和发展中国特色社会主义。回顾中国改革开放 30 年的历程，我们认识到：改革开放把马克思关于“两个普遍发展”的基本观点与中国的实际与时代特征相结合，成为决定中国命运的重大决策。改革开放把中国的发展与世界的发展作为一个相互联系的有机整体对待。这一举措成为新中国成立以后的社会主义革命思想彻底转向社会主义建设的战略思想的一个关键性抉择。因此，遵循世界历史时代发展的客观规律性，顺应世界历史发展的潮流是社会主义国家的历史经验总结。

（原载《中共四川省委党校学报》，2009 年第 2 期。与科社教研部讲师杨丽梅合作，第一作者）

---

① 《邓小平年谱》上卷，北京：中共中央文献出版社，2004 年版，第 521 页。
② 《邓小平文选》第三卷，北京：人民出版社，1993 年版，第 139 ~ 140 页。

论全球治理与我国行政管理体制改革

20 世纪 90 年代以来，国际社会与国际关系的变化和发展，已经使全球治理成为当今时代一个重要特征。世界政治与经济的巨大变化必将重新塑造国际社会的体系与机制，改变国际社会原有的内部秩序。本文认为，国际社会的治理问题与我国政府行政管理体制改革也存在着相互联系和影响的关系。

一、在和平与发展的时代主题下，全球治理已经成为重要特征之一

这里所说的全球治理是指在经济全球化趋势加快发展的背景下，当今世界正在被塑造为一个共同分享并且需要共同治理的全球社会空间，任何国家与社会都不可避免地卷入或融入其中。它反映了国际社会在政治、经济、社会、文化等领域出现了不同以往的政治经济以及文化关系发展的进程与管理方式。

首先，当今世界正在变成一个以商品流、资金流、劳务流、知识流、思想流、信息流和人才流为特征的，各国利益相互渗透、相互交织和共同分享的巨大社会空间。经济全球化作为人类社会发展的客观趋势，之所以不可阻挡，最根本的一条原因是市场经济在全球范围内优化配置资源，表现为国际分工的变革，国际生产、国际贸易和国际金融投

资活动在全球的扩展，其结果是世界社会财富的增长和急剧扩大。国家获取利益的多寡取决于其参与全球化进程的程度以及自身的比较优势与核心竞争力的强弱。一方面，国家必然通过更大程度的对外开放和对外发展来获取利益。国家对外更加开放，必然要求改变传统的以领土、主权为特征的国家与社会的管理模式。国家与社会原有的价值体系、制度与组织体系都将重新构建以适应全球化发展的需要。国家加快对外发展，必然要遵守既定的游戏规则和制度安排以便维持国际社会的正常秩序。另一方面，传统政治中的零和博弈思维正在被共赢或多赢的理念取代，意识形态中谁战胜谁的问题在这个时代被日益淡化。各国的社会、政治、精神生活与价值理念也要与此相适应。这就意味着不同国家在以自由、平等为核心内容的民主价值观取向上的趋同，在保障人权、承认平等的民主制度上的普遍化。

其次，随着生态问题、毒品、艾滋病、恐怖主义等在全球范围内跨国界的扩散和蔓延，全球性共同问题更加突出。在解决全球共同性问题上，需要建立一种维护全球共同利益的新秩序，即全球治理。“全球治理，指的是通过解决全球性冲突、生态、人权、移民、毒品、走私、传染病等问题，以维持正常的国际政治经济秩序。”① 可见，全球治理的根本目标是维护世界和平，促进共同发展。它比较偏重解决跨国活动问题。许多方面属于各国的社会建设领域，这与传统的维护国家边境内的政治、军事和经济安全目标相比，难度可能更大。我们可以认为，传统的国家主权观已经发生变革，国家利益日益具有相对性，超越国家、种族、宗教、意识形态和经济发展水平之上的全球共同利益逐渐形成。经济全球化与政治多极化发展趋势对国际政治提出了新要求，传统的以国家为中心的国际政治已经演变为以国家为基础的，国际组织等非国家行为体参与的多中心的全球政治。

再次，全球治理的时代特征正在塑造一种新的国际社会价值观，它要求打破传统国际关系理论中的权力政治观和各国意识形态中长期存在

① 俞可平：《政治与政治学》，北京：社会科学文献出版社，2003 年版，第 27 页。

的国家利益唯大的思维定式。具体来说，就是要力图改变仍然以那种非此即彼、非黑即白的相互割裂、形而上学的思维模式来处理全球性共同问题。例如，美国的小布什政府凭借美国的世界唯一超级大国地位不愿意放弃冷战思维，过分强调美国的社会制度与核心价值观的安全，坚持反极权政府的外交方针，发动了伊拉克战争。新保守主义理论家趁机将美国认可的西方普世价值观与非西方价值观的矛盾扩展为文明冲突理论，使美国把反对恐怖主义渐变成了一场改造伊斯兰教，改造中东国家与人民的文明冲突和政治冲突，这种战略思维反而阻碍了中东地区的和平进程，违背了和平发展时代主题。占国际社会大多数人口的发展中国家并不听任美国的摆布，他们以全球共同利益为基础，在表达共同愿望的价值理念上逐渐形成一些新的价值观，中国就是其中的代表。在2005年联合国成立60周年首脑会议上，国家主席胡锦涛代表中国政府发表了题为《努力建设持久和平、共同繁荣的和谐世界》的重要讲话。讲话提出了坚持包容精神，共建和谐世界的倡议。呼吁各国政府应该以平等开放的精神，维护文明的多样性，促进国际关系民主化，协力构建各种文明兼容并蓄的和谐世界。2007年10月党的十七大报告再次重申了和谐世界的价值理念。报告指出："共同分享发展机遇，共同应对各种挑战，推进人类和平与发展的崇高事业，事关各国人民的根本利益，也是各国人民的共同心愿。我们主张，各国人民携手努力，推动建设持久和平、共同繁荣的和谐世界。为此，应该遵循联合国宪章宗旨和原则，恪守国际法和公认的国际关系准则，在国际关系中弘扬民主、和睦、协作、共赢精神。"和谐世界宣扬和倡导不同民族与文明之间的包容精神、平等开放的精神是中华民族的传统精神在当今时代的复兴。用"和而不同"的观点观察和处理问题，不仅有利于我们善待友邦，也有利于国际社会化解矛盾。它表明中国试图通过弘扬传统文化精神，致力于成为和平的负责任的世界大国。

二、在全球治理的时代背景下，政府的公共管理职能从管制向治理转型

全球治理的时代在世界空间关系的变化意味着以国家政府为主体的

政治统治地位的下降和国内社会自主地位的提升，即传统的国内政治从管制型转向治理型。联合国全球治理委员会对治理的定义是："治理是公私机构管理其共同事务的诸多方式的总和。它是使相互冲突的或不同的利益得以调和并且采取联合行动的持续过程。它既包括有权迫使人们服从的正式制度和规则，也包括人们和机构同意的或以为符合其利益的各种非正式的制度安排。"① 可见，治理包含官方和民间的公共管理活动和公共管理过程，因而全球治理强调建立和发挥除各国政府以外的政府间国际组织以及非政府民间组织的地位和作用。随着跨国公司、非政府间国际组织等非国家行为体的迅猛发展，以及政府间国际组织的地位与作用的明显提升，有学者提出："国际政治在传统的国家政治之外出现了跨国政治（指非政府组织与国家之间的政治进程）、非国家政治（非政府组织与政府间国际组织的政治进程）和所谓'三角'政治（指国家、政府间组织和非政府组织三者间的政治进程）等新的政治空间和进程。"② 在现代通讯技术、信息技术和全球化加快发展的背景下，西方国家各种以单一主题为目的的民间组织和政党日益发展，如绿色和平组织在世界的 32 个国家拥有 300 万会员，有 1 亿 4600 万美元的预算。由环境、动物权益、堕胎问题、基因革命、童工等单一议题引发的新政治正在左右着英国、美国、德国等国家政党的选票。那么，新的政治角色及其功能的凸现和政治空间的扩大是不是意味着国家权力的缩小和地位的丧失呢？对此，罗伯特·基欧汉和约瑟夫·奈则认为：民族国家并不会失去其在国内和全球治理中主角的作用，而是其政治作用发生了转换，在一些新的竞争领域中新的政治被创造出来。需要探索一种中间方案，即提高协调性、创造疏导政治和社会压力的安全阀的治理机制。③

在发达国家，由国家政府控制的权力在缩小，以非政府组织为核心

---

① 峰君：《世界政治与经济》，北京：九州出版社，2002 年版，第 249 页。

② 刘贞晔：《国际政治领域中的非政府组织——一种互动关系的分析》，天津：天津人民出版社，2005 年版，第 42 页。

③ ［美］约瑟夫·奈：《全球化世界的治理》，王勇等译，北京：世界知识出版社，2003 年版，第 11 ~ 12 页。

的社会力量在扩大，非政府组织的作用日益增大增强。由政府主导与社会力量参与公共管理的社会治理空间在增大。美国是比较典型的大社会、小政府治理模式。大社会，是说美国的公共管理的社会化程度高，政府为人民服务的精神比较突出，通过选举产生的政务类官员，如州长、市长，如果不是全职的官员，薪水很低。大量民间组织参与社区管理是美国行政管理体制的一个重要特征。人民有组织地参与公共管理的意识非常强烈和突出。小政府，是说政府服务的成本低、效率高。如美国密立芝维勒市就是聘请一位城市管理官作为全职官员来协助市长工作。他的工作是全天候的，效率非常高，其薪水大大超过他的上司，但他在政府的公共开支受到严格控制，使用开支的范围有限，在招待客人时显得非常“吝啬”“小气”。

随着经济全球化进程中更多释放社会的活力，企业的跨国活动增多，更大的“市场失灵”造成的贫富两极分化加剧和冲突纠纷增多，政府的职能必然转向主要依靠提供公共服务来创造和保障市场有效运行的条件。公共服务就是提供公共产品和服务，包括加强城乡公共设施建设，发展社会就业、社会保障服务和教育、科技、文化、卫生、体育等公共事业，发布公共信息等，为社会公众生活和参与社会经济、政治、文化活动提供保障和创造条件。我们现在充分认识到公共服务的重要性，把公共服务摆在了前所未有的突出地位，是与我们确立科学的发展观，决心推进政府由“管制型”向“服务型”转变分不开的。

三、贯彻落实科学发展观，构建社会主义和谐社会必须加快行政管理体制改革

科学发展观，是以胡锦涛为首的党中央立足社会主义初级阶段基本国情，总结我国发展实践，借鉴国外发展经验，适应新的发展要求提出来的，它是同马克思列宁主义、毛泽东思想、邓小平理论和“三个代表”重要思想既一脉相承又与时俱进的科学理论，是我国经济社会发展的重要指导方针，是发展中国特色社会主义必须坚持和贯彻的

重大战略思想。构建社会主义和谐社会，是我们党从全面建设小康社会、开创中国特色社会主义事业新局面的全局出发提出的一项重大任务。构建社会主义和谐社会既是我们的一个治国理想，又是一种治国方略、治国机制，同时也是一种治国结果。社会“和谐”的理念比社会“治理”的理念层次更高，但又相互联系。社会“和谐”的理念中应当有治理的含义与相关的机制。和谐社会是社会稳定协调的理想状态，治理就是要消除不稳定、不协调的因素，创造有利于社会和谐的条件。在当前与今后，治理的紧迫性将更加突出，而“和谐”的目标将是前进的方向与动力。而根据治理的理念与治理的实践，不论是“治理”还是“和谐”都离不开政府的主导作用与非政府组织等社会组织的合作及其相应机制的建立。

政府本身所拥有的权力和作为经济社会管理者所处的特殊位置，决定了政府在治理中的主导作用。必须把推进政府行政管理体制改革作为全面推进改革的关键。十七大报告已经明确指出：“行政管理体制改革是深化改革的重要环节，要抓紧制定行政管理体制改革总体方案，着力转变职能、理顺关系、优化结构、提高效能，形成权责一致、分工合理、决策科学、执行顺畅、监督有力的行政管理体制。”这就要求理顺政府与市场、社会与政府的关系。一是转变经济发展方式，打破政府主导经济的格局。二是促进政府职能加快向公共服务型转变。三是培育发展民间组织，增强社会自治的能力。

首先，在科学发展观的指导下必须加快转变经济发展方式。其实质是由政府主导经济向市场主导经济转变。从制度上更好地发挥市场在资源配置中的基础性作用，形成有利于科学发展的宏观调控体系。主要是要有效地限制政府直接控制资源和干预微观经济的权力，把配置资源的主要权力交给市场。改革开放以来我国经济的高速增长在很大程度上是靠政府驱动的，属于政府主导型的经济增长方式。相当多的行业还受限于政府行政垄断配置。我国的生产要素还保留了明显的行政配置色彩。如土地，通过市场化的协议转让的仅占全部转让土地的27%，在许多城市，由地方政府安排，通过协议出让国有土地使用权的比例高达97%到99%。政府的投资由政府决策，可以得到政府的关照，任何一项民间投资，企业如果不和当地政府搞好关系，都会很难长久。① 2005 年以来我国行政管理体制改革的重点是进一步缩小政府从事事务的范围，把与政府性质及职能不相符的事务都交给企事业单位和市场中介组织，特别是企业投资、人事管理等事务。继续缩小行政审批范围、撤销直接从事和干预微观经济活动和社会事务的机构，着眼于减少行政成本、抑制行政腐败。比如：上海浦东综合配套改革试点的一项重要任务，是通过制度创新促进经济发展方式转变，加快产业结构升级。上海浦东新区开发开放以来，一直在努力探索"小政府、大社会"的行政管理体制，经历了一个从"小政府"机构设置，到"一门式"服务，到四轮行政审改，再到建设公共服务型政府的探索历程，为浦东新区推进政府职能转变和政府管理创新奠定了坚实的实践基础。坚持实行"大系统综合"的"小政府"体制，政府机构的数量相当于浦西其他区的一半左右，人员相当于其他区的 2/3 左右。到 2007 年 3 月底，浦东新区的行政审批事项从原有 724 项缩减为 220 项，减幅巨大；而新区的服务项目由原先的 213 项增加到 680 多项，翻了两倍。②

其次，加快行政管理体制改革，加快政府职能转变的方向是建设服务型政府。长期以来，由于政府对公共产品和公共服务的投入严重不足，公共教育支出、卫生保健的公共支出、社会保障和福利支出占 GDP 的比例严重偏低。一些基础建设不到位，已经引发越来越多的事故和一系列社会问题。政府在公共管理方面失职的状况已经使其管理难以为继，解决问题的唯一办法是必须纠正过去的错位、越位和缺位的现象。随着我国的对外开放和对内搞活的进程加快，市场失灵的现象将更加突出。按照十七大报告的要求，建设服务型政府也就是要"健全政府职责体系，完善公共服务体系，推行电子政务，强化社会管理和公共服务"。因此以改善民生为重点，要"更加注重社会建设，着力保障和改善民生，推进社会体制改革，扩大公共服务，完善社会管理，促进社会公平

① 方栓喜：《我国经济增长方式的二重性》，载《学习时报》，2006 年第 290 期。

② 《浦东启示：新特区要敢为天下先》，http：//news. tfol. com/10026/11440/11499/2007/6/13/10357336. shtml。

正义，努力使全体人民学有所教、劳有所得、病有所医、老有所养、住有所居”。“初次分配和再分配都要处理好效率和公平的关系，再分配更加注重公平。逐步提高居民收入在国民收入分配中的比重，提高劳动报酬在初次分配中的比重。”政府应利用财政、税收、福利等杠杆，对收入再分配进行科学调控。

再次，要理顺政府同社会的关系，积极培育和发展民间组织。完善社会管理是新时期社会转型面临着的重大课题。中国的社会体制改革的方向非常明确，即“政社分开”，将原本应由社会承担的职责还给社会，培育和发展社会中介组织，使各类社会组织在社会管理中发挥不可替代的作用。党的十七大报告明确提出：“完善社会管理，维护社会安定团结。社会稳定是人民群众的共同心愿，是改革发展的重要前提。要健全党委领导、政府负责、社会协同、公众参与的社会管理格局，健全基层社会管理体制。”但是，由于社会管理体制改革滞后，社会中介组织尚未真正成为政府职能转移的载体，社会团体等民间组织的作用尚未得到充分发挥，社会资本的开发利用不足，社会的自我组织能力不强。然而，中国社会和人民大众之中蕴藏着巨大的能量、活力与对变革的渴望。新的观念和各种主义的传播使传统意识形态和价值观不能占领的“真空”越来越大。根据中国民政部的统计，截至2007年年底，仅在民政部门登记的全国各类民间组织就达38.7万个，其中社会团体21.2万个，基金会1369个，民办非企业单位17.4万个，涉及教育、科技、卫生、劳动、民政、体育、环保等领域。民间组织与企业、事业单位一起，已成为中国重要的社会组织，对促进中国经济发展、推进社会进步、维护社会稳定、建立和谐社会都产生了积极影响。在2008年汶川“5·12”特大地震面前，民政部所管理的众多中国民间组织机构联合发表声明，表示全力以赴组织社会力量，各尽所能、出资出力，协助政府和灾区人民抗震救灾。它们号召各民间组织和公益组织携起手来，充分发挥各自的优势和力量，献出我们的爱心，与灾区群众一起共渡难关，重建和谐家园。许多民间组织以志愿者的身份亲临抗震救灾前线，与解放军，武警部队和地震、消防专业援救队伍并肩作战，展现了值得讴歌的人道主义与奉献精神。

政府应适应形势发展，采取必要措施，整合社会管理资源，大力培育发展包括社团、行业组织和社会中介组织、志愿团体等在内的各类民间组织，充分发挥它们在参与社会管理方面的作用。因此，发展民间组织既有客观需求，又有现实的紧迫性。重要的一条是各类民间组织能够经常地、及时地同政府有关方面沟通与对话，这样才有利于化解社会矛盾和社会风险，把“大乱”寓于“小乱”之中。加强和改进对各类社会组织的管理和监督，也是促进整个社会和谐发展的重要条件。

（原载《成都行政学院学报》，2009 年第 1 期）

论“世界历史”视野下列宁的时代观及其当代价值

时代问题是一个值得探讨和研究的重大理论课题。“时代，是一个历史性、世界性的范畴，内涵十分丰富，涉及领域也十分广泛，是一个比较宽泛的时空概念。”① 时代问题是研究人类社会发展变化的历史进程及其规律的一个不可或缺的社会历史范畴。经济全球化加快发展和建设生态文明的重任使我们更加认识到世界是一个相互联系不可分割的有机共同体。在时代理论上更需要我们从“世界历史”的宽广视野来研究时代问题。本文阐述了列宁的帝国主义时代理论以及无产阶级世界革命的重大战略与策略，分析了列宁对落后国家走社会主义道路的世界历史局限性的认识。列宁的时代观是对马克思主义世界历史理论的继承和发展。一方面，列宁从世界各国发展的相互依赖即整体性和世界经济和世界政治体系的矛盾运动状态来把握世界历史时代的发展与主题的变化；另一方面，他根据帝国主义战争的事实得出资本主义及其国家已经走向腐朽和反动的新结论，把落后国家的无产阶级革命问题提上议事日程，大大发展了马克思主义的时代理论。

首先，列宁揭示了资本主义发展到帝国主义阶段的世界经济政治体系的基本面貌。19 世纪末 20 世纪初，英法等少数工业发达国家凭借强

① 王怀超、秦刚：《科学社会主义基本理论》，北京：中共中央党校出版社，2003 年版，第 386 页。

大的军事力量实行对外经济和政治扩张，通过金融资本输出在建立庞大的海外市场的同时，形成了超经济的强制性的帝国主义殖民体系。列宁指出："帝国主义最深厚的经济基础就是垄断。""帝国主义的特点，恰好不是工业资本而是金融资本。"帝国主义时代的垄断资本主义通过金融资本输出，争夺殖民地的商品市场和原料市场，使世界呈现几个世界大国分割与瓜分世界的面貌。列宁明确提出了垄断资本主义是一个世界体系，即"资本主义已成为极少数'先进'国对世界上绝大多数居民实行殖民压迫和金融扼杀的世界体系"①。他指出："整个世界正在融合为一个单一的经济机体，整个世界已被少数大国瓜分完毕。"② 帝国主义殖民体系是一个由少数（五六个）帝国主义大国操控的大国体系。帝国主义殖民政策是与金融资本相适应的国际政策。"即归根到底是大国为了在经济上和政治上瓜分世界而斗争的国际政策，造成了许多过渡的国家依附形式。"③ 因此，从经济上分割世界与从领土上分割世界，争夺殖民地是相互联系的。表现为"几个大国争夺霸权，即争夺领土"。以达到"削弱对方，破坏对方的霸权"，在新的实力对比基础上重新分割世界的目的。

其次，列宁把整个世界范围内的各种各样的现象和战争作为时代发展变化的合力因素。他指出："时代之所以称为时代，就是因为它包括所有的各种各样的现象和战争，这些现象和战争既有典型的，也有不典型的，既有大的也有小的，既有先进国家所特有的，也有落后国家所特有的。"④ 列宁认为，不仅有"帝国主义战争"，还有"革命的民族起义和战争"，"无产阶级反对资产阶级的战争和起义。以及这两种战争的汇合"。⑤ 列宁揭露资产阶级国家打着"民族解放"的旗帜掩盖战争的掠

① 《列宁专题文集——论资本主义》，北京：人民出版社，2009 年版，第 102 页。

② 《列宁全集》第 26 卷，北京：人民出版社，1988 年版，第 294 页。转引自李慎明：《马克思主义国际问题基本原理》（下），北京：社会科学文献出版社，2008 年版，第 675 页。

③ 《列宁专题文集——论资本主义》，北京：人民出版社，2009 年版，第 172 页。

④ 《列宁全集》第 28 卷，北京：人民出版社，1990 年版，第 127 页。转引自李慎明：《马克思主义国际问题基本原理》（下），北京：社会科学文献出版社，2008 年版，第 719 页。

⑤ 《列宁专题文集——论资本主义》，北京：人民出版社，2009 年版，第 10 页。

夺性，认为帝国主义战争标志着资本主义的终结。它不再是 18 世纪和 19 世纪资产阶级为反对封建社会进行的民族自决和民族独立的进步的民族战争，而是压迫和奴役大多数民族，瓜分和重新瓜分殖民地的战争。因此，无产阶级必须认清帝国主义战争的性质，打破“民族战争”的框框，变“民族战争”为国内战争。

再次，列宁与第二国际在战争与革命问题上的机会主义决裂，提出了划分时代的阶级标准。列宁认为，从法国大革命到普法战争是资产阶级上升的时代、全盛的时代。资产阶级民族国家在这个时代是摆脱封建制度的人类生产力发展的支柱。而从普法战争结束到第一次世界大战爆发，是资产阶级完成反对封建专制后达到绝对统治，转向反动的金融资本统治时代。在刚刚开始的帝国主义时代，资产阶级已经成为生产力进一步发展的障碍了。“资产阶级从上升的先进的阶级变成了下降的、没落的、内在死亡的、反动的阶级。正在上升的阶级——在广阔的历史范围内——已经是全然不同的另一个阶级了。”① 同时又指出，“整个说来，资本主义的发展比从前要快得多，但是这种发展不仅一般地更不平衡了，而且这种不平衡还特别表现在某些资本最雄厚的国家（英国）的腐朽上面”②。列宁认为，西欧国际工人运动中的机会主义产生于比较安定和文明的生活带来的工人“资产阶级化”。被收买的无产阶级上层感受不到其他贫困大众的灾难、痛苦和革命的需要。第二国际的社会民主党人支持本国政府的战争政策，实行社会沙文主义，所以在这些国家难以发生深刻的革命运动。

列宁认为，帝国主义时代是“无产阶级同资产阶级对抗大大发展的时代”。“无产阶级共产主义革命时代已经开始。”落后国家无产阶级世界革命成为帝国主义时代的主题。因此，列宁在《打着别人的旗子》中提出了一个划分时代的阶级标准。他明确指出：“哪一个阶级是这个或那个时代的中心，决定着时代的主要内容、时代发展的主要方向、时代

① 《列宁专题文集——论资本主义》，北京：人民出版社，2009 年版，第 95 页。
② 《列宁专题文集——论资本主义》，北京：人民出版社，2009 年版，第 210 页。

的历史背景的主要特点等等。”① 唯物史观认为，阶级和阶级斗争是阶级社会发展的直接动力。革命是历史发展的火车头。社会形态的更迭总是通过革命的方式来完成，即使是资产阶级革命也不例外。列宁依据历史唯物主义关于经济基础决定上层建筑，上层建筑反作用于经济基础的原理，在实践中把唯物史观关于生产方式划分时代的标准进行反推。最终还是要回到生产力决定生产关系上来，并不是马克思主义划分时代的标准发生改变。然而，阶级标准与阶级斗争理论在残酷的国际国内斗争中相互影响和纠结，妨碍了人们完整地理解时代标准。在“左”的思潮下，阶级标准变成了生产关系标准，甚至被严重地意识形态化。

复次，列宁根据资本主义经济政治发展不平衡规律，提出了社会主义革命可以在一国首先取得胜利的论断。十月革命开辟了落后国家无产阶级革命和被压迫民族获得独立解放的新道路。苏联在世界上建立第一个社会主义国家具有历史必然性。列宁的时代观不仅是对马克思主义时代理论的继承与发展，而且是对世界历史一般规律性的“超越”。在帝国主义战争条件下，以俄国无产阶级十月革命为代表形成一种新的世界社会主义革命理论，开辟了一条不同于西欧国家无产阶级的革命道路。因为，落后国家的无产阶级政党除了领导人民起来进行社会革命，推翻反动统治别无选择。一方面，帝国主义战争在客观上为俄国无产阶级创造了革命的条件；依靠压迫和奴役别的民族来延缓资本主义的统治只会带来更多的反抗，使统治者难以为继。另一方面，落后国家的无产阶级要像西欧无产阶级那样等待资本主义成熟到以和平方式过渡到社会主义是不可能的。这在政治上反动，经济上落后的俄国是行不通的。列宁指出，社会变革不可能是所有国家无产者的统一行动。“经济政治发展的不平衡是资本主义的绝对规律。由此就应得出结论：社会主义可能首先在少数甚至在单独一个资本主义国家内获得胜利。这个国家内获得胜利的无产阶级既然剥夺了资本家并在本国组织了社会主义生产，就会奋起同其余的资本主义世界抗衡，把其他国家的被压迫阶级吸引到自己方面

① 《列宁专题文集——论资本主义》，北京：人民出版社，2009 年版，第 91 页。

来，在这些国家中发动反对资本家的起义，必要时甚至用武力去反对各剥削阶级及其国家。”①

列宁继承和捍卫了马克思主义关于阶级斗争与无产阶级专政的理论，进一步发展了世界革命思想。《国家与革命》批驳第二国际机会主义和修正主义及其在俄国的代表人物对马克思主义国家学说的篡改和歪曲。列宁大段大段地摘抄恩格斯马克思关于阶级社会与国家的论述，重申国家的阶级属性，再次强调巴黎公社的历史经验，提出“只有承认阶级斗争，同时也承认无产阶级专政的人，才是马克思主义者”②的论断。列宁根据马克思恩格斯的论述和资本主义国家的现状，探讨了从资本主义向共产主义过渡的国家形式和共产主义社会的两个阶段，从而为建立世界上第一个社会主义国家做好了理论准备。由此，列宁把俄国的社会主义革命变成世界社会主义革命的序幕。俄国无产阶级成为全世界革命无产阶级的先锋。而革命胜利后的社会主义国家必须坚持无产阶级国际主义，即使列宁要求苏联承担和履行的无产阶级国际义务已经大大超越了苏联自身的实力和经济社会发展水平。列宁意图通过建立无产阶级专政的国家来消除私有制这个帝国主义战争的根源，在各民族平等的基础上支持落后国家的无产阶级革命和民族解放运动，实践马克思恩格斯所说的“压迫其他民族的民族是不能获得解放的”论断。

列宁提出俄国无产阶级世界革命的理论或者战略是世界历史时代发展到帝国主义阶段的产物。它以阶级和阶级斗争理论为依据，主要从政治上解决落后国家的革命问题。它不仅满足了落后国家无产阶级革命的需要，而且极大的鼓舞和支持了其他国家被压迫民族和人民的解放斗争。其历史意义非常深远。但是，长期坚持世界革命理论的主观意愿往往会违背世界历史发展的客观规律性，因为落后国家无产阶级成为统治阶级之后必然组成为民族国家。把阶级利益上升为民族国家利益。处于落后生产力状况的社会主义国家也毫无例外是人类社会发展的整体性趋势中的一个部分，也必须向其他发达国家的工人阶级一样，把“两个普遍发展”作

---

① 《列宁专题文集——论资本主义》，北京：人民出版社，2009年版，第4页。

② 《列宁专题文集——论资本主义》，北京：人民出版社，2009年版，第206页。

为建设社会主义的前提条件，融入世界经济的主流之中去发展自己。马克思晚年思考和研究俄国问题时甚至设想过利用俄国农村公社的集体经济制度来克服资本主义私人占有制度的波折。马克思在给维·伊·查苏利奇的信中指出："在欧洲，只有俄国的'农村公社'在全国范围内广泛地保存下来了。因此，它目前处在这样的历史环境中：它和资本主义生产的同时存在为它提供了集体劳动的一切条件。它有可能不通过资本主义制度的卡夫丁峡谷，而占有资本主义制度所创造的一切积极的成果。"①

最后，列宁提出，俄国革命采用与西欧国家不同的方法来创造发展文明的根本条件，没有改变世界历史发展的总路线。20 世纪 20 年代，随着苏俄的国际环境有所好转，列宁提出了与资本主义国家和平共处的均势思想。列宁在世最后几年清醒地认识到，无产阶级起义并不能创造社会主义本身即社会主义经济。列宁从政治的思维转向经济的思维，即在一国胜利条件下，苏俄如何通过建设社会主义来"占有资本主义制度所创造的一切积极的成果"。列宁提出了许多具有真知灼见的有益探索，如实行租让制等国家资本主义政策。他在《论合作社》中指出，除工人国家暂时有条件地自愿租让给剥削者的一部分生产资料外，"对我们来说，合作社的发展也就等于（只有上述一点'小小的'例外）社会主义的发展，与此同时我们不得不承认我们对社会主义的整个看法根本改变了"。如果把国际关系撇开不谈，只就国内经济关系来说，那么我们现在的工作重心的确是转向文化主义了。② 对于为什么俄国十月革命走了一条不同于西欧国家无产阶级革命道路的特殊性，列宁在《论我国革命》中做了这样的解释。他说："世界历史发展的一般规律，不仅丝毫不排斥个别发展阶段在发展形式或顺序上表现出特殊性，反而是以此为前提的。……这些特殊性当然符合世界发展的总的路线，但却使俄国革命有别于以前西欧各国的革命。"③"既然建设社会主义需要有一定的文

① 《马克思恩格斯文集》第 3 卷，北京：人民出版社，2009 年版，第 578 页。

② 《列宁专题文集——论资本主义》，北京：人民出版社，2009 年版，第 354 页。

③ 《列宁专题文集——论资本主义》，北京：人民出版社，2009 年版，第 358 页。

化水平……我们为什么不能首先用革命手段取得达到这个一定水平的前提，然后在工农政权和苏维埃制度的基础上赶上别国人民呢？”①

可见，列宁把十月革命视为革命阶级能够用与西欧国家不同的方法来创造发展文明的根本条件，并没有改变世界历史发展的总路线，他并不认为单靠苏联一国的力量就可以建成社会主义。从长远目标看无产阶级世界革命仍然必须建立在马克思恩格斯讲的“两个普遍发展”的基础上。我们可以认为，列宁对社会主义建设的探索是在十月无产阶级革命超越“世界历史”之后，对于“世界历史”的回归。列宁认识到世界革命理论的历史局限性，并没有把世界革命作为时代理论固定下来，也没有把苏联社会主义模式化；而是根据苏联所处的国际环境条件灵活地运用。在两次世界大战期间和战争环境下，苏联或许不具备将本国融入世界经济发展的主流中去的国际条件。第二次世界大战之后，苏联在远比列宁时期好得多的国际环境条件下却拒绝融入世界的发展。这说明把世界革命战略作为时代理论凝固化，内化为体制即苏联模式的是斯大林以及之后的时期。

（原载《科学社会主义》，2010 年第 4 期）

---

① 《列宁专题文集——论资本主义》，北京：人民出版社，2009 年版，第 359 页。

论邓小平在当今重大时代问题上的创新和发展

在中国新民主主义革命时期，中国共产党既坚持独立自主的根本原则又融入反帝反封建的革命潮流，最终取得了社会主义革命的成功。但是党在探索中国社会主义建设的道路上之所以遭受较多挫折，一个重要的原因是没有搞清楚社会主义建设与世界发展的关系这一重大时代问题。邓小平抓住了世界历史发展的本质特征，即带客观规律性的东西，从而能够使中国特色的社会主义建设融入当今世界发展的主流之中，真正做到与时俱进。本文以马克思主义世界历史时代理论为依据，总结了苏联和中国在时代问题上的经验教训，探讨了邓小平如何继承马克思恩格斯的世界历史观，根据新的时代特征在时代主题上进行创新和发展。

一、分析时代变化必须把握世界历史发展的总趋势

1. 马克思主义世界历史时代观的基本出发点

马克思恩格斯处于自由资本主义时代即工业化、世界市场的开拓和世界市场体系建立的时代。他们运用唯物史观和辩证法论证了大工业创造世界历史的过程及其结果即世界历史的形成和发展。世界历史的本质特征从横向空间关系看，就是世界各个国家、各个民族打破各自“纵向”发展的历史，开始在一个世界整体中彼此依赖、相互依存地生存与发展。世界历史发展的方向——共产主义社会并非主观臆想的产物，而

是生产力普遍发展和世界交往的结果。正如《德意志意识形态》指出的，世界历史形成以后，“交往的任何扩大都会消灭地域性的共产主义。共产主义只有作为占统治地位的各民族‘一下子’同时发生的行动，在经验上才是可能的，而这是以生产力的普遍发展和与此相联系的世界交往为前提的”①。马克思恩格斯在唯物史观的基础上首次论证了世界历史形成以后人类社会已经发展为一个有机联系的整体。而在人类社会形成横向有机联系整体的情况下，世界生产力与世界交往这“两个普遍发展”是推动人类社会生产方式变革的根本动力和各国发展不可或缺的前提条件。这是马克思恩格斯世界历史时代观的基本出发点，也是人类社会发展的一个总趋势，由此奠定了马克思主义时代理论的基石。

马克思恩格斯揭示世界历史形成的目的在于利用世界生产力与世界交往的规律为广大劳动人民谋取福祉。他们创立了科学社会主义——关于无产阶级解放运动发展规律的学说。因为从原始土地公有制解体以来的全部历史都是阶级斗争的历史，要使整个社会永远摆脱剥削、压迫和阶级斗争就必须有无产阶级的革命。要因势利导，消除资本主义社会的不合理因素。他们在《共产党宣言》中提出：“至少是各文明国家的联合的行动，是无产阶级获得解放的首要条件之一。”② 由此确立了欧洲乃至全世界无产阶级和共产党人为实现共产主义的远大理想而奋斗的目标。在1848年大革命时期，马克思恩格斯主张无产阶级采用暴力革命的方式推翻资产阶级的统治的世界革命战略。恩格斯晚年又提出无产阶级政党要根据资本主义和平发展时期的新变化，利用普选权，使通过合法的、民主的、和平的手段谋求解放成为一种可能，修正了他和马克思把无产阶级暴力革命作为唯一斗争手段的观点。因此，马克思恩格斯始终坚持的唯物史观是：每一个历史时代的经济生产、交往方式与社会结构都是该时代的政治和精神的历史的基础，也决定着各个阶级的斗争历史以及方式。无产阶级只能在世界生产力变革与世界交往联系的基础上探索本国革命乃至世界革命的方式，而不是背离这一总趋势。

---

① 《马克思恩格斯选集》第1卷，北京：人民出版社，1995年版，第86页。

② 《马克思恩格斯选集》第1卷，北京：人民出版社，1995年版，第291页。

资本主义欠发达的落后国家是被迫卷入世界历史进程的。这些国家与发达国家所处的国际国内环境不同，所面临的历史发展任务也不同。特别是选择走社会主义道路的落后国家在建国之后如何根据本国的需要参与世界生产力与世界交往发展成为一个重大的时代课题。无产阶级政党在夺取政权之前是以本国革命乃至世界革命为己任的，但成为执政党之后必须根据本国的国情和世界的发展变化、阶级和民族利益需要来制定战略策略，正确处理好本国发展与世界发展的关系。

2. 列宁以十月革命的实践为依据在时代问题上的探索

在20世纪20年代垄断资本主义和帝国主义战争时代，列宁根据俄国的革命形势需要把俄国的无产阶级革命问题提上议事日程。列宁提出了“社会主义革命可以在一国首先取得胜利”的论断，提出了俄国的社会主义革命是世界社会主义革命的序幕，俄国无产阶级应当成为全世界革命无产阶级的先锋。而革命胜利后的社会主义国家必须坚持无产阶级国际主义，从而进一步发展了马克思主义关于无产阶级世界革命的时代理论。十月革命是列宁把马克思主义时代理论与俄国革命的实际相结合的产物。世界革命作为一种理论与社会主义在一国的建设是有矛盾，相冲突的。因为无产阶级世界革命归根结底是世界交往联系的产物。没有世界市场交往，就不会传播工业国的生产方式，传统的社会经济结构也就不会解体，也就不会产生新的阶级以及资产阶级与无产阶级的阶级斗争。而革命成功仅仅是缓解了阶级之间的对抗性矛盾，并没有解决社会经济发展落后的矛盾。因此，社会主义建设的规律首先是遵循人类社会发展规律即世界生产力和世界交往发展规律。社会主义意识形态及其制度的世界意义只能建立在这一基本规律之上，而绝不是背离它。因此，列宁在《论我国革命》中强调，俄国革命的特殊性仅在于十月革命使革命阶级能够用与西欧国家不同的方法来创造发展文明的根本条件，而不是就此改变了世界历史发展的总路线，他也不认为单靠苏联一国的力量就可以建成社会主义。为此，列宁从战时共产主义政策转向新经济政策，提出了对国外实行租让制、对国内实行粮食税和合作社等新政策。列宁意图把俄国无产阶级革命具有超越“世界历史”的特殊性与世界历史发展的一般的、总的规律相一致起来。他并没有把世界革命作为时代理论固定下来，也没有把苏联社会主义模式化，而是根据苏联所处的国际环境条件灵活地运用。在两次世界大战期间和战争环境下，苏联或许不具备融入世界经济发展的主流中去的国际条件。但是第二次世界大战之后，苏联存在把时代问题意识形态化，世界革命理论僵化的问题。苏联模式长期不能改革最终导致苏联解体。事实证明：社会主义在意识形态和社会制度方面的优势必须建立在以“两个普遍发展”为前提的基础之上，否则将会失去其生命的活力。苏联社会主义模式的解体告诫社会主义国家要努力创造实现自由人联合体的历史条件，就必须以“两个普遍发展”为前提和基础。无产阶级在夺取政权上升为统治阶级之后必须自觉地融入世界生产力和世界交往发展的总趋势之中。

二、邓小平在社会主义与世界发展关系上的重大创新

1. 总结中国共产党在时代问题上的经验和教训

中国共产党对时代问题的认识源于战争与革命时代，受苏联斯大林时期世界革命战略的影响很大。列宁的帝国主义时代理论和斯大林的资本主义总危机理论在相当长的时期内成为中国认识时代问题的主要理论依据。从积极的方面看，世界革命理论和战略在中国新民主主义革命的进程中发挥了重要的理论指导作用，使中国革命成为世界无产阶级革命的重要组成部分。苏联共产党和中国共产党坚持无产阶级国际主义在第二次世界大战的反法西斯战争中做出了不可磨灭的贡献。

然而，第二次世界大战结束以后，复杂的国际环境导致中国在探索社会主义建设的道路及其与世界发展的关系上出现了严重挫折。一方面，美苏冷战格局的存在迫使社会主义国家要团结起来摆脱国际孤立的局面，中国希望学习苏联模式，希望在苏联的支持下建设自己的国家，主观上存在着一个世界革命共同目标的国际主义追求。实际上就是通过弱化国家身份，强化阵营身份来寻求更多的利益好处。但冷战的国际环境使中苏在两党和两国关系上纠结不清，在对外战略、意识形态和国家利益方面发生冲突，反过来使中国寻求更加激进的社会主义建设方式，违背了世界经济社会发展的规律性。另一方面，中国对于美国等西方帝

国主义殖民统治的历史恩怨不能在短期内消解，美国的敌视政策导致中美长期对抗，在客观上使中国的发展孤立于世界的发展之外。中国很容易把整个世界的发展变化局限在资本主义和社会主义两种意识形态和社会制度之间的冲突和较量的狭隘眼界之中来认识。美苏之间的争霸和对世界事务的安排强化了中国的世界革命和准备打仗意识，后来发展到只讲无产阶级专政和阶级斗争，完全忽视了社会主义建设需要世界生产力与交往的发展条件。由于20世纪60年代至70年代中国错过了战后世界生产力和世界交往加快发展的历史机遇，不仅拉大了与资本主义发达国家的差距，而且已经落后于中国周边的新兴工业国家和地区。现实的比较使得中国社会主义建设的道路不能在封闭的环境中继续下去。

在经历了上述痛苦的过程之后，以邓小平为核心的第二代中央领导集体在社会主义建设、当代资本主义发展等一系列时代问题上拨乱反正、解放思想、实事求是、与时俱进。正如党的十五大报告指出的，邓小平理论坚持用马克思主义的宽广眼界观察世界，对当今时代特征和总体国际形势、对世界上其他社会主义国家的成败、发展中国家谋求发展的得失、发达国家发展的态势和矛盾，进行了正确分析，做出了新的科学判断。换言之，需要在社会主义发展与世界发展的关系上进行重新认识和科学判断，得出新的结论。这就是邓小平所面临的重大时代课题。

2．用世界历史眼光认识中国的社会主义建设及其关系

只有摆正一国社会主义模式与世界各国发展模式的关系，才能处理好一国发展与世界发展的关系。邓小平“一开始就是从世界的角度、从世界政治、世界经济的角度来设计有中国特色的社会主义，体现了中国特色社会主义的发展必须立足于世界市场的思想”①。邓小平认为，一国或多国的社会主义模式仅仅是符合本国实际的特殊的具体形态，绝不是衡量社会主义的标准，更不是衡量世界整体发展的标准。他说：“既然中国是根据自己的实践与马列主义结合取得胜利，那末其他国家为什么就不能这样做？中国并不是按照十月革命的模式建立无产阶级专政、建

① 张爱武：《世界历史性社会主义研究》，北京：社会科学文献出版社，2005年版，第51页。

立共产党领导的国家的。如果这个经验总结得好，我们就不应该要求其他国家包括落后国家，也按照中国的模式去取得革命胜利，更不能要求发达的欧洲国家采取中国的模式，当然也不能要求采取俄国的模式。”①这是对世界革命理论的明确摒弃和否定。

邓小平从世界历史发展的规律中把握中国特色社会主义发展的方向、动力和本质，确立了以现代化为目标发展生产力的新发展战略，把改革作为发展社会主义生产力的内在动力。从20世纪80年代初到90年代初这十年间，邓小平在与第三世界国家、发达国家领导人的谈话中多次提出在什么是社会主义问题上要解放思想。其中一个基本观点就是贫穷不是社会主义。社会主义制度的优越性体现在比资本主义更好更快地发展社会生产力。邓小平认为，通过改革解放和发展生产力使生产关系、上层建筑的各个方面不断体现社会主义生产力的发展要求。

邓小平用世界历史发展的眼光认识当代社会主义和资本主义这两个相互关联的重大时代问题。他辩证地认识当代资本主义的发展及其关系，批判并且抛弃了把社会主义发展与资本主义发展对立的思维，把发达资本主义国家发展生产力的经验和做法视为人类社会发展共享的，具有国际普遍意义的东西。邓小平指出：“社会主义要赢得与资本主义相比较的优势，就必须大胆吸收和借鉴人类社会创造的一切文明成果，吸收和借鉴当今世界各国包括资本主义发达国家的一切反映现代社会化生产规律的先进经营方式、管理方法。”② 这一论断不仅继承了马克思、恩格斯“以生产力的普遍发展和与此相联系的世界交往为前提”实现共产主义社会的唯物主义历史观，而且超越了资本主义与社会主义国家在意识形态和社会制度上的差异，在发展生产力和交往上充分尊重中外前人的实践经验，开创了社会主义国家与资本主义国家关系发展的新局面。

3. 科学判断当今世界的时代特征和时代主题

邓小平坚持用马克思主义世界历史观科学判断当今世界的时代特

① 中共中央文献研究室：《邓小平年谱（1975—1997）》，北京：中共中央文献出版社，2004年版，第693页。

② 《邓小平文选》第三卷，北京：人民出版社，1993年版，第373页。

征、时代主题。他站在人类是一个整体的高度认识中国社会主义建设与世界发展的关系，使中国社会主义现代化建设重新回归世界历史发展的总趋势和经济全球化的潮流中。

在时代特征上战争与和平问题首当其冲。邓小平非常尊重国际环境的现实。首先，他从1977年起就提出世界大战可能推迟、延缓、避免的观点，推动十一届三中全会实现了党和国家工作重心的转移。20世纪80年代中期又根据科学技术发展、美苏军备竞赛和战略部署的态势以及世界人民不愿意打仗等新情况，作出了和平力量超过战争力量的新判断，从而为中国的现代化建设创造了和平的国际环境。其次，邓小平洞察到战后世界生产力迅猛发展，科学技术日新月异的时代新特征，明确提出“科学技术是第一生产力”，要以世界科学技术为起点发展社会主义生产力的新观点。再次，邓小平明确提出“当今世界是开放的世界”的时代特征。他根据战后发达国家与发展中国家之间建立更为开放的世界市场体系的事实，精辟地指出“中国的发展离不开世界”。社会主义也可以搞市场经济，计划和市场都是经济手段。中国由此确立了对外开放的基本国策，通过引进外资、技术和人才等来加快本国经济发展，并建立起社会主义市场经济体制与世界经济接轨。

时代主题是人类社会共同面临的全球性战略问题。随着美苏关系在20世纪80年代中期趋于缓和，双方进一步实行较为实质性的核裁军，世界战争的危险再次下降。邓小平认为发展问题即南北问题的重要性超过了和平问题，成为两大全球性战略的核心问题。邓小平以摆事实讲道理的方式阐明南北之间具有相互依赖性，发达国家帮助发展中国家发展有利于自己。“人们都在讲南北问题很突出，我看这个问题就是发展问题。我曾多次对一些外国朋友讲，这个问题要从人类发展的高度来认识。”“应当把发展问题提到全人类的高度来认识，要从这个高度去观察问题和解决问题。只有这样，才会明了发展问题既是发展中国家自己的责任，也是发达国家的责任。”①

---

① 《邓小平文选》第三卷，北京：人民出版社，1993年版，第281～282页。

邓小平在新的历史条件下运用马克思主义世界历史观科学判断和平与发展的时代主题，是认识当今社会主义发展与世界发展关系问题上的一次飞跃和创新。这一新的时代观解构了长期存在的战争与革命的时代主题观，实现了从世界战争与革命的时代观向世界和平与发展的时代观的转换。这一转变完全符合当代中国国情与世界发展的实际，是马克思主义时代理论的中国化和当代化的体现。

三、以世界共同发展观指导中国特色社会主义现代化建设

在马克思恩格斯所观察世界历史形成的时代，当时社会主义运动还处在资本主义发达国家内部，民族解放运动还主要发生在西方。经过两次世界大战，世界范围内的帝国主义殖民统治一去不复返。民族独立、主权平等深入人心。社会主义制度在落后国家已经从一国到多国建立起来。欧洲发达国家内部对资本主义制度的改革和改良的进程也在加快。比较马克思恩格斯以及列宁所处的时代，经过战争与革命发展阶段洗涤的人类社会已经进入和平与发展的主题和新的历史发展阶段。经过战后几十年的发展，反对霸权主义，维护世界和平的力量超过了战争力量，已经成为世界政治发展的人心所向和历史潮流。战后世界生产力和世界交往的发展不断超越国界呈现经济全球化开放态势，彻底打破了民族、地域性封闭经济发展的错误尝试。世界大多数国家在世界相对和平、更为开放的国际环境中谋求自身的发展已经成为世界整体发展的需要。和平与发展成为时代主题，反映了世界生产力和交往的发展要求打破美苏两个超级大国垄断世界事务、打破西方发达国家主导国际经济秩序的局面，具有世界历史客观规律发展的必然性。新的时代观冲破了西方国家按照国际政治经济旧秩序解决全球性战略问题的旧观念束缚，反映了世界历史发展的新趋势和新潮流。

邓小平提出和平与发展的时代主题观的战略意图，是在世界各国发展的模式呈多元和多样发展的前提下，谋求社会主义国家自身的发展；是在承认当今世界各国经济相互依存的发展这一现实基础上，追求世界各国互利共赢的共同发展观。世界共同发展观是在不改变时代的性质即

从资本主义向社会主义过渡的大时代的条件下，谋求世界各国共同发展的新时代观。它体现了社会主义国家既要遵循世界历史发展的客观规律性，又要根据新的历史条件提出新的任务，开辟新的道路，解决好新的问题。它表明世界的共同发展就是各国在选择符合本国国情的发展道路上实现各具特色的发展。其中包含着资本主义国家、社会主义国家以及发展中国家在发展道路和发展模式上的自主性，体现了社会主义国家谋求发展道路的多元性、发展模式的多样性的全球战略思维。中国特色社会主义现代化建设是与世界共同发展并行不悖的历史进程。中国特色社会主义现代化建设离不开世界共同发展，就是在世界共同发展这一前提下走中国特色的社会主义现代化道路。由此也决定了中国走的是一条和平发展的新道路，即“中国走的是一条在同经济全球化相联系而不是相脱离的进程中，独立自主地建设中国特色社会主义的和平崛起之路”①。因此，在21世纪中叶中华民族将要实现的也将是对人类社会做出更多更大的贡献的民族复兴。

（原载《毛泽东思想研究》，2011年第5期）

① 郑必坚：《思考的历程——关于中国和平发展道路的由来、根据、内涵和前景》，北京：中共中央党校出版社，2006年版，第139页。

第二部分

国际政治经济与中国对外关系

论新旧格局交替的过渡时期与中国的发展

20 世纪 80 年代末 90 年代初，国际形势发生了一系列具有重大而深远意义的变化。继 1989 年东欧剧变、1990 年德国统一之后，1991 年又发生了震惊世界的海湾战争和苏联解体这两件大事。特别是苏联解体，标志着战后延续了长达四十多年的美苏两极格局以一极在政治地图上消失而寿终正寝。从此，世界进入了一个新格局尚未形成、旧格局不复存在的新时期，这一时期也被称为新旧格局交替的过渡时期。与历史上的过渡时期相比较，这一过渡时期究竟有多长，对中国有何影响？本文在这里作一肤浅的探讨。

在国际政治历史上，过渡时期并不鲜见。但过渡时期总的看都不算长。比如，第一次世界大战结束后，经过 1919 年至 1921 年三年时间，就建立了凡尔赛-华盛顿体系。第二次世界大战结束后，经过 1946 年至 1955 年大约 10 年时间，形成了以雅尔塔体系为基础的美苏两极格局。这两次过渡时期都不算长，其原因在于旧格局是被战争所摧毁的，新格局较容易在战胜国之间，特别是军事力量所控制的势力范围内，通过讨价还价建立起来。著名的雅尔塔体系就是以战时美苏英反法西斯军事力量对比为依据，经过一系列三巨头首脑会议激烈争斗而确立的。因此，是否可以认为过渡时期的长短取决于导致旧格局解体的因素和条件以及新格局所赖以建立的那些因素和条件呢？一般来说，旧格局若是被战争暴力打碎摧毁的，新格局必然以军事实力大小强弱对比为主要条件。所以，过渡时期一般不太长，少则三四年，多则十年。

当前我们所处的过渡时期比起历史上的过渡时期有着完全不同的新情况和新特点。因此，必须根据变化了的情况和特点作出新的判断。首先，美苏两极格局解体不是暴力摧毁的，而是在和平条件下自行解体的。所谓和平条件就是指美苏双方没有发生世界大战的情况。两极格局解体的主要原因在两极内部，外部因素是通过内因起作用的。作为苏联这一极从衰落到解体的根源在于苏联的内部体制，包括它曾控制的东欧集团国家的内部体制不能继续承受与西方国家的军事对抗、经济和科技竞争，只有重建新的体制甚至重组国家才能适应变化了的国际环境。苏联解体从深层次说明了当代国际政治经济发展的一个重大变化是，现代经济与高科技力量已经取代了传统的军事力量，成为未来新格局建立的决定性因素和条件。可以这样说，是现代经济和高技术的发展导致两极格局自行解体，随之而来的必然是各主要国家的综合国力竞争，其中争夺经济和科技优势尤为激烈。

其次，由于现代经济和高科技力量在未来格局中起决定性作用，各主要国家或国家集团争夺这两方面优势的过程就关系到新格局的形成时间，也关系到过渡时期的长短。常识告诉我们，发展经济和科技力量与军事力量增长的规律和条件完全不同。前者除需要更长的时间外，还涉及国民的文化素质、原有的科技基础、一国的经济发展战略、经济体制及科技转化为生产力的能力等。此外，一国经济和科技发展受世界经济体系和国际贸易变化的影响很大。简言之，发展经济和高科技需要的条件和受到的制约大大超过了发展军事力量的条件。

再次，国家之间为发展经济和高科技既互相竞争，又相互依赖和互相渗透，大国与小国的关系不再像过去那样简单。小国虽小，如果有雄厚的经济科技实力，就不再慑于大国的军事威慑；大国虽大，如果外强中干，往往有求于小国。这就使过去那种以大国为中心的一极很难形成。一般来讲，发展经济和科技是大国，特别是资源、劳力和市场丰富和广阔的大国占优势。但战后几十年来的发展却出现了另一番景象：一些小国由于船小好掉头，不断适应变化多端的世界市场国际环境，善于调动国内的经济增长因素，化国内外不利因素为有利因素，其结果是不仅发展经济的速度快，而且在国际市场上形成很强的竞争能力，大有以小吃大的势头，这些小国对大国的经济发展形成挑战但也提供动力，与大国之间有一种相互依赖的关系，即大国经济离不开小国的推动，小国经济发展离不开大国的市场和资源。同时小国也不可能凭借自身力量成为一极。最为典型的是美国与日本、亚洲“四小龙”的关系。

最后，世界经济一体化过程中出现的集团区域化趋势正处于方兴未艾阶段。这种新趋势尤其令人关注。因为，这种集团区域化趋势是与经济科技发展紧密联系在一起的。它们之间是相互制约和相互促进关系。经济和科技发展必然要求集团化区域化，而实行集团区域化以后进一步促进了经济和科技发展。欧洲共同体的建立和发展就是一个突出的例子。欧共体从 1957 年的 6 国发展为目前的 12 国，经济一体化的步子越迈越大，不仅实行了关税同盟，而且即将形成资本、商品、人员和劳务四流通的统一大市场。目前，远不能肯定地说未来的世界格局建立在集团区域化基础之上，但应该承认，这种集团区域化发展已经改变了原先那种以一国经济实力为基础的“极”的形式和内容。因为，过去的“极”是以显示一国的力量中心地位来制约他国的。现在，在集团区域经济圈内，一国即使有很强的实力，也要首先通过集团内部的主导作用，进而在区域内发挥作用。此外，来自集团内部及区域内经济发展的制约性必将大大超过过去，一国将难以发挥过去那种一极的作用。

也有人认为，未来格局或许是集团极的形式，这种可能性不是没有，但目前和最近的将来不大可能出现。欧共体的经济一体化虽然推进了政治一体化步伐，如实行共同的对外与安全政策，扩大欧洲议会权力，扩大多数表决的范围等，但与欧共体大多数国家建立欧洲盟邦的最终目标还有很长的距离。而一个政治上无实体的经济共同体是不可能真正成为一极的。

以上这些新情况和新特点决定了我们所处的过渡时期绝不会短，相反可能较长。不仅 20 世纪最后这几年属于过渡时期，21 世纪初叶也将是过渡时期。总之，过渡时期起码在十年以上。较长的过渡时期对于中国既是一种宝贵的机会，更是一种严峻的挑战。过渡时期较长有利于中国搞现代化经济和发展高科技力量，主要体现在赢得了宝贵的时间，使中国在未来的新格局中能有一个更为强有力的地位。过渡时期短则不利于中国，按照党的十三大的战略部署，中国的社会主义初级阶段是一百年时间，要到21世纪中叶才能进入中等发达国家之列，中国如果能够在新格局形成之前达到人均GNP 1000美元，中国的国民生产总值就将达到约1.2万亿美元，综合国力就处于世界前列。今年以来，党和政府根据变化了的国际形势迅速调整了国内经济政策，不仅响亮地提出了科技是第一生产力的正确论断，而且抓住当前国际形势变化的有利时机，加快了改革开放的步伐。在判断改革开放的方向上，增加了是否有利于增强社会主义国家的综合国力这一条。这些调整和变化显然是党中央和国务院正确分析、判断国际政治经济发展趋势的结果。邓小平同志在今年1月至2月重要谈话中明确指出："要抓住机会，现在就是好机会。"这个好机会就是指包括有一个较长的过渡时期在内的国际有利条件和国内政局稳定、治理整顿有成效的环境。从现在起，紧紧抓住经济和科技发展的主攻方向不放手，脚踏实地地干个一二十年，中国在21世纪的经济和影响力肯定是为世人瞩目的。美国政论家布热津斯基1991年撰文说，到2010年中国将与美国、欧共体及日本共同成为世界四大经济力量。也许它在世界事务中的政治和军事影响会甚至更早一点地为世人所感知。这种前景必须引起注意。① 中国人饱尝旧中国丧权辱国的辛酸历史，盼望中华民族自立于世界民族之林。我们既不妄自菲薄，也不妄自尊大。我们以中华民族平等待人和尊重主权平等的历史传统，以社会主义制度优越性和永不称霸的外交指导思想和原则自立于世界。一个强大起来的中国只会成为维护世界和平与促进人类共同发展做出更大贡献的一支和平力量。

国际政治格局有一个较长的过渡时期，对于中国来说更是一个竞争激烈的严峻挑战。

过渡时期尽管存在着各种不稳定因素，地区冲突和内乱时有发生，周边安全环境也存在一些潜在的热点，但国际形势总体上是缓和的、和

---

① 见《国际资料信息》，1992年第4期，第19页。

平的。在这样一个和平的国际环境中，西方发达国家的经济和科技竞争进一步加剧；发展中国家的两极分化日益突出，南北矛盾地位上升，发展中国家之间的竞争也比过去增强。因此，国际市场的竞争更加激烈。中国的竞争对手比过去多，其能力比过去强。甚至不可轻视东欧各国和解体后的苏联即独联体国家。中国在从现在起的一二十年内，面对的是国际市场的严峻挑战。统计材料表明，中国的进出口已经占到国民生产总值的36%，其中进口占国民生产总值的19%，中国与世界经济相互依赖的程度正在逐渐加深。换言之，中国在过渡时期中将处于一个越来越受世界经济影响和制约的环境之中，这是中国几千年文明史上前所未有的。中国在改革开放的十多年中也积累了一些经验和知识，但毕竟不能与那些老手相比，甚至不能与一些搞经济在行的小国相比。我总认为，中国现在迈出的是希望与风险并存、成功与失败并存的步子，遇到的是全新的问题和挑战。邓小平同志说得好："没有一点闯的精神，没有一点'冒'的精神，没有一股气呀、劲呀，就走不出一条好路，走不出一条新路，就干不出新的事业。"中国所遇到的挑战是与中国的机遇相辅相成的，中国越能接受这种挑战，中国的机遇就越大。现在，有的中国老百姓的心理上仿佛有些不相信自己的能力。其实，外国人作为旁观者对中国的前途一直是看好的，我们应当头脑清醒。

竞争越激烈，挑战越严峻，我们越要充分利用外部的一切有利条件和因素。中国的对外开放是面向整个世界的，是全方位的，是同世界各国普遍发展经济贸易及合作关系。因此，中国争取尽快恢复在关税及贸易总协定中的缔约国地位，将使中国能在国际贸易体制中获得较为平等的待遇，消除目前事实上存在着的对中国的不公平待遇。我国政府为此做出了积极的努力，促使谈判早日成功。但中国经济发展的立足点显然是在亚太地区。

首先，亚太地区已成为当今世界经济中最富经济活力和前途的地区，这对中国经济发展有极大的推动作用。中国同这一地区的经贸关系日益密切，超过了其他地区。

众所周知，亚太地区尤其是东亚的经济形势更是连年来好于世界其他地区。就经济增长速度看，不仅日本经济增长率高于资本主义发达国家的平均增长率，亚洲“四小龙”保持着大大高于世界平均增长率的速度，而且1989年以来又出现了东盟经济迅速崛起的新情况。东盟四大国（菲律宾、泰国、马来西亚和印度尼西亚）的平均增长率已超过亚洲“四小龙”。其中泰国经济增长率一直居东盟之首，大有成为第五条小龙之势。就世界贸易情况看，根据关贸总协定的报告统计，世界贸易连续三个年头（1989—1991年）增长势头减缓，与苏联和东欧地区贸易萎缩，其他地区也不景气状况呈鲜明对照的是，亚洲地区贸易活动却充满活力，增长率数倍于世界平均数。其中，韩国、马来西亚、新加坡、泰国，以及台湾地区和香港特区等6个新兴工业国家和地区的商品进、出口贸易额平均分别增至17%和14.5%。中国地处这样一个地区，自身的经济发展速度不能低，低了就是落后。从1980年到1990年，中国的国民生产总值平均每年增长9.5%，1991年仍保持在7%的增长速度。中国的进出口增长率分别达到19.5%和16%。这表明中国基本上跟上了亚太经济形势发展，没有落在后面。中国同这一地区的经贸关系日益发展。1989年中国的外贸总额为1116亿美元，其中同亚太地区贸易总额占总进口的65%和总出口的74%。1986年至1989年，中国利用外资总额达500亿美元，其中69%来自亚太地区，直接投资所占比重为92%。中国同这一地区经济互补性很大，经济合作还大有潜力可挖。

其次，在世界将要形成的三大经济圈中，唯有亚太经济合作目前尚属松散型、开放型的经济一体化形式。双边和多边以及次区域合作发展速度较快，整体合作还未提到议事日程上来。这样中国可以在保持独立自主地位的同时，根据自身需要和可能采取多种形式的地区经贸合作，争取在亚太地区国际分工中居于一个较为有利的地位。1986年中国加入了太平洋经济合作会议（PECC）。1991年11月，中国首次参加了在汉城举行的亚太经济合作第三次部长会议（APEC）。该会已有15个成员，是目前亚太经济合作唯一的官方机构。

再次，中国大陆与香港、台湾、澳门地区的经济联系进一步加强。由于经济上有很强的互补性，又同为中国人，在经济合作和交流方面有非常有利的条件。尤其是海峡两岸经贸关系持续发展，转口贸易有大幅度增长，1991年大约为60亿美元，是过去十年的两倍。而投资亦更趋活跃，台商到大陆投资项目已达3000家，协议投资金额约为25亿美元，是1989年的两倍多。随着1997年香港将回归中国，海峡两岸交流进一步放宽，大陆与其的经济联系与合作将更加突出。

最后，相对于欧洲，特别是东欧及苏联各国动荡不安的形势而言，亚太地区政局相对稳定，各热点地区局势缓和，出现了前所未有的宽松局面。这就为中国发展经济创造了一个有利的和平与缓和的国际小环境。这种国际小环境在过渡时期显得特别重要。因为世界大战的可能性在20世纪末和21世纪初很小，而地区性的局部冲突和战争却时有发生，其造成的危害和损失不可低估。在这种情况下，保持亚太地区的稳定与缓和对该地区各国经济发展意义重大，对中国尤其重要。亚太地区的稳定与缓和在20世纪90年代还将持续下去。

综上所述，较长的国际格局过渡时期给中国提供了发展经济的有利国际环境，过渡时期对中国来说是一个极好的机会。我们一定要抓住这个机会，抓好这个机会，以敢闯的精神迎接国际挑战，争取中国在下个世纪的强国地位。

[原载甘肃《国际问题研究》（内刊）1992年第4期；后载于中共四川省委党校《理论文稿》，1992年总第8期]

西方国际政治经济学中的国家与市场理论

最早出现于20世纪60年代末70年代初，而后在80年代以来取得引人注目的发展的西方国际政治经济学，又称西方国际关系政治经济学，是继国际政治学、世界经济学之后的一门研究世界政治与经济以及国际关系的新学科。这门学科问世时间不长，但却首开将国际政治与经济结合起来研究之先河，提出了更宏观和多角度的理论框架，使人们在错综复杂的国际政治经济演变中能够抓住一些关键性环节，加深对世界的认识。目前，在国内已出版的西方国际政治经济学代表性著作有：《国际政治经济学导论——国家与市场》（[英] 苏珊·斯特兰奇著，杨宇光等译，北京：经济科学出版社，1990年版）、《国际关系政治经济学》（[美] 罗伯特·吉尔平著，杨宇光等译，北京：经济科学出版社，1992年版）。国家与市场理论在这两本著作中论述最多，颇富启迪性。

一、提出国家与市场相互作用为动力的观点

苏珊·斯特兰奇是英国伦敦经济学院教授，长期从事经济学和金融学研究。罗伯特·吉尔平是美国普林斯顿大学国际研究中心教授，知名度甚高的国际政治学专家。这两位学者都不满国际经济与国际政治研究长期各自为政，彼此脱节的现象，都看到了20世纪60年代以后由于欧洲共同体的建立以及跨国公司的迅猛发展，全球经济一体化进程被提到

了议事日程，由此引起的国际关系的行为主体结构已发生明显的改变。这种新的变化使这两位学者从自己原有的专业研究领域转向更为广阔的、互有紧密联系的相关领域，即发现经济与政治的不解之缘，提出代替旧观念的新理论，寻找国际经济学与国际政治学之间的结合点，最终摆脱各自学科与流派门户之见的束缚。这在当时西方国际经济政治研究仍然受美国国际政治现实主义学派垄断的情况下是难能可贵的。我们常常认为资产阶级学者的学术具有阶级狭隘性，然而，从这两位学者的著述中，我们更多地看到的是他们实际上是反对从某些大国的利益以及价值判断出发来解释国际关系状况。他们力图从世界政治经济所包容的各种类型的国家关系及其相互联系构成一个整体的角度来阐明国际关系。

最令人佩服的是，这两位学者从不同的专业角度探讨共同的问题，却不约而同地找到一个共同的方法论或者说立足点，这就是国家与市场相互联系与作用的理论观点。斯特兰奇认为，研究国家或其他任何政治权力机构对市场的影响，以及反过来市场力量对国家的影响，就是“一个把政治学和经济学综合起来的方法”。吉尔平则明确指出，国家与市场相互作用日益增强，“逐渐成为决定现代世界国际关系，性质与动力的关键因素”。这两位学者在研究中各有侧重。斯特兰奇的研究以一种结构性理论分析为特点，勾画出国际政治经济学的宏观理论框架。吉尔平的研究不在乎框架，而是集思广益，博收当代世界政治经济已有的研究成果，然后加以分析，提取其中精华为新的观点作论证，继而阐发自己的见解。这样，国际政治经济学的理论在纵横结合方面都得到了填补。

斯特兰奇的理论分析需要更为抽象的思维方法，并对当代世界经济与国际关系有相当的了解。斯特兰奇认为，世界是由众多的彼此共存的民族国家体系和一个单一的全球社会经济体系共同组成的。无论何种社会都存在着对四种基本社会价值观的需求，它们是财富、安全、自由与公正。由于不同的社会对这四种价值观的需求有先后顺序不同的安排，必然产生不同的比例组合关系。决定这些安排与组合的关键因素是社会的结构性权力。其来源于各自对安全、对生产、对信贷以及对知识、信仰和思想的控制这四个方面。斯特兰奇把结构性权力称之为“决定办事方法的权力，就是构造国与国之间关系、国家与人民之间关系或国家与公司企业之间关系框架的权力”。斯特兰奇说的结构性权力不是西方国际政治学中所说的那种控制与影响别国的权力。她把它称之为联系性权力。斯特兰奇认为，结构性权力远比联系性权力重要。因为结构性权力是形成和决定全球各种政治经济结构的权力，在决定办事方法中，就包含着支配国际经济关系的惯例和规则的国际体系。结构性权力观点具有重要的意义，这个观点超出了传统的西方国际政治学中所界定的权力观，即通常认为的，凭借一国经济和军事实力强大，通过外交、经济或军事手段可以控制乃至侵犯别国的能力或影响力。在这里，结构性权力已经深入到事物的内部，涉及国际社会以及国际关系中的体系问题，关联到政治体制与经济体制问题。并且，在内容上这些权力是十分具体的，拥有相互交织的层次和控制网络，即前面斯特兰奇已经说过的四大控制结构。斯特兰奇尤其认为在安全、生产、信贷以及知识信仰这四种结构性权力网中，金融信贷控制具有决定性作用。因为按照传统观点，生产结构权力是决定其他方面的因素。马克思主义的一个基本观点就是资本积累是资本主义发展的规律。但现代发达资本主义经济不是依靠现金在进行投资，而是依靠信贷。而信贷是可以创造的，不必依靠积累。斯特兰奇的结论是：“谁能获得别国对他创造信贷能力的信任，谁就可以控制资本主义经济，事实上也能控制社会主义经济。”① 我认为，斯特兰奇从世界的政治经济结构性权力网中发现结构性权力要素，使我们摆脱了从国家之间联系性权力关系分析世界变化的传统观念，从事物内部而不是外部认识世界。联系性权力是建立在一国具有超越别国的实力优势的基础之上的，是权力绝对化的外在表现。而结构性权力则是一种相对权力。这种相对权力是随着四大结构控制力的变化而变化的。如果有一方在国际关系中也能决定周围的结构，那么原先存在的结构性权力就会发生改变。这就是权力相对的增大或减小。显然，这是一种非常动态性的研究方法。不等人们发现权力的绝对性改变，就从相对权力改变中

---

① ［英］苏珊·斯特兰奇：《国际政治经济学导论》，杨宇光等译，北京：经济科学出版社，1990 年版，第 35 页。

获得信息。而国际政治经济关系的实质正在于增大或减小这种相对权力。无怪乎斯特兰奇给国际政治经济学下了一个这样的定义："这门学科是研究影响到全球生产、交换和分配体系，以及这些体系所反映出来的价值观念组合的社会、政治和经济安排。"①

二、市场在国际政治经济权力变化中具有决定性作用

如果说，斯特兰奇是从构筑宏观的理论框架来说明国家与市场的相互作用关系，那么吉尔平就是从比较微观的和更为直观的角度来展开他的分析。他认为，研究世界市场经济对国家关系的影响，以及国家为自身利益而寻求影响市场力量的方式是其专著的中心内容。正是现代世界"国家"与"市场"的共存及其相互作用产生了政治经济学。全球性经济及技术相互依存关系的发展，同主权国家构成的世界政治体系的持续分化的冲突，是当代国际政治经济学著作的一个重要主题。吉尔平显然是从与纯经济学家和纯政治学家完全不同的角度来确定他所研究的这个领域，并提出了新的见解。在国家与市场这对矛盾关系中，吉尔平显然偏重市场的决定性作用。他认为，国家作为政治的化身，市场作为经济的化身具有各自不同的功能。国家通过确定所有权性质和分配形式，制订各种经济法规来加强对市场的影响力，进而决定市场的命运。市场本身则是决定政治后果的权力根源之一。当代世界经济的一个基点特征就是根据经济依存关系确立权力关系。市场的重要性还表现在它改变了旧的政治经济体系，产生了一种特殊的文明。维护市场的金本位制把国内市场体系扩展到国际领域，国际通行的实力均衡体制也是由金本位制作为基础并加以维持的。甚至国家本身也成为可自动调节的市场的产物，乃至控制市场经济运行的规律成为当代各种组织结构与体系的主要和关键的工作。

吉尔平在分析资本主义与市场之间的辩证关系时颇有独到见解。他

① ［英］苏珊·斯特兰奇：《国际政治经济学导论》，杨宇光等译，北京：经济科学出版社，1990年版，第21页。

指出，资本主义生产方式，尤其是资本家贪婪的进取精神把市场体系搞得生气勃勃。而市场第一次释放出资本主义的巨大力量，为之开通了发展渠道。资本主义生产方式的动力特征就是鼓励市场竞争。没有竞争，资本主义经济就不会发展。如果有了市场，那么社会主义或国有化公司也必须为赢利和竞争而奋斗，没有必要改变这种竞争机制。在这些论述中，我们看到吉尔平指明的是资本主义生产方式与市场经济之间有一种必然联系，即市场竞争机制。这是一个促进经济加速发展的不带有任何政治色彩的经济手段。吉尔平并不认为市场经济等同于资本主义。相反，他认为，随着社会主义或非市场经济国家逐步加入世界市场经济之中，世界市场并不等于资本主义体系，而是远比资本主义体系本身大得多。他还引用了另一位学者约翰·罗尔斯的话："自由市场的运用与私有制生产关系并无本质的联系。"他进一步指出，市场概念要远比资本主义概念广泛得多。尽管市场交换体系与资本主义生产方式有密切的联系，但市场的本质与资本主义的本质是根本不同的。资本主义的本质是私有制生产关系和自由劳动力的存在。市场的本质，简单来说，"是相对价格在分配决策中所起的核心作用"。因此，吉尔平不赞成把资本主义作为一种分析范畴来认识当今世界。他认为，实际上存在着许多种以不同方式运行的资本主义。当今世界主要是由混合经济所组成的，这些混合经济在国际上又被迫相互竞争。

市场是促进社会变革的巨大力量。这是吉尔平的一个重要观点。他十分赞同马克思关于市场具有改变世界的作用的观点。他认为，如果没有社会、自然和其他方面的束缚，市场经济将是极富扩张性和极有发展动力的。市场经济促进经济增长、领土扩张，并将社会全部的因素都纳入其势力范围。市场经济的动力性质表现在三个方面：第一，商品交换与服务劳动中的价格的相对性具有重要作用；第二，竞争机制在个体和有组织的行为中占据主导地位；第三，效率是经济行为主体是否能继续生存下去的决定性因素。吉尔平还具体分析了市场所产生的五个经济后果：

一是市场在促进经济增长方面主要是动态性的。首先，市场促进现有资源的有效分配，使经济在重新分配土地、劳动力与资金的条件下迅速发展；其次，市场竞争强迫生产者创新和提高劳动生产率及技术水平；从而增强了经济的力量与能力。而在现代科学已成为技术的基础的条件下，科学愈发展，市场愈需要不断促进技术的创新，使市场促进经济增长的动态作用越来越具有决定性意义。

二是市场经济具有地理扩张的倾向。市场经济超越政治边界，把越来越多的世界人口纳入其影响范围。市场对廉价劳动力及资源的需求，造成了经济发展的扩散。越来越多的非市场经济区域被纳入市场机制的轨道。追求规模经济效益，交通状况的改善以及需求的增加，都是造成这种扩张倾向的原因。

三是市场经济的发展要求将社会各方面都与市场关系挂钩。通过这种商业化，市场基本上把传统社会各个方面纳入了价格机制的轨道。土地、劳动力以及其他的生产要素均成为用于交换的商品。结果，市场打破了传统结构与社会关系，对社会产生了深远的影响。

四是市场力量还将（国内或国际的）社会改组为一个富有动力的中心和一个依附于中心的外围部分。中心地区的主要特征是其拥有更先进的技术及更高的经济发展水平，而外围地区把中心地区作为商品输出市场和生产技术来源地。从长远看，由于生产技术和发展过程的逐步扩散，新的中心将会在外围地区形成。这种中心转移并刺激新中心形成的趋势，对经济和政治事务有着深远的影响。

五是市场经济也有在国内和国际上重新分配财富和经济活动的倾向。市场趋势初期是将财富聚集在某些群体、阶级或国家和地区。之后，随着技术的转移、比较利益的变化以及其他一些因素，市场开始趋向于在整个体系内扩散财富。这种扩散不均匀地趋于向条件更优越的新的中心聚积。其结果是市场经济在国际国内都产生了一种不平衡发展过程。

吉尔平在分析市场的这些决定性作用的同时，也指出了单纯从经济角度看待市场的片面性。他批评现代经济学理论以大卫·李嘉图的比较利益法则为核心，抽象地假定社会集团和国家之间的根本利益是相一致的观点与现实完全不相符合。他认为，按照比较利益法则进行专业化劳动分工并非能使所有参加者都能获取同样利益。因为，经济学理论抽象掉了民族、民族国家等社会和政治成分。而事实上，市场是被众多不同并且通常又是相互对立的社会集团或国家所分割的。市场对这种分割的政治力量必然产生反作用。国家对市场力量应有所控制。吉尔平具体地指出了市场产生的政治反响力。它们是：(1) 市场可能是社会政治动乱的重要根源。一国无论多么崇尚自由，也不会允许市场力量无节制地充分发展。(2) 市场经济对社会内部及社会之间的财富与权力分配起决定性作用。每个人、社会集团或国家都可以抓住市场机遇使自己富裕起来，尽管机遇和状况不同导致获利多少不均，出现分配的不平等。(3) 依靠市场力量建立起来的经济关系相互依存，具有被人利用和控制的脆弱性。市场力量在集团之间以及国家之间会建立起来一种等级森严的实力关系。每个国家都在努力增强自身的独立性，同时增加别国对自己的依赖性。(4) 从绝对意义上讲，市场经济使参加国际劳动分工的集团与国家都有收获。没有哪个国家会主动选择不参加国际经济体系。但为了付出更少的代价获取更大的利益，每个国家都要寻求自我保护。在收益和成本多少方面的利益斗争十分激烈，这已成为当今国际关系的一个重要特征。

吉尔平在国家与市场的矛盾冲突中提出了一个非常原则性的问题，即国际经济一体化化的发展加速各国经济相互依存并从中获取更多利益，而各国干预本国经济意在控制经济发展过程，阻止一些部门的衰落或保护国内的福利。这两个方面的要求发生的冲突导致世界经济的不稳定。因而需要一种机制存在，即各国对经济的管理要与国际经济行为准则和需要保持协调一致。我认为，吉尔平的这一结论性观点是很有现实意义的。这是战后以来世界经济出现一体化的结构性变革，对当代民族主权国家体系提出了挑战和要求。包括超级大国在内的世界各国都受到这一变化的冲击和影响。能否适应这种变化需要，是当代主权国家能否取得在新的结构权力中的有利地位的关键。

三、评价与思考

在国家与市场相互作用理论那些抽象和具体的分析论证中，我们感到一种强大的震撼和吸引。我认为至少有两点原因：

第一，国家与市场相互作用理论作为西方国际政治经济学的核心思想使这门学科在很大程度上超越了阶级、民族与国家的眼界，站在全球共同利益的高度来认识当今世界政治经济演变的规律。与传统的西方国际政治学以利益限定国家目标，以权力大小决定利益多少的理论相比较，国家与市场相互作用理论更深刻地阐明了当今世界是以经济权力制约政治权力这个历史唯物主义的真理。而经济权力的相对性要求一国在追求本阶级和本民族利益的同时，必须考虑到其他国家与民族的利益和全球共同的利益问题。这个理论观点是具有革命性和反传统意义的，是具有世界意义的。

第二，国家与市场相互作用理论在本质上是揭示当今世界存在着的经济体系与政治体系之间的关系，特别是权力转移关系的学说。动态地分析不同层面上的矛盾是这个学说的生命力所在，而提出引起主权国家和国际组织机构重视的原则性问题显示了它不是一门纯理论的学说，它的应用性和指导现实性必然受到人们的欢迎。例如，后冷战时代世界面临的一个共同性问题是：冷战时代建立的以美国为主导地位的经济体系正面临着结构性权力转移和改革重建的任务。这是全球经济一体化的必然要求。然而，美国在各个领域的言行却表明，其意欲继续维护“领导地位”。一方面要重建美国经济以挽救美国的相对衰落；另一方面又千方百计地拖延和干扰国际经济体系的改革，排斥新兴力量的参与，甚至不惜破坏双边关系。然而，美国所遇到的问题不是其主观愿望或意志所能克服的。政治体系的反作用力是有限的，起决定性作用的还是经济权力的相对增加或减小。美国可能在一时一事得逞，但它不可能改变全球市场经济的大趋势。

我们对西方国际政治经济学的研究才开始起步，还有待继续挖掘与鉴别。我们并不认为它十全十美，可以代替已有的那些学科。

西方国际政治经济学为国际关系领域的研究开辟了一个更新更高的境界。我国的国际关系研究在这个方面存在弱点。因为我国的国际关系研究既存在着“重政治，轻经济”的现象，又存在着彼此脱节，缺乏有机联系与沟通的状况。根本原因在于，我们从事国际关系研究的学者在知识结构方面尚待革新。我们对世界经济、国际贸易与国际金融的知识了解不多，对实际的具体的掌握很缺乏。不论从事经济学还是政治学研究的学者都应向对方专业知识的方面扩展。中国积极复关的需要与国际经济接轨的前景需要我们这样做。

（原载《社会科学研究》，1996 年第 1 期）

综合国力竞争中的精神力量因素与态势

不论将综合国力量化为多少具体的要素，都不能超出它是一国全部物质力量和精神力量有机结合的大范围。因此，以经济和高科技为基础的综合国力竞争同样包含着精神力量的竞争。与物质力量可以量化不同，精神力量往往是以物质表现形态为载体的，难以量化。但这并不妨碍我们将它要素化。本文借助西方国际关系学者的静态分析和战后国际关系的实践结果，对这一问题作一探讨。

一、摩根索对精神力量因素的分析

哲学常识告诉我们，任何精神都是指人的精神。都是来源于社会物质生活的实践。是物质派生的，是第二性的。我们这里所说的不是一般人的精神，而是指一种整体精神，即通常提到的民族精神。在一个主权民族国家范围内就存在着这种精神。为了便于分析，西方国际政治学现实主义学派代表人物汉斯·摩根索把一国的精神力量要素分为质和量两个方面。认为国民特性、国民士气、外交质量和政府质量是质的因素，人口多寡是量的因素。他强调要从质的方面把握精神力量。摩根索重点分析了国民特性与国家力量之间的关系。国民特性又可称为民族特性或民族性格，它是一个民族共有的，经常显示出来的具有其文化和道德品质烙印的属性特征。摩根索列举了俄国人具有的坚实和坚韧性，美国人的个人主动性和创造性，英国人的不拘于教条的常识观念以及德国人的纪律性和彻底性。这些不同的民族性格可以导致国家奉行不同的外交政策，从而改变国家力量的状况。德国人的民族性格使其即使在受到《凡尔赛和约》的严格限制条件下，仍然在不长的时间中重新使德国变成欧洲的军事强国。但德国民族缺乏节制性这一致命弱点，又导致其统治阶级集团不断发动侵略战争直至失败。摩根索充分肯定了外交政策对调动本国人民的知识信念和道德价值观，从而提高国民士气，增强国家战胜对手的力量的积极作用。

摩根索把民族共同体形成过程中的亲近感，对共同文化和传统的参与，对共同命运的认识视为民族感情和爱国主义精神中的实质性东西。而勇气、忠诚、纪律、勤劳、忍耐力、智慧和领导能力则是民族品质的表现。他主张保持民族性格特征，尤其是发展民族的创造能力是民族最大任务。但是，摩根索在剖析民族主义的实质时认为，过高估计本民族的性格特征是一切民族主义共有的特点。对本民族性格的盲目崇拜，形成种族优越观念，贬低别的民族性格，其结果是神化本民族性格，被统治阶级用作政治经济扩张的工具。

摩根索对精神力量要素及其相关性的分析事实上已经阐明了精神力量的某些规律。其一，精神力量与物质力量是一种相互转化关系，绝不可低估精神力量诸要素对物质力量的能动作用。它们之间不是算数相加关系，而是乘积关系。精神力量的正的影响可以迅速改变落后的物质状况，其负的影响则会导致物质力量加速衰落或毁灭。其二，民族性格是一种客观存在。但有一个客观评价问题，即一个民族性格导向问题。保持和发扬民族性格中有益的品质，应坚决摒弃民族优越感和盲目崇拜。其三，民族精神产生于民族共同体的创立和发展中。这种心理力量在本质上是内在的。民族品质是民族凝聚力的外在表现。没有这种内向力就无所谓外在的吸引力。因此，任何国家都应珍视和维护这种内在的心理力量。

二、冷战时期精神力量冲突走向极端化

令人遗憾的是，冷战时代美苏两个超级大国都违背了以上规律，将精神力量引向了极端化，脱离了物质第一性，从而使整个两极格局时期

的国际关系打上了深深的意识形态冲突的烙印。

第二次世界大战结束后不久，美国就以国家安全利益受到威胁为由，对苏联以及其他社会主义国家实行了冷战政策。美国外交政策的真实目的是要将欧洲纳入自己的势力范围，把苏联从东欧地区推出去。同时，美国还抱有领导世界的野心。因此，美国外交的两大任务就是以遏制共产主义扩张为理由在欧洲和其他地区建立反共包围圈，以及打着维护“民主”“自由”和“人权”的旗子，运用各种手段在世界上推行美国的价值观和生活方式，在精神上“领导”世界。由美国挑起的这场冷战，实质上是美国对本民族性格特征的盲目崇拜所产生的民族优越感和使命感在作怪。美国在战后所拥有的巨大的物质财富为这种精神力量的作祟提供了有利的条件。

摩根索曾经批评和揭露过美国外交“陶醉于道德的抽象概念之中”，“自以为超然于权力政治之外”，具有浓厚的意识形态色彩。摩根索提出以国家利益作为外交政策的依据，以权力（实力）限定国家利益的范围的现实主义原则，就是意在削弱美国外交的意识形态色彩。但是，摩根索对精神力量的分析的不彻底性导致了他的现实主义原则不具有彻底的说服力，从而使他对美国外交政策的揭露和批评太简单化。摩根索在分析民族性格时，有意略去了影响民族性格形成的因素及其变化，只注意性格特征对国家力量的作用，没有深入到民族性格形成的内部因素中去探究原因。这就使对本民族精神的盲目崇拜缺乏深入的剖析，没有指明这种崇拜的结果是毁灭而不是发扬民族精神。摩根索把意识形态冲突视为各国统治阶级为谋求更大国际政治权力所采取的一种手段，以便在意识形态的伪装下获得一种心理上的需要或使权力斗争合理化、合法化。他没有看到尽管意识形态作为一种政治工具必然要为统治阶级利益服务，但精神力量作为第二性的东西还是有自身的独立性的。它往往要落后于已经变化了的物质条件，保持原有的形式和状态，不能随物质的改变而改变。这种独立性还表现在强大起来的资本主义国家从来就是自觉或不自觉地把本国的价值观和生活方式强加给别的国家。

人们通常所说的美国精神是以信仰自由、平等、个人主义、民主和法治这些政治信条为核心价值观组成的。它是对欧洲文化传统的继承和美国所处的得天独厚的地理环境、自然条件交互作用的产物。离开了具体的历史环境条件，很难想象美国会如此成功地发扬光大乃至创新欧洲的政治文化传统。令人不解的是，既然美国在形成本民族精神的过程中，也是渴望自主地、与所处环境条件相结合地选择自己的政治制度和生活方式，但为什么在美国强大起来后却违背了自己走过的道路和原则呢？还有，美国崇拜自己的政治信条，并不等于说与这些政治信条不一致的思想意识就是贬低美国精神，就是对美国精神提出的挑战。本国的政治信条是为本国的民族团结和统一服务的，是为民族经济的强大服务的。美国的精神力量恰恰反其道而行之，其结果可想而知。社会主义国家也有自己的政治信念，这就是社会主义的思想与模式。这种信念即使具有一定的共性，也不能超越民族性特征。苏联所犯的错误就在于夸大了这种政治信念的共性，贬低了应有的民族性或个性。苏联借助国家安全利益需要，推行苏联的社会主义模式，遭到了别国的抵制。而当美苏两个统治大国都要在同一个战略要地推行自己的政治社会价值体系时，必然发生意识形态冲突。其结果，两个国家用核武器和常规武器的军备竞赛代替了本应由那些国家自主选择价值体系和生活方式的历史进程。在这一争斗中，两个国家自身的精神力量由强大走向衰退。在 1989 年国际形势剧变中，首先崩溃的是苏联-东欧社会主义思想模式的价值体系，其次才是国家的政治经济制度。苏联在推行自己只有七十多年历史、仍然是不成熟的社会主义模式过程中，停滞了对自身模式的改革、创新和发展，从内部弄垮了自己。美国则陷入无节制的个人享乐主义泥潭之中不能自拔。因此美国的一些有识之士高呼美国必须在哲学上反省，在文化上作自我批判，否则根本不能领导世界。

冷战时代的美苏外交显然都犯了共同性错误：把本国的精神力量推向了极端化，采取了进攻性和侵略性的扩张精神文化的外交政策。摩根索把外交称之为国家权力的头脑，把外交质量视为综合国力中最重要的因素。按照这一判断，美国和苏联则是相悖的。

三、当前的精神力量态势

两极格局解体后，世界出现了加速向多极化格局发展的趋势。与世界政治经济格局的多极化相适应的是，民族精神文化的多元化发展出现了新的态势。参与综合国力竞争的国家对本国的精神力量发展更加重视并加紧调整。以美国为首的西方国家又将国家利益和国际权力的争夺重心从过去强调维护军事政治安全利益，转向维护和大力扩展经济、高科技及安全利益；从过去强调反苏反共的“联盟”集团利益，转移到现在的强调维护本国本民族的国别利益。这“两个转移”都在客观上要求国家注重精神力量的内在力量性质，使其为本国的经济和科技发展服务，这势必强化精神力量的外向作用。在精神力量作用的内容上，从过去强调本民族的政治信仰的道德价值观转向强调协调个人与社会群体关系的社会文化道德价值观。

美国作为世界唯一超级大国，正面临着精神信仰和力量的危机。美国政论家和学者认为，美国在取得冷战胜利的同时，输掉了另外两场战争。一场是与日本和西欧的经济战；另一场是美国输给自己的，由冷战带来的一系列破坏民族与社会凝聚力的精神信仰危机。美国不仅面临着来自西欧、日本的经济挑战，还有来自不同资本主义模式的挑战。精神与文化在不同的模式中发挥着重要的作用。任何一种社会模式都是本国政治、文化和经济力量混合而成的产物。如果美国不能战胜这些挑战，将在资本主义世界失去领导地位。

亚洲意识的觉醒则是民族精神力量多元化、多中心的突出表现。亚洲经济特别是东亚经济的超高速增长使世界各国特别青睐东方文化和儒家文化在东亚经济腾飞中的特殊作用。而日本、韩国、新加坡等亚洲国家更是把自己的成功归属于“亚洲价值”在国家政策中得以反映的结果。它包括亚洲国家重视家庭，提倡勤奋节俭，注重教育和高积蓄率；社会利益优先于个人利益；尊重权威和社会传统道德等。这些国家的领导人认为，强调集体主义、重视家庭伦理和尊重传统与权威的亚洲价值观虽然有悖于欧美的民主自由信条以及个人主义乃至享乐主义的价值观，但却被证明是亚洲经济发展和社会稳定必不可少的价值体系。欧美的价值观所带来的负面影响，如家庭解体、社会冲突增多、经济效率下降显然不能让亚洲去重蹈覆辙。因此，亚洲国家领导人普遍在人权问题上持不同于欧美的独立立场和态度，坚持维护和发展符合亚洲国情的价值体系，走亚洲自己的现代化道路。西方有人预言，在世界经济竞争中，亚洲的集体主义文化将战胜欧美的个人主义文化。目前看来，精神力量的竞争已拉开了序幕，冲突不可避免。美国哈佛大学政治学教授亨廷顿在他的“文明冲突论”中认为：在新的世界形势下，国际冲突的根源既不是意识形态方面的，也不是经济方面的，而是文化方面的。全球政治冲突将在不同文明的国家和集团之间展开。但是，我们不能就此断言不存在意识形态方面的冲突，其原因在于，某些大国还没有完全消除冷战情绪。用冷战思维模式寻找苏联之后的意识形态对手的还大有人在。国际关系非意识形态化还是不现实的。西方国家特别是美国可能瞧不起亚洲人，但却不敢瞧不起东方文化与文明。中国以及一些体制转轨的国家由于正处在重建社会主义政治信念和价值体系、探索新的发展模式的过程中，就成为那些具有冷战情绪又不思反省的西方势力不断攻击的对象。显然，这是毫无道理的。

（原载《探索》，1996 年第 5 期）

论当代国际社会与国家的关系

人们通常用国际关系或国际政治经济来概括当今世界的状况，但往往会造成概念上的混乱。国际关系被等同于国家间关系或大国关系，国际政治经济被视为世界经济与国际政治相加。而“国际社会”这个当今世界使用频率最高的概念却仅作为一个描述性词汇而存在，即使把它作为一个研究范畴提出来，也往往停留在国际社会的一些表象上，如它的无政府状态、无权威性和缺乏强制性等。近年来，我国学者已把国际社会作为与主权国家相提并论的范畴来研究，阐述国际社会演进历史及其发展动力与特征。冷战后时代的世界形势以突出经济科技的发展为特征，以生产全球化、世界贸易自由化和区域经济一体化为主导，人们对全球化的市场经济和相互依存的全球社会经济共同体的认识一天比一天深刻，迫切要求有一个认识世界的新角度，换言之，要求对国际社会的内在联系与复杂关系进行新的揭示。

一、国际社会的本质、特征以及国家的权力

国际社会是与国家及其社会既有区别又有密切联系的范畴。静态地看，国家既是构成国际社会的基本单位，又是一个相对独立的社会共同体，但国家不能与国际社会画等号，国际社会是比国家更抽象的范畴。一般意义上的社会是指人们在物质资料生产和交换基础上形成的共同体。它在本质上是一定时期的生产力发展水平所决定的生产关系为基础的社会关系的总和。国际社会与一般意义上的社会在产生的方式上完全

不同，因而不能完全照搬社会的概念，国际社会应该是涵盖国家及其社会在内的一个有机整体。动态地看，国际社会也是一个历史范畴。有的学者把它定义为：人类社会发展到一定阶段——资本主义，人类社会关系的一种表现形态。① 国际社会的发展仍然取决于国家以及社会的发展，它与各国的社会生产方式尤其是生产力也有密切的关联，因此，国际社会与国家、社会之间有一种内在的联系，这种联系使国际社会在本质上成为国家及其非国家行为体之间在政治、经济、文化等社会生活领域联系交往的产物。联系交往是国际社会产生和发展的必要条件。马克思在至巴·瓦·安年柯夫的信中指出："社会——不管其形式如何——是什么呢？是人们交互活动的产物。"② 联系交往的方式取决于一定时期世界生产力水平，并决定一定发展阶段上的国际社会的本质。是否可以认为，由一定时期世界的生产水平所决定的联系交往方式及其国际关系，制约着一定阶段的国际社会的本质呢？

近代以前的国际社会建立在封建主义生产方式基础之上。在欧洲是依靠贵族王公的政治联姻以及共同的宗教信仰来维持国际社会的联系的。由于经济上独立的领主庄园制削弱了王权，再加上世俗的君主受宗教领袖的掣肘，欧洲国际社会关系极其复杂多变。在亚洲则是以朝贡制方式把中央集权制大国与小国联系起来形成松散的国际社会关系。近代以前的国际社会与资本主义生产方式确立之后的国际社会有着本质的区别。资本主义生产力代表着人类社会先进的生产力，其先进性表现在冲破国界向世界扩张。资本主义的发展开拓了世界市场，过去那种地方和民族的自给自足的闭关自守状态已经被各民族的相互往来所代替，一切国家的生产和消费都已成为世界性的了。一方面，世界市场、国际分工的形成，使近代以后的国际社会具有相互联系、相互依赖的统一性。另一方面，资本主义国家对外的侵略扩张唤起民族意识的觉醒和民族解放运动的开展。20 世纪的上半叶，世界性战争和民族解放运动相互交织构成复杂的国际关系，

---

① 宋新宁、陈岳：《国际政治学概论》，北京：中国人民大学出版社，2000 年版，第 55 页。

② 《马克思恩格斯选集》第 4 卷，北京：人民出版社，1995 年版，第 532 页。

矛盾的解决和发展又不断地推动着国际社会向更深层次的统一性发展。战后建立的一整套国际政治经济机制，如联合国、国际货币基金组织、世界银行体系、关贸总协定、世界贸易组织等，都是适应战后世界生产力的进一步发展应运而生的，国际关系的制度化是国际社会联系方式改变的必然要求。过去很长一段时间里，由于受制于两极格局和冷战的影响，人们仅从大国政治和强权政治的角度看问题，把世界经济与世界政治相互割裂，而看不到人类社会发展的主导趋势。改革开放以来，我们变得清醒起来，对客观事物的认识更加符合其自身规律。

20 世纪 80 年代中期以来，在信息技术等高科技的推动下，以生产和投资的国际化和全球化带动商品、服务贸易的超高速增长，使国际社会日益联系紧密，具有整体性与统一性。世界市场、国际分工、国际商品劳务贸易、国际贸易金融货币机制这些由资本主义生产方式推动发展起来的联系交往方式，是当代国际社会自身存在的重要形式。冷战结束后，国际关系的重心从政治军事竞争转向重视经济和科技发展，国家之间寻求共同安全和降低军事力量的作用的途径，反映了当代国际社会的本质——在经济、政治、文化等社会生活领域日益增强的统一性。

国际社会经历了由区域性国际社会发展到全球性国际社会，由分散走向统一，由松散到紧密的过程。因此，国际社会因联系交往而形成，也因联系交往而发展。其联系是复杂多样的，从不同的侧面、不同的层次和不同的性质等方面表现国际社会的特征。国家作为阶级矛盾不可调和的产物，以凌驾于社会之上的身份出现。国家形成后的社会称为国家社会，它受到国家的控制和约束。但社会在先，国家在后，国家要以社会的发展为己任。而国际社会与国家之间则是国家在先，国际社会在后，国际社会是国家之间交往联系的产物，并非超国家的力量因素。国际社会虽然缺乏国家那样的强制力，但却拥有一个国家所没有的整合力。这种整合力可以表现为国际社会的共识、共同要求与愿望，以及共同的行为准则乃至超国家的组织机构等。就单个国家来讲，可以对社会施加强制力，但却无法对国际社会施加强制力。20 世纪 90 年代以来，国际社会在生产、贸易、投资、金融、科技等方面的整合力大大超过了以往任何时候，以至于任何国家都在努力吸纳这种整合力，而不是排斥它。当然，在军事安全、政治意识、文化价值等方面的整合力还差得远。但毫无疑问，经济的整合力而非战争，已成为新的世纪国际社会的重要特征。

在开放的国际条件下，一国首先要适应国际社会的共同要求，遵循国际社会的共同准则。正如孙中山先生说过的至理名言："世界潮流浩浩荡荡，顺之者昌，逆之者亡。"在对国际社会的共同要求的判断和把握上，一国的政府和人民应该充分重视自己的国际环境，并把正确判断国际环境作为制定战略与策略的依据。在这方面的典范有毛泽东在新民主主义革命时期对中国革命的性质和任务的确定。他不仅依靠对中国半殖民地半封建社会特殊的阶级关系的分析，而且根据中国的民主革命发生在俄国十月革命之后这一国际背景，指出俄国十月革命造成了一个新的世界格局，半殖民地的民主革命已经变成世界无产阶级革命的一个组成部分，中国的民主革命是无产阶级领导的，它不可能造成一个资本主义的前途。邓小平在 20 世纪 80 年代中期提出，和平与发展是两大全球性战略问题，发展是全球战略问题的核心。这也是根据国际社会的大多数国家都面临国际经济旧秩序的阻碍而不能很好发展这一事实提出来的。凡是从国际社会的整体的角度进行分析，就能把本国摆在国际社会的适当位置上，从而提出正确的战略和策略。

国家是国际社会舞台上的主角。当代国际社会在日益紧密联系交往中还产生了日益增多的非国家行为体，它们成为国际社会舞台上的新角色，拥有相应的权力和责任。国家在参与国际社会的活动中拥有独一无二的权力并负有双重责任：科学地配置和调动本国资源，并充分地利用世界资源，维护国家利益；遵守国际社会在不同发展阶段上的规律和规则。国家的双重责任表现为，本国是否得到较快的发展和是否为国际社会做出应有的贡献。国家的双重责任实际上是把国家利益与国际社会共同利益有机地结合在一起，最终实现人类社会的共同发展与进步。

二、当代国际社会体系与国家的主客体地位

国家不仅是构成国际社会的基本单位，而且国家间相互联系交往在时空上构成了国际社会这个整体，这个整体是由不同层次构成的有机体

系。当代国际社会体系至少可以分为三个层次：国家及其政府从事外交与国际事务构成的国际政治关系，是这个体系的核心；国家及其非国家行为体从事跨国的商务、投资交易活动构成的世界经济，是这个体系的基础；国家及其机构从事社会文化、教育等交流活动，是这个体系的重要背景或另一个基础。按照国际关系的一般理论，国家在国际政治、世界经济与国际文化关系中都居于主体地位。但正如前面所言，国际社会在形成之后，就必然体现出它在经济、政治和文化等领域的整体性。这种整体性不是单纯依赖于国家关系存在的，而是一种超脱于国家关系之上的产物，即使单个国家不主动加入这个体系，这个体系仍然存在。国家既是这个体系中的主体，又是这个体系的客体。作为主体，表现在国家对国际社会体系的认同，参与国际社会各个领域的活动，以及借助这种参与扩大自己的影响力，或改变在体系中原有的地位。作为客体，表现在国家在体系中各个领域的地位和发挥的作用不能完全由它自己决定，而是由该领域的结构制约。分清国家的主客体地位，特别是认识国家的客体身份是有现实意义的。以中国为例，中国在国际社会中首先是一个主权独立的国家，其次是一个发展中国家，再次是一个社会主义国家。中国的主权国家地位是作为国际社会体系的主体地位的标志。中国在国际政治中的地位则取决于国际政治力量结构的状况，在冷战时代，中国受制于美苏两极格局的结构，被视为地区性政治大国。中国作为发展中国家，是由世界经济发展结构所决定的，因而受制于发达国家占主导地位的世界经济格局。中国作为社会主义国家，是由国际社会的文化和意识形态结构中的独特性所决定的，同样要受到结构的制约。

国家只有认清自己的主客体地位，才能通过发挥主体的能动性改变在客体中的不利地位，克服消极因素。而且国家应该努力探索国际社会各个领域的规律，并努力按照认定的规则办事，这是发挥主体能动性的必要条件。迄今为止，中外研究国际问题的学者对国际社会体系作了大量的研究。例如，匈牙利出生的美国社会学家伊曼纽尔·沃勒斯坦在20世纪70年代以后创立的“世界体系论”，就把整个世界看作一个统一的整体。他不仅分析总体的发展规律，还从总体发展过程中窥视作为部分的国家和社会的发展现象。他认为，世界体系的结构由中心国家、边陲国家和半边陲国家三个部分组成，在世界体系崩溃之前，中心国家—半边陲国家—边陲国家这一结构是不会改变的，但一个国家或社会在世界体系中的地位是可以改变的，只不过这种改变不由该国自己努力所决定。他还指出，世界体系首先是，事实上也主要是一种世界经济体系。社会主义国家不论其国内经济政治体制如何，从其市场中的表现来看，必然要遵守资本主义世界经济的运作规则，而不可能摆脱这一世界体系而成为另一个体系，但社会主义国家可以作为反世界体系的力量加速世界体系的灭亡。此外，美国和日本的国际政治学者还从政治学的角度研究国际政治系统，称为国际体系论。国际体系论已超脱于起源于欧洲的国家中心论，认为国际社会像一个生态系统或者像一只钟表，各部分（国家）彼此之间以及各部分与总体之间密切相关，不研究整个系统的机能则无法理解各部分的行为。国际体系论强调体系中的力量分布的不均衡性，以 GNP 和军事力量为代表把国家分为不同的等级，并认为拥有绝对优势力量的统治大国在体系中具有重要的稳定作用。国际体系论还强调，技术与经济的相互依赖正在改变战争作为国际关系特征的事实。

我认为，以上两种体系由于研究的角度不同，都不能完整地揭示国际社会与国家之间的关系。沃勒斯坦的观点过分强调世界体系的结构对国家的制约，国家的主观能动性不能体现。而国际体系论则过分强调作为体系中部分之间的关系，忽视了作为整体的体系力量对部分的制约。而且，这两种体系论均未揭示出国际社会体系中各个层次之间的关系，即国际政治的内在规律性与世界经济的规律性之间的相互作用问题。特别是国际体系论对国际政治活动规律性的认识几乎没有与国内社会问题相联系，这无疑造成一种国家至上或国家决定论，掩盖了国家与社会之间的冲突和矛盾。对于国际社会体系应该如何认识？按照先有社会，后有国家，再有国际社会的历史发展逻辑，国际社会既要反映社会、国家的某些规律性，又要有自己独立存在的特殊性。

三、当代国际政治领域的主要问题

在当代国际社会体系的三大领域中，国际政治领域集中反映了国家和社会的政治愿望和要求。从战后四十多年的国际政治实践中我们发现，国际政治活动的规则在很大程度上是处理国家地位、国家社会制度、民族问题以及阶级利益与国家民族利益的关系等重大问题。当代国际政治领域不同于近现代国际政治的一个基本特征是，国际社会绝大多数民族国家获得了政治独立，拥有了主权。无论这些国家在经济上是否发达，但政治上的独立与平等是这些国家的普遍要求，因此国际政治活动的规则首先要反映这些愿望和要求。联合国宪章确立的主权平等原则、和平解决国际争端原则、互不干涉内政原则、平等互利原则，都体现了这种规则。国际社会形成的共识对于国家只具有相对约束力。所以在绝大多数情况下，国家遵守规则需要有一定的强制力。但少数大国以往把这种强制力变成了强权，不按照主权平等原则处理国家间的关系，而是把大国的意志强加于其他国家。超级大国则完全把国际准则视为可以践踏的东西，把按本国实力界定的利益放在国家社会的整体利益之上。因此，反对霸权主义和强权政治仍然是国际政治的首要问题。

当代国际政治的一个重大问题是，民族解放和民族统一的历史进程还没有完成。衡量民族解放的标志不是看是否组成一个独立的国家，而是看是否存在着民族压迫。这种民族压迫不是帝国主义殖民统治式的民族压迫，而是通过不平等的国际政治秩序和国际经济秩序来实施的。由于战争和大国强权政治的存在，弱小民族往往不能掌握自己的命运，他们的国家社会的发展受到民族压迫，雅尔塔体系对东欧弱小国家的民族压迫以及对亚洲国家的控制就是典型。恩格斯曾经说过，奴役其他民族的民族是在为自身锻造镣铐。苏联的解体以及美国控制下的西欧和日本的崛起都是证明。国际社会应该坚决支持反对民族压迫和民族不平等的民族解放运动。民族问题要放在与主权原则同等重要的地位来对待，这是因为影响主权的独立与完整的民族分割或分裂现象仍然存在。统一的民族国家是获得民族平等地位的一种形式，但并非唯一形式。事实证明，民族分裂或分割往往是大国或超级大国强权政治的产物，它的存在只会继续给强权政治创造可资利用的条件。

当代国际政治还有一个突出的矛盾，这就是在主权原则庇护下的国家问题也是国际政治必须关注和处理的问题。通常国家间的关系可以用不干涉内政原则来处理，但是国内社会问题恰恰又是引起国家间矛盾和冲突的环节。在信息技术高度发达的当代国际社会，国内社会问题可以引起整个国际社会舆论的反应，更何况超级大国的强权政治无处不在，如果按照他们的意图处理别国的国内社会问题，世界上的冲突和纠纷将会有增无减。因此，需要把处理国家关系与处理国家社会问题相结合，确立一些原则或规则。

第一，要尊重各国社会制度和文化价值的独立与平等，这是主权原则的延伸。按照超级大国的逻辑，社会制度和价值观念是可以随心所欲强加给别国的。这不仅是对主权原则的侵犯，也是违背历史唯物主义原理的。

第二，在日益开放的国际条件下，国家社会问题的透明度不断提高，一国在制定国内社会经济政策时，必须考虑到国际社会的共同准则与要求，并把国际社会的共识和要求作为促进自身改革的外在动力。例如，国际社会对人权问题的关注和对社会政治民主进程的关注，对国家始终是一种较大的压力，处理得好既能促进国内改革，又能树立良好的国际形象。

第三，承认阶级斗争在国内社会发展进程中的作用，但不能在国际事务中把阶级斗争扩大化。阶级和阶级斗争不能直接进入国际体系之中，一旦进入就会把国际斗争引入歧途。按照历史唯物主义观点，阶级或阶层是社会结构的基本单位，旧的生产关系和它们在上层的代表不会自动退出历史舞台，因此阶级和阶级斗争是推动阶级社会前进的动力。但是，任何阶级和阶级斗争都是以国家社会为单位的，阶级利益的体现也是以民族国家为界限的。阶级和阶级斗争是社会的内生系统，国家是维持这个系统的外壳。只要国家存在一天，就要维护社会系统的良性循环。强权政治往往借口阶级利益的超国家属性，把国际利益冲突扩大为阶级冲突，以此来抹杀阶级利益与民族利益的属性，其最根本的目的是用本国统治阶级利益来取代别国的国家与民族利益。特别是美国把共产主义视为对西方民主、自由的威胁。杜鲁门主义宣布对苏联实行冷战政策；乔治·凯南把苏联共产主义视为不分时间和地点的扩张主义，提出遏制战略。正是美国外交具有这种强烈的意识形态色彩，似乎一切都要服从于反共原则，而不考虑本国权力的局限性和他国权力对本国的制约。美国在整个冷战时代把军备竞赛和反苏反共作为国家战略的主要目标，耗费了大量的人力、物力与财力。冷战结束以后，美国打着所谓国际主义的旗帜，到处推行美国的社会价值观和社会模式，同样是在实行阶级斗争扩大化，它受到拥有主权并坚决捍卫主权独立与平等的国家的坚决抵制。

承认阶级和阶级斗争的地位和作用，运用这一方法来分析国家社会内部的矛盾运动时，应该充分肯定，特别是在国际经济活动日益频繁、国际政治斗争以此为掩护手段的当今世界，绝不能放松或否定对阶级斗争的警惕性。国际政治斗争之所以错综繁杂，就在于它不仅是国家间利益的冲突和斗争，而且还反映了阶级及阶级意识形态的斗争。苏联领导人戈尔巴乔夫曾经在他提倡的国际关系新思维中，宣扬国际关系领域非意识形态化观点，这说明苏联领导人已从美苏争霸的事实中认识到阶级斗争扩大化的教训。但非意识形态化观点显然是一厢情愿，是脱离当代国际政治现实的。只要存在国家与阶级社会，国际社会的政治斗争就必然要反映阶级与阶级意识形态斗争。两个超级大国在争夺世界霸权的过程中给世人留下的教训是十分深刻的：在别国去寻找代理人的做法虽可能暂时得逞，但却会破坏国家关系的正常发展，违背了国际法准则，最终会削弱本国的国际影响力。以所谓阶级意识形态的共同性来达到控制别国的目的，虽然可能组成暂时的联盟，但却不能解决被控制国的生存与发展问题，而且在涉及国家生存与发展时，共同的意识形态往往发生分歧，或被搁置一边。以所谓阶级意识形态的敌对或冲突为由，在国与国关系中拉帮结派，甚至造成军事冲突和对抗，虽然能使某些统治集团获得高额利润，但却加剧了世界的动荡，使世界和平受到威胁，最终使本国失去国际道义力量。

（原载《中共四川省委党校学报》，2000 年第 3 期）

论国家主权与主权平等原则

一、主权及主权平等原则的形成和发展

在国家构成的四要素中，主权具有最重要的意义。现代国际法认为，主权是国家具有的独立自主地处理自己的对内对外事务的最高权力。主权作为一个国家固有的属性包含两个方面，即对内主权与对外主权。对内主权是指对整个民族国家范围内一切事物的最高政治统治权和管辖权，具有最高的权威性和排他性，不受任何时候外来势力的干涉和限制。对外主权主要指一个国家有独立自主地决定自己的外交方针政策、处理国际事务并享有国际权利与承担国际义务的权力。对外主权表现为独立权、平等权和自卫权。其中的独立性来源于对内的最高统治权力。国家主权是国家行为体区别于其他非国家行为体的根本依据。

国家主权是一个历史范畴。它是与近代欧洲民族国家的产生和国家间频繁的战争紧密相连的。在欧洲，它发源于16世纪的领土国家和君主主权。17世纪初，在君主专制统治下的英格兰、法兰西等国家已基本形成单一民族国家，并迅速成为欧洲的强国。18世纪中后期，欧洲资产阶级以民族主义者的面貌登上了政治舞台，并以平民主权、人民主权来反对君主主权。随着封建帝国的逐步瓦解和同一民族之间的联系加强，现代意义上的欧洲民族国家和国家主权终于诞生了。正如斯大林所说："世界上有不同的民族，有一些民族是在资本主义上升时代发展起来的，当时资产阶级打破封建主义割据局面而把民族集合为一体并使它凝固起来了。这就是所谓现代民族。……这种民族应该评定为资产阶级民族，例如法兰西、英吉利、北美利坚以及其他类似的民族。"① 主权平等原则是国际法与国际关

---

① 《斯大林全集》第11卷，北京：人民出版社，1953年版，第288页。

系中最古老的基本原则。主权平等原则最早产生于在欧洲国际关系中承认君主主权的平等权力。16 世纪至 17 世纪末，欧洲强大的宗教势力与各封建君主争夺世俗权力的战争此起彼伏。1618—1648 年，欧洲的“三十年战争”以德意志皇帝和哈布斯堡王朝为代表的宗教保守势力的战败而告终。1648 年在德国的威斯特伐利亚签订和约。该和约承认瑞士、荷兰、葡萄牙的独立，并保证神圣罗马帝国德意志诸邦的领土主权。第一次确认了所有参加国不论是新教旧教，不论是君主制还是共和制，都以独立和法律上的平等权利集合于一个国际社会之中。这就打破了帝国的等级服从体制和罗马教皇神权政治体制下的世界主权论，从而在欧洲国际关系中确立了主权国家地位和主权平等原则。这一原则成为近代国际法的基础，对近代和现代国际关系产生了重大而深远的影响。

第二次世界大战结束以后，1945 年 6 月，由 50 个国家签署的《联合国宪章》明确规定了各会员国应共同遵循的原则：一是各会员国主权平等的原则；二是和平解决国际争端的原则；三是不以威胁或武力侵犯他国领土完整或政治独立的原则；四是不干涉他国内政的原则；五是对联合国符合宪章的行动予以协助的原则。之后，联合国大会又通过了一系列维护民族国家主权利益的宣言、决议和公约，并把国家主权原则扩展到经济方面，即不仅承认独立权、平等权和自卫权，还包括承认每个国家对其财富、自然资源和经济活动享有充分的永久主权。1962 年的《关于自然资源永久主权宣言》、1966 年的《经济、社会、文化权利国际盟约》、1974 年的《建立新国际经济秩序宣言》和《行动纲领》以及《各国经济权利和义务宪章》、1982 年的《海洋法公约》等，都对此做了详细的规定。国家经济主权的核心内容就是每个国家对其全部财富、自然资源和经济活动享有充分的永久主权，包括拥有权、使用权和处置权在内，并得自由行使此项主权。

二、国家领土主权和民族自决权原则不可动摇

在民族国家体系仍然是国际政治活动基础的当代世界，有必要对主权及其原则进一步展开认识。主权的核心是国家拥有独立自主地处

理对内和对外事务的最高权力。主权本身包含有三方面的内容：一是民族主权，即各民族人民，特别是被压迫民族拥有建立自主的民族国家的权利；二是国家主权，即每一个国家在对内对外政策上拥有自主性和不受外来统治的独立性；三是人民主权，即每一个国家的人民有权根据自己的选择，确立本国的社会经济和政治制度，外国不得加以干涉。主权确立与领土完整是相辅相成的，领土与主权一样，也是构成国家的基本要素之一，是国家赖以生存的物质条件。国家主权对内所表现的最高管辖权的主要内容之一，就是对其领土的管辖。国家主权对外所表现出的独立权的重要内容，包括领土完整的神圣不可侵犯和保护领土完整的自卫权。任何对国家领土的侵犯，包括侵入、占领、分割或肢解，都是对国家主权的侵犯。国家领土的完整性，不仅表现为领土的地理范围不受侵犯，而且表现为国家对其领土内的一切人和事物的管辖权不受侵犯。因此，主权与领土在国际法的意义上是合二为一、不可分割的。

主权原则与民族自决权紧密联系。列宁不仅从理论上说明了民族自决的含义和内容，而且具体实践了民族自决的原则。他指出：所谓民族自决，就是民族脱离民族集体的国家分离，就是成立独立的民族国家。应当承认各民族都有成立民族国家的平等权利。由列宁和斯大林在 1917 年 11 月 2 日共同签署的《俄罗斯各族人民权利宣言》明确指出了苏维埃俄国在民族问题上的基本原则，即俄罗斯各族人民的平等和自主权，俄罗斯各族人民的自由自决乃至分立并组织独立国家的权利。在第二次世界大战以前，主权原则已被国际社会普遍接受，但是却一直未能同被压迫民族的独立和民族自决结合起来。战后，民族解放运动的蓬勃高涨和帝国主义殖民体系的土崩瓦解，使主权与民族自决得以结合，民族自决原则得到普遍承认和应用。《联合国宪章》把“尊重人民平等权利及自决原则”视为发展国际友好关系，增进普遍和平的基础。1952 年，联合国大会通过了《关于人民与民族自决权》的决议。1960 年，联合国大会通过的《给予殖民地国家和人民独立宣言》和 1970 年的《国际法原则之宣言》，都明确了民族平等和民族自决的原则。冷战结束以来联合国的成员国增加到 185 个，其中有 20 多个是新独立的国家。

三、国家主权和主权原则受到的挑战

从国家主权的历史发展及内在逻辑来看，一方面，国家主权在人类的历史长河中不是永恒的，而是相对的，但在有阶级和民族的人类历史阶段却是绝对的，被视为神圣不可侵犯的；另一方面，主权平等原则对一个国家的主权具有内外两种约束性，它作为国际法的基本准则，不仅要求各国相互尊重主权，并对这种尊重施以保障，而且要求国家自我约束。因此，绝对的国家主权在国际法中具有相对性，相对性还应被理解为：它本身作为一种法理概念、一种法律地位与国家在国际关系实践中承担的义务与权利之间的关系是复杂的。

当前国家主权及其原则所受到的冲击，缘于主权国家所处的世界体系的变化，而且这种变化之大，远非民族国家主权诞生年代的世界状况可比。在全球化浪潮的冲击下，国内政治经济国际化的现象日益突出，传统的国家主权理论和国家主权观正受到强烈的冲击。在国际关系实践中，主权不可分割的原则已经受到越来越大的现实挑战。主权被分割的现象在当今国际关系中也是常见的。这种现象大致分为三种情况：一是主权被霸权主义的外部力量强行干涉和分割；二是传统的国内事务日益受到国际社会的关注和制约；三是主权国家对自身主权的让渡和分享，这是主权国家自身的决策行为，是主权国家自主行使主权的表现。

一般说来，在主权国家进行国际合作、参加国际组织等情况下，会因国际协议担负种种权利、义务，但只要不影响国家的最高权力性质，并不损害其主权地位。我们说的挑战有两种情况：第一种是国家为生存与发展的利益需要而对主权的传统管辖范围进行调整，在客观上出现了弱化主权的趋势。

首先，一国参与国际经济越多，联系越深越广，要求放松放宽国家主权，乃至让渡一部分主权的可能性越大。如参加新成立的世界贸易组织既可以享有各种权利又要承担各种义务，包括一国的经济决策、经济体制和管理体制的走向与改革都要受到该组织的“干涉”。一国政府对国内金融货币市场实行开放或自由化，势必削弱国家控制金融货币运转的权力。然而，一国加入世界贸易自由化的主流之中，不仅可能获得更大的国际市场，给国民带来消费福利，而且可以获取更多的外汇，增强外汇储备能力。同时，也将提高该国政府宏观调控经济的能力和该国企业的国际竞争能力，进而促进国内市场经济的发展，从整体上提高国家的经济发展水平和经济效益。

其次，生产的国际化、全球化打破了民族国家的关税壁垒和疆界隔绝，削弱了政府对本国资源及其相联系的领土主权的行使。例如，海外直接投资已成为当今最受欢迎和发展速度最快的国际经济合作方式。各国政府设置经济特区，给予外资外商在自然资源和土地使用等方面的优惠条件，跨国公司作为经济全球化的载体对各国经济的影响日益增大，这在一定范围内削弱了国家对本国资源和领土的管辖权。但这种管辖权的让渡或削弱是以促进本国的产业结构优化升级，获得更先进的科学技术与管理经验，并有利于解决就业和促进教育水平的提高为目的的。

再次，在国际交往日益频繁以及信息经济日趋发达的世界中，知识与人才的流动性随之增强。欧洲联盟 1993 年元旦建立的统一大市场就是以商品、资本、劳务和人员的四大自由流通为目标的。而2000 年 1 月建立的欧元区将取消欧盟 11 国的货币发行权，这是地区经济一体化的必然趋势造成的。但是，由于发展中国家尚不具备这样的发展条件，发展中国家的人才与知识必然要向发达国家流动，这在客观上削弱了发展中国家对本国居民的管辖限制权。但从长远看，这种人才与知识的流动仍然有利于促进发展中国家经济的增长，发展中国家自身经济的发展最终会吸引外流的人才与知识的回归。

另一种挑战则是在国际社会对各国内部事务的关注越来越多，国际组织在参与维和行动的范围越来越大的背景下，西方国家以人权的国际保护为由行霸权主义之实，对发展中国家主权的干涉和侵犯现象也更为突出。这在客观上使发展中国家维护主权的难度增大，受到的国际制约因素更多。西方发达国家在冷战后提出的新干涉主义的理论就明确提出了对传统主权的挑战。新干涉主义认为，国家主权原则不能成为一些严重侵犯人权的国家逃避国际社会制裁的护身符，这是因为国际关系的时代发展了，全球化和相互依存使得国内事务与国际事务的界限日益模糊，传统国家主权的属性发生了变化，建立在“国家至上”理论基础之上的互不干涉主权的理论已经过时。

我们认为，第一种挑战是国家发展顺应世界经济趋势的结果，有利于世界和平与人类共同进步。超国家机构的建立，国际组织与跨国公司等非国家行为体的发展表明人类社会走向民族联合或民族融合的道路是光明的，前景是美好的。但迄今为止，它不能改变主权国家是国际事务的行为主体这个事实，也不能动摇以主权平等原则为核心的国际政治体系。尽管主权让渡的现象在国际关系中日益频繁，但主权的让渡具备三个基本的属性，即自愿性、平等性和共享性。自愿是让渡的前提和基础，所有让渡均出自于主权国家根据自己国家利益的判断进行取舍，同时还保留在必要时收回的权利；平等是让渡的程度和方式，这也是主权平等原则的体现；共享则是让渡的归属和结果，让渡不是主权的丧失，而是在共同体内共享更大的主权。以上三种属性缺一不可。因此，自愿让渡主权与外力侵犯主权是有本质区别的。

尽管一个跨国公司年销售总额可以与一个中等规模的发达国家的年国民生产总值匹配，甚至更多，但却不能拥有该国的全部领土及全体居民。国际组织可以通过国际干预向一国政府施加压力，影响其决策，但却不能支配这个国家。其原因在于：主权国家的地位是历史形成的；主权作为民族国家凌驾于一切权力之上的最高权力，它的权威性始终是与民族、领土以及政府这三个因素紧紧相联系的。经济的全球化与一体化对主权的削弱与主权的部分让渡还远没有达到让主权自行消亡的地步。主权与国家相辅相成，缺一不可。在可预见的将来，民族国家仍将长期存在，仍然是国际社会的基础。因此，维护国家主权仍然是一个重大的国际政治经济问题。

第二种挑战实质上是少数发达国家对大多数发展中国家主权的蔑视。20 世纪以来，在对待国家主权在国际法和国际政治中的地位问题上，一直存在限制主权与维护主权两种对立的趋势。资本主义进入垄断时代以后，殖民主义在全世界的扩张，要求打破民族和国家的界限，以便获得更大的利益，因此将主权视为引起冲突和激化矛盾的根源而主张加以限制。而广大被压迫民族和新兴民族独立国家则要求争取民族独立，维护国家主权。这种对立的趋势在今天表现得依然十分明显。因此，限制主权与维护主权是围绕国家利益而进行的斗争。发展中国家维护主权的斗争是正义的，符合历史发展客观规律的要求。

四、从绝对主权观念到相对主权观念的转变

在冷战时代，传统的主权观念比较容易被接受。从国际法角度讲，这是一种“绝对主权”概念。即认为国际社会不存在比主权国家更具权威的国际机构，任何国际组织与国际法规的实施都不得有强迫性和强制力，完全以每个成员国家的自我约束为条件。长期以来，这种绝对主权观念因受到资本主义与社会主义这两种社会制度和意识形态斗争的影响而强化。然而，“绝对主权”观不仅与国际经济一体化和全球化发展相矛盾，而且也与越来越多的国家加入国际组织并通过国际组织协调各国经济政策开展经济合作的意愿相违背。因此，尽管冷战时期两个超级大国利用联合国等国际组织为各自争夺霸权服务，但世界上更多的国家承认的是“相对主权”观念，即承认国际社会虽没有高于主权国家的权威实体，但任何国家都必须接受国际法规的制约。这种国际法的权威保证了国际社会的秩序，也就保证了国家原有主权。“相对主权”观念表明，世界大多数国家都愿意将主权观念置于国际法规的约束之下，并通过国际法规约束主权国家，特别是约束超级大国的霸道行为，使国际法与主权之间实现内在的统一。

总之，国际经济一体化和全球化只会进一步证明“相对主权”的绝对必要性。各国的改革和发展又进一步要求创造一个依靠国际法规和主权平等原则行事的国际政治新秩序，正如联合国前秘书长加利所说：“尊重国家的根本主权和完整是取得国际任何共同进步的关键。但是，绝对和专属主义的时代已经过去了，这种主权的理论也从来不符合事实。当今国家领导人的任务是了解这一点，设法平衡兼顾国内良好政治需要与日益相互依存的世界的需要。”

（原载《中共成都市委党校学报》，2001 年第 4 期）

经济全球化与中国的发展

江泽民总书记在“七一”讲话中强调：“人类社会的发展，就是先进生产力不断取代落后生产力的历史进程。社会主义现代化必须建立在发达生产力的基础之上。我们为实现现代化而奋斗，最根本的就是要通过改革和发展，使我国形成发达的生产力。”笔者认为，中国共产党要始终做先进生产力发展要求的代表，使我国形成发达的生产力，就必须善于运用马克思主义的宽广眼界观察世界，顺应经济全球化趋势，坚定不移地走改革开放之路，抓住机遇，加快中国的发展。

一、经济全球化是推动中国加快发展的历史机遇

自近代大机器工业出现以来，科学技术就不断地推动社会生产力冲破民族国家的疆界走向世界：一方面，它打破了民族国家之间几千年形成的自给自足和闭关自守的状态，把一国的社会分工变成了国与国之间的国际分工。在国际分工基础上，各国通过日益频繁的商品交换最终形成了相互依赖的统一的世界市场。于是各国的生产力和交换也转化为世界生产力和交换的组成部分。这是先进生产力征服落后生产力的历史过程。另一方面，世界生产力总是表现为具体国家的生产力量、科技力量的总和。同时，它又是民族国家的生产力量、科技力量。它还受制于各个民族国家的生产关系和上层建筑等多种因素，形成不同社会形态的生产力，它们之间既冲突又合作，但科学技术的不断革命是世界生产力迅猛发展的根本原因。

长期以来，我们对世界的认识停留在民族国家体系和制约其行为的意识形态和社会制度之上。改革开放后，我们的视角发生了深刻的甚至是质的变化。我们认识到当今世界是一个有机整体。随着中国与世界经济的关联度日益提高，中国面临的机遇可能更多，挑战可能更大。这就提出了在发展问题上必须有战略主动性和全局性的问题。所谓主动性就是积极参与，也就是认清世界经济发展的机遇并想方设法去把握机遇。不是简单顺应机遇而是抓住机遇不放。机遇首先是与生产力的各种要素相关联的，它包括人力资源、资金、技术、管理经验等，它还包括这些要素发挥作用的领域和范围。它涉及各种相关联的软环境。所谓全局性就是整体大于部分之和，也就是站在中国发展的全局角度来制定本地区的发展战略，把本地区的生产力发展状况放在本国本省的生产力布局中去，从中发现本地区的区位优势和劣势。全局性是战略思维的基础。经济全球化正是推动世界生产力向更高层次发展的历史进程。冷战结束以来，世界进入多极化发展的新时期，全球范围内掀起市场化改革浪潮，知识经济初露端倪。知识经济是一种信息化经济，是以高新技术群为支柱产业的经济，也是以知识创新为基础的经济。在经济全球化条件下，随着贸易和投资的自由化进程，世界市场在广度和深度上进一步扩展，国际分工体系正出现前所未有的新变革，这些新变化不以人的意志为转移，不以社会主义国家或资本主义国家的意志为转移，也不以发达国家或发展中国家的意志为转移。坚持用“科学技术是第一生产力”的观点判断经济全球化，才能认识到经济全球化给中国带来的生产力发展的极大机遇。经济全球化实际上提供了用先进的科学技术促进中国产业结构升级换代，经济结构更趋合理的历史性机遇。

二、中国参与世界经济活动的整体水平和能力有待提高

经济全球化是20世纪90年代由信息技术革命带来的一种新趋势。它正在超越经济国际化和区域集团化，因为它将改变人类通过国家跨国经济活动或国家集团经济活动来度量世界经济的传统。跨国公司已成为经济全球化的主导力量。这只“经济恐龙”正在打破以国家为框架的国

际分工格局，建立一个世界村落式的产业内分工体系。民族国家必然要为它开放市场，因为跨国公司代表着人类社会更先进的生产力。随着生产要素在全球范围内优化组合和加快流动，必然要求各国进一步全方位开放，不仅是货物贸易的开放，还包括服务、资本、技术、人力资源、生产要素的开放。各国通过开放获取更多比较利益优势进而促进本国的发展。因此，经济全球化将是国家主动或被迫开放市场的历史进程，人类社会生产力将得到前所未有的更大发展。

江泽民总书记在"七一"讲话中指出："我国社会主义现代化建设取得了巨大的成就，但我国还处在社会主义初级阶段，人口多、底子薄，经济文化发展很不平衡，生产力不发达的情况总体上没有改变。"与此相关，中国参与世界经济活动的整体水平还不太高，融入世界经济一体化的能力也不太强。随着经济全球化迅猛发展，特别是我国加入世界贸易组织后，我国经济发展受国际经济运行的影响也会随之增加，可能将面临一些不利因素，竞争会更加激烈。经济全球化，一方面，使各国的开放都具有两重性，在开放本国市场的同时必须更多地占领世界市场，否则就处于被动地位；另一方面，它使世界经济整体运动，包括其内在的组织规则、组织制度、运行机制都要发生变革和创新。经济全球化给中国提供了两个机遇：学习和运用世界经济活动规则的机遇；参与制定世界经济活动规则以及制度创新的机遇，要充分利用这两个历史机遇。党中央、国务院显然已经认识到这一点。新制定的"十五"规划与以往五年规划不同的是，把对外开放置于经济全球化的进程中来部署，明确提出适应经济全球化趋势，进一步提高对外开放水平，包括提高涉外经济工作依法行政水平，建立健全符合国际通行规则和我国国情的对外经济贸易体制，积极参与国际经济、贸易、金融等方面的规则制定，维护我国作为发展中国家的正当权益，实施"走出去"战略等。

三、经济全球化进程中市场力量和市场经济规律起决定作用

从500多年前的地理大发现到第一次产业革命，全球化开始了它的历史进程。资本主义借助市场力量率先发展起来，这已是不争的事实。

理论和实践反复证明，不仅发展中国家，而且所有社会主义国家，都应该而且必须接受现代市场经济价值观。

除了新的高科技革命的推动和产业结构调整之外，20 世纪 90 年代以来，一个引人注目的现象就是各类国家各种层次不同的市场化改革。这种各国自主的行动构成了全球化的一个重要条件。它取决于各国对主权的自我限制以及对各自国家利益的重新认识。现实中不同国家要应对的是世界市场，社会主义和资本主义尽管是两种不同的社会形态，但是在经济全球化中的宏观背景下，这两种社会形态却不可避免地共处于一个统一的世界市场之中。因为经济全球化不要求重新进行社会根本制度的选择，它只要求各国遵循市场经济的客观规律，即生产要素在国家间打破各种壁垒实现优化组合，各国通过更好地发挥比较优势来获取发展的机会。社会主义中国要积极参与全球化，就必须遵循市场经济规律，利用生产的国际关系发展自己。国际舆论认为，如果中国顺应世界经济全球化的大趋势，将在新世纪中叶之前成为世界经济强国，总体经济规模将进入世界各国的最前列。世界银行在 1997 年的报告——《崛起的中国》指出，中国在世界国内生产总值中的份额，1820 年高达 30%，是当时最大的经济国家，而后迅速下降至 1950 年的不到 7%。当中国在 1978 年尝试着朝改革迈出第一步时，它仍然是一个贫穷的农业经济国家，约有 6 亿人口的生活低于国际绝对贫困标准。改革改变了中国的增长进程，17 年中，中国每 10 年使其人均收入翻了一番。而其他国家的经济增长均低于这一速度，例如美国用了 45 年，巴西用了 31 年，印尼用了 15 年，韩国用了 11 年。尽管融入全球化的世界经济之中中国的前景看好，但我们对中国的国情要保持清醒的头脑。目前我国仍属于低收入国家，中国在竞争中成为世界经济的一极中还有漫长的路要走。根据中国社会科学院课题组的测算，在未来二三十年内，中国不可能进入高收入国家的行列。更为严峻的现实是，中国还有不少地方尚未实现温饱，有 6500 万人口还处于贫困之中。所以我们在认识中国经济实力增长这一事实时，必须从中国国情的战略角度出发，这样才能得出正确的结论。

实事求是地讲，中国是一个被世界各国以及跨国公司看好的潜在的巨大市场，但中国也认识到围绕这个大市场有很多事情要做，而且市场也不是万能的。“十五”规划不同于过去的一个重点是“特别关注国民的总体素质、知识准备、价值取向、道德水准、行为方式是否能够适应21世纪剧烈的全球竞争而有较强的生存能力”。在规划中把科技、教育发展加快，进一步提高国民素质，精神文明建设和民主法制建设取得明显进步纳入发展的主要目标。明确提出实施人才战略，壮大人才队伍。这说明，中国在经济全球化进程中不仅应当注重物质财富的创造和生产，而是要更多地关注国民自身，以人为本。

（原载《天府新论》，2001 年第 6 期）

世界多极化是
21 世纪国际关系发展的大趋势

自 20 世纪 90 年代以来，世界进入了经济全球化和政治多极化趋势加快发展的新的历史阶段。对于经济全球化进程，人们通过追溯世界经济的历史，直接参与国际经济活动。经历亚洲金融危机后，人们对其所带来的正面和负面的影响的认识不断加深。而对世界多极化趋势，人们的认识还停留在某个表面，往往把世界多极化趋势与国际政治多极格局混为一谈。一方面，人们注意到，美苏两极格局解体之后，世界出现了各种政治力量填补权力真空，区域性强国地位上升，国家集团组织力量增强，政府间国际组织影响力提高等多极或多元化趋势；另一方面，在维护世界和平与安全，解决全球性共同问题上，起决定作用的仍然是少数大国强国；特别是在解决地区冲突和局部战乱中，个别超级大国凌驾于联合国等国际组织之上，违背现有国际法规和关系准则，肆意用武力干涉别国内政，出现了与多极化趋势背道而驰的“单极”格局倾向。多极化趋势存在和发展的依据是什么？“单极”格局为何时隐时现？它们两者之间究竟有什么联系和区别？本文力图从国际关系理论的角度对这些重大问题进行剖析。

一、民族国家体系和国际关系体系共同制约着当今世界政治的发展

国际政治是一种复杂的人类社会现象，它产生于民族国家体系及由

国家之间联系和交往而形成的国际关系体系。民族国家体系和国际关系体系是两个既有联系又有区别的历史范畴。要解释国际政治的基本成因必须弄清两者的关系。

以欧洲为中心的民族国家体系是近现代国际关系产生和发展的主要历史依据。欧洲的民族国家体系建立于1618—1648年的“三十年战争”之后，以威斯特伐利亚和约为标志，该和约首次确立了欧洲国际关系中国家主权平等原则。这一原则对近现代乃至当代国际系和国际法均产生了重大而深远的影响。第二次世界大战结束以后，1945年6月，由50个国家签署的《联合国宪章》明确规定了各会员国应共同遵循的原则：一是各会员国主权平等的原则；二是和平解决国际争端的原则；三是不以威胁或武力侵犯他国领土完整或政治独立的原则；四是不干涉他国内政的原则；五是对联合国符合宪章的行动予以协助的原则。之后，联合国大会又通过了一系列维护民族国家主权利益的宣言、决议和公约。并把国家主权原则扩展到经济方面，即不仅承认独立权、平等权和自卫权，还承认每个国家对其财富、自然资源和经济活动享有充分的永久主权。历史证明，国家主权是民族国家体系的基石，而维护主权和国家的权力争斗则是国际政治运动的轨迹。西方国际政治学大师汉斯·摩根索代表的现实主义理论把国际政治称为国家之间寻求权力与和平的斗争，其核心就是用权力界定国家利益。

国际关系（指广义上的跨越国家疆界所发生的实际关系）不是自古就有的，而是人类社会生产方式发展到一定阶段的产物。社会生产方式的发展和科学技术的进步推动了国家之间的交往和联系，建立了世界范围内的国际关系。近现代国际关系与资本主义生产方式有密切联系。建立在大机器生产之上的资本主义生产方式以国际分工和世界市场为基础，最终确立了世界范围内的，各民族国家联系日益紧密的全球性的国际关系。可见，一定时代的国际关系既受一定社会生产方式的制约又反作用于社会生产方式，成为人类社会发展与进步的重要条件。

国际关系的进步离不开人类社会生产力，特别是科学技术的发展推动。当代科技革命对国际关系的促进作用日益增强。可以认为人类社会曾发生过的三次科技革命浪潮，均对不同时期的国际关系产生了重大影响。从18世纪下半叶起，以煤冶炼矿石和纺织机械、蒸汽机、钢铁生产为标志的第一次科技革命用大机器代替手工工具，使资本主义生产力进入了大规模生产阶段，资本主义生产方式确立了在世界范围内的霸权地位。使国际政治一开始就打上了西方文明的烙印。19世纪中后期以电力、内燃机车为标志的第二次科技革命使西方国家的生产社会化程度大大提高，国际经济联系进一步扩大，推动了统一的资本主义世界经济体系的形成。资本主义世界经济体系的发展激化了世界压迫民族与被压迫民族之间的矛盾。国际政治出现了帝国主义和无产阶级革命时代。资本主义国家对外的侵略扩张却唤起民族意识和民族解放运动的开展。20世纪的上半叶，世界性战争和民族解放运动相互交织构成复杂的国际关系。第二次世界大战结束以来的第三次科技革命以原子能、微电子技术、光纤、生物工程为代表的高科技对当代国际关系产生了更为广泛而持久的影响。它不仅改变了战争的形式和手段，促进了和平，而且在全球范围内整合和提升各国经济的水平，加深了各国经济的相互依赖，使国际关系的结构出现了更新和实质性改变。它使跨国公司迅猛发展，各种国际组织应运而生，国际关系向着制度化和组织化方向发展。

由此可见，民族国家体系和国际关系体系是两个不同的历史范畴。民族国家体系以国家为基本单位和行为主体，主权与国家利益是国家行为的依据和动机，主权平等原则及其机制维系着体系的存在与发展。国际关系体系以国际社会为基本单位，使世界在经济、政治、军事、民族、宗教与文化等领域形成了一个有机整体。国际社会则是国际关系体系存在和发展的基础，它是国家及其非国家行为体之间在政治、经济与文化等社会生活领域联系交往的产物。联系交往是国际社会形成的必要条件。联系交往的方式决定了一定发展阶段内的国际社会的本质，可以认为一定时期世界的生产力水平所决定的联系交往方式及其国际关系制约着一定时期的国际社会的本质。

长期以来，人们认为，民族国家体系和国家主权权力的存在使国际社会不可能具有权威性和强制力，无政府状态是国际社会的基本特征。但是，当代国际社会的整体性和相互联系性正在改变传统的国际社会无政府状态，使当今世界日益成为相互依存的有机整体，国家体系的作用正在发生改变。西方相互依存的全球主义观认为，现有的国际体系与第二次世界大战前的体系有本质的不同，主要的变化是国家的作用和重要性的逐渐下降。除冷战的缓和标志一种转折点外，技术的进步和它对国际关系的影响是国际体系发生变化的主要原因。国家、民族国家、国家体系在取得人类福利和安全方面所起的作用越来越小。通过国际组织进行的国际互动过程，正迅速成为今日世界政治的一个更重要的特征。无政府状态基本上不再是国际体系的特征。换言之，人类共同的经济活动改变了人类自身最原始的组织结构，最明显的是由分散的单个的国家经济活动发展为统一的整体的全球市场经济活动。这种全球市场经济活动的参与者不仅有国家，更多的是非国家行为体，其中跨国公司、跨国企业和集团起着至关重要的作用。各种全球性、区域性的国际经济组织也发挥着越来越大的作用。

二、当代国际关系体系对国际格局的多极化发展起着决定性作用

在国际政治学理论中，把一定时期的国家权力与构成权力的国家实力所形成的国际政治力量结构和态势称为国际政治格局。它是指国际舞台上以主权国家为代表的各种政治力量在一定时期内相互作用而形成的一种相对稳定的结构和态势。人们通常用“极”来描述处于国际格局中心地位的国家或国家集团。例如单极格局，即一个大国或国家集团在全世界范围内处于支配地位。又如两极格局，即两个大国或国家集团之间相互制约、相互对立，在不断争夺中决定国际上的重大问题。再如多极格局，即各自独立的多种政治力量相互联系、相互牵制，力求平等参与国际事务。显然，民族国家体系的存在是国际政治格局产生和形成的根本原因。国家权力和国家实力是划分格局类型的基本依据。

一种国际格局的形成，是世界各种力量经过不断的消长变化和重新分化组合，从量变到质变，最终构成一种相对稳定的均势的结果。格局一旦形成，就具有相对稳定性和全局性，因而每一种格局都可视为一个大的安全网，它使国际社会在和平中求得发展。它对国际事务的各个局

部都有制约关系，因此它是贯穿国际关系各个发展阶段的一根主线索。认识国际事务中任何具体和局部的问题都离不开这个全局。国际格局是认识国际环境、判断国际局势发展趋势的前提和基础。

在国际政治活动中，处于国际格局中心地位的国家具有更大的权力。他们在国际事务中往往奉行霸权主义政策，搞强权政治，违背国际法和国际关系准则，追逐和争夺霸权。他们在国际政治和世界经济活动中建立起有利于自己的运行机制和组织机构，制定有利于强国和富国利益的规则，从而使近现代国际关系始终建立在不公正、不平等的国际秩序基础之上，这种状况一直到今天都没有完全改变。在西方国际政治理论中影响最大的现实主义学派，就是以国家权力界定国家利益的核心观点奠定了其权威地位。但是，这种“权力政治观”正日益受到理论和实践的挑战。因为按照民族国家体系的推论必然得出“权力政治观”是搞强权政治的逻辑。从这个意义上讲，世界将永远是少数强国的天下。然而，这个结论并不符合当今世界政治经济发展的客观规律。传统的国际政治理论从来是以西方国家为样板和中心的，这必然具有某种历史局限性。如前所述，民族国家体系在当今全球市场经济活动中的地位和作用处于弱化趋势，国际关系体系处于强化地位。要适应当今世界政治经济的这种发展趋势，就必须改变国际政治经济的旧秩序，改变历史上存在的由少数大国强国统治世界的旧格局。

从国际关系体系制约民族国家体系的观点看问题，尽管民族国家体系对国际格局起着重要作用，但是决定格局状况的国家权力和国家实力都是具有相对存在关系的变数。首先，国家权力大小的相对性表现在一定时期内受到国际关系体系制约的国际政治的结构和状态之中。在世界生产力发展水平不高，尤其是分布极不均衡时期，强国与次强国之间、强国大国与弱国小国之间实力悬殊极大的时期的国际关系体系中，国际政治的结构与状态有利于少数强国大国，国家权力由于相对集中而增大，反之则因相对分散而变小。而世界生产力的发展水平和分布状况则取决于国际关系体系由低向高层次的矛盾运动。

其次，国家实力的标志和实力增长的方式主要取决于国家在参与国际关系体系的活动中的能力，而不是国家自有的资源基础。例如，当美苏两极国际政治格局没有发生质变时，国家经济科技实力的对比已经在世界经济活动中悄悄地发生了改变。资本技术管理及其在全球经济中的市场份额都是经济权力的标志。随着越来越多的国家获取了这种经济权力，原先主要依靠军事实力和政治影响力建立格局的实力依据就必然失去决定性意义，建立新格局的实力标志必然发生转换。因此，任何国家要谋求国际政治格局中的有利地位，首先要谋求在世界经济活动中的能力。在21世纪，各国最关心的是国际竞争力，即在一定经济体制下的国民经济在国际竞争中表现出来的综合国力的强弱程度。

再次，世界经济已经发展到经济全球化的新阶段。经济全球化是各国经济相互依存发展进一步加深的过程，是人类社会生产力的发展要求生产的国际关系与之相统一的新的发展阶段。这表现为在全球市场范围内优化配置各种生产要素：跨国公司直接投资带动新的国际分工，资本在投资国之间大规模流动；各国政府降低人为壁垒，进一步开放本国市场，世界贸易组织主导贸易自由化趋势；国际金融市场对各国金融活动实行一体化和自由化。这是全球资源从相对集中走向分散化的历史过程。任何国家都不可能在这些要素中居于绝对优势地位。世界经济发展的多元化、均衡化将更为突出。因此，国家要获取的经济权力再也不是由少数强国可以起决定性作用的权力，而是一种多元化的权力和相互制约日益加深的权力。

总之，当今世界经济的权力结构的状况决定着未来世界政治的权力结构类型，这是我们观察国际政治格局发展方向的一条相对真理。当代国际关系体系的变革，战后民族国家体系自身的发展使国际关系走向民主化已成为历史发展的大趋势，它必然要求重新构建符合这一大趋势的国际格局。建立什么样的国际格局显然不是由谁说了算，也不能按照传统的理论模式和思维定式来推论未来的格局类型。正如20世纪50年代谁也没有预料到日本和德国会崛起为世界经济强国，谁也没有预料到苏联会自行解体导致两极格局的终结。只有多极格局才符合国际关系民主化的大趋势。我们看到的一个突出现象是，为了在未来新的格局中成为一极，世界上的大国和强国正在不遗余力地从国际关系的各个方面展开进攻。许多中小国家正在融入国际社会的主流之中，遵循国际社会的惯例和规则，认识到国家既要按照民族国家体系的法则办事，又要遵循国际关系体系的规律办事。国际关系体系的作用从来没有像今天这样被各国所重视和充分利用。

三、世界多极化趋势推动“一超多强”向多极格局目标发展

世界多极化就是在世界经济发展的多元化、世界文化的多样化推动之下，要求建立世界政治多极格局的历史进程，它也是与传统国际政治旧秩序决裂的过程。世界多极化是历史发展大趋势，是不以人的主观意志为转移的。人们也愈来愈看清了这一趋势的存在和发展过程。然而，国际政治格局毕竟已经历了十年的过渡期。过渡期的长短取决于建立新格局的力量对比状况。对于现实的力量结构，人们多用“一超多强”来描述。“一超”指美国，“多强”既包括欧盟、日本、中国、俄罗斯，也泛指正在崛起的地区性大国，如印度，巴西等。问题在于怎样认识这个“一超”与“多强”的力量对比。

按照“权力政治观”，这种力量结构实际上已经形成了某种“单极”格局。中国还算不上世界经济强国，在国际事务中也只是发挥地区影响力。欧盟和日本在国际经济中有强大的影响力，但都缺乏强大的军事和政治控制力。俄罗斯经济尚未完全恢复，军事实力比起以前也大为削弱。只有美国具备成为一极的国家权力和国家实力，过去的10年美国正是以这种想法来制定全球战略的。从克林顿到小布什都坚持美国领导世界的国家战略意图。客观地说，美国在这10年中经济和科技实力增长得分不少，不仅巩固了在世界经济中的领先地位，而且从日本手中夺回了丢失的市场份额。小布什上台之后，美国经济开始出现下降和衰退，但布什政府称霸世界的意志仍然很突出：建立国家导弹防御系统，调整国家军事战略布局。力图打破与俄罗斯现有的战略核力量平衡，谋求美国在核力量和常规力量方面的绝对优势。美国甚至不顾欧盟及日本等国家的反对，拒绝签署《京都议定书》，破坏国际社会治理和保护大气层的共同行动。美国的霸权行径还表现在处理巴尔干地区的民族纠纷与冲突中。在国与国双边关系中美国也肆意破坏国际关系准则，干涉别

国内政。美国的霸权主义激起了国际社会的极大不满。美国的道义力量并没有随着经济实力的上升而增强，相反有所下降。

按照国际关系体系具有决定作用的观点，可以认为“一超多强”是向多极格局发展过程中的一种过渡结构，是一种暂时的现象。其中，“一超”的力量在过渡中处于下降趋势，“多强”的力量处于上升趋势。“多强”的力量增长将改变与“一超”之间的力量对比，从而最终形成多极格局。这种推论有一定说服力，但也应清醒地认识到这个过渡期比人们预料的时间更长。首先，美国作为超级大国的实力地位是综合性的。在战后以来的世界经济中的确处于相对下降趋势，但这种下降并没有改变美国在当今世界经济中强有力的地位，在可以预见的10年或20年之内这种状况也不会改变。美国充当一极的地位当然主要取决于美国自身力量的增长或下降。此外，美国在军事力量和政治影响力方面还拥有相对优势。不能否认，美国现在是实力最强的国家，它取得这种优势有若干的地理和历史条件，要美国人改变霸权的本质是很难的，对此不要抱任何幻想。

其次，多极格局的建立主要取决于“多强”自身力量的增长，而“多强”力量的增长与美国的实力之间又存在着复杂的关系。一方面，“多强”要依靠自身的积累增强独立性和实力。欧盟经济的独立性较强，在整体经济上可与美国抗衡。日本经济比较脆弱，国内市场狭小，需求不足，对世界市场，特别是对美国的依赖性更大。中国和俄罗斯更要以自力更生为基本方针来发展自己。另一方面，“多强”的发展离不开美国这个大市场。欧盟、日本、美国这三者之间的市场关联度十分密切，往往存在着一损俱损、一荣俱荣的关系。中国和俄罗斯正在逐步地融入国际经济体系之中，也将增大对世界经济，特别是美国、日本和欧盟的依赖性。这说明“多强”对“一超”经济联系的加强是增强自身实力的途径。因而，“多强”与“一超”之间是既合作又斗争的关系。团结合作有利于双方经济的共同发展，斗争冲突有利于牵制美国的霸权图谋。“多强”之间，“多强”与“一超”之间围绕国际竞争而引发的经济摩擦和纠纷将更加频繁。但“多强”谋求与“一超”的共存共荣将是其关系发展的主流。

再有，美国经济的发展在经济全球化条件下越来越取决于国际贸易及国际直接投资与间接投资。换言之，美国力量的增长也取决于“多强”的经济发展，特别是中国、俄罗斯、印度等经济力量的发展。20世纪90年代以来，美国实现了工业经济结构向信息经济产业结构的调整，率先进入知识经济社会，其重要途径之一就是大量进口来自日本、欧盟和中国的资本技术密集型和劳动密集型商品，以及大量引进来自这些国家和世界其他国家的优秀人才。而且，美国在商品货物进出口贸易长期巨额逆差的情况下，来自这些国家的长期和短期投资却有增无减。因此，美国经济的提升实际上是“多强”支持的结果。美国要在海外扩大市场份额和提高市场竞争力，更有赖于“多强”经济实力的增长。日本经济出现了长达十年的衰退，欧盟一体化进程初见成效，发达国家的贸易保护主义使贸易自由化进程受阻。如果中国和俄罗斯经济增长缓慢，美国要扩大市场份额就更加困难。美国巨额贸易逆差的长期存在将会动摇美元的地位并引发世界对美元的信心下降，最终削弱美国自身。

综上所述，尽管美国始终不放弃建立单极格局的图谋，但是“一超多强”的力量结构和态势是客观存在的，其发展的方向是与美国的这一图谋相反的，美国根本阻挡不了多极格局的建立，世界必将朝着多极格局的目标发展。

(原载《社会科学研究》，2002年第1期)

中国与苏联在处理外部环境关系中的历史文化因素比较

国情和党情的不同在很大程度上决定了中国共产党与苏联在对外关系中的指导思想和原则都有着本质的区别。中国在战后所处的国际环境也十分不利，特别是中苏关系破裂之后，中美关系仍然紧张对抗的情况下，中国对外关系出现了“两个拳头打人”的战略被动局面。但是，20 世纪 70 年代中美关系的好转和 80 年代中国实行改革和对外开放以后，对外关系逐渐由被动转为主动，开创了崭新的局面。这中间的根本原因是什么？中国为什么能够在 1989 年国际形势剧变中稳住阵脚，抵制动乱，粉碎了西方和平演变的美梦？中国为什么能够不断推进国家统一的大业，收回香港和澳门的主权？这些重大的关系问题是如何相互联系和相互影响的？中国共产党有什么尚方宝剑能够化干戈为玉帛，过五关斩六将？

一、不同民族构成与历史文化在对外关系方略中的作用

国情与党情包含着丰富的内容。能够对党的对外关系方略起决定作用的主要是以下几点：

第一，民族国家的构成和民族文化的内涵不同，向心力和凝聚力不同。中国是一个以汉民族为主体又与少数民族长期融合的多民族国家，是一个依靠民族文化和传统来维系的多民族国家。苏联是一个依靠联邦制度来维系的多民族国家。依据列宁的建议，1922 年 12 月 30 日，俄罗

斯联邦、乌克兰、白俄罗斯、外高加索联邦（含亚美尼亚、格鲁吉亚、阿塞拜疆）4 个加盟共和国在平等互利自愿的基础上组成了苏维埃社会主义共和国联盟（简称苏联）。此后，又有若干国家相继加入或并入苏联。1924 年，乌兹别克和土库曼加入联盟。1929 年塔吉克加入联盟。1936 年哈萨克和吉尔吉斯加入联盟。1940 年 8 月，波罗的海沿岸三国（立陶宛、拉脱维亚、爱沙尼亚）并入苏联。1940 年 6 月，罗马尼亚的比萨拉比亚地区并入苏联。同年 8 月建立了摩尔达维亚共和国（摩尔多瓦）并加入苏联。至此，由 15 个加盟共和国组成苏联。苏联各民族的融和历史与中华民族的历史相比，不仅在时间上显得短暂，而且在内涵上也缺乏可比性。中华民族文化是一个内容丰富有机联系的整体。汉民族文化与少数民族文化相互交融又相互区别，在几千年的中央集权的历史发展中自然形成了以汉民族文化为主体的中华民族。而苏联 130 多个民族中俄罗斯民族占据主导地位，除乌克兰和白俄罗斯之外，其他各民族的社会发展水平和差距与俄罗斯民族相比明显落后。俄罗斯文化是一种“异源多质共存”的文化。由于俄罗斯民族在苏联国家中是主体民族，与其他非主体民族相比就有优越的政治和经济地位。苏联时期实行的民族政策确实促进了落后民族地区的发展和进步，但是民族政策的总方针是要想消灭民族差别。“这意味着要实行俄罗斯化，践踏各民族天然的权利。”① 这或许是苏联发生民族分离危机，多个加盟共和国要求独立的重要原因。尽管他们知道政治独立会破坏业已形成的苏联各共和国之间一体化的经济框架，会导致民族经济的毁灭。但为了政治独立他们牺牲了经济与福利。而新中国不仅继承了民族融合的文化传统，而且长期实行少数民族区域自治的国策。按照社会主义国家各民族平等和民族团结的原则制定民族政策，特别注意反对大民族主义和狭隘地方民族主义，使主体民族与少数民族之间不存在较大的利益冲突问题。

第二，传播文明的社会历史和弘扬的民族精神不同。中国在古代国际关系中就是亚洲文明的枢纽和中心，形成了独特的“华夏秩序”和价

---

① 黄炳钧：《俄罗斯巨变——一个中国常驻记者的真实笔录》，北京：经济日报出版社，2001 年版，第 59 页。

值观。我国学者认为，佛教从西亚传入中国。佛教与儒学、道教在内容上形成互补关系，使中国创造了“多神融和”的意识形态，这是对古代亚洲的重要贡献。多神融和的意识形态又与中国传统的王道政治思想、中庸哲学思想、不战战略的军事思想、薄来厚往的外交思想、仁义的道德思想一起构成古代中华帝国的思想基础。中国以融和的意识形态对待文化、宗教多样化的周边中小国家，维持了长期稳定的国际关系。当然，中国通过传播三教融和思想，也把中国的儒教、道教传播给了周边各国，使中国成为具有国际文化影响力的重要国家。多神融和的意识形态是亚洲国际关系的精神基础，没有多神融和的意识形态，亚洲各民族、各国、各宗教之间的战争将不可避免，亦不可能有大规模的、长期的文明交流历史。一个最为令人信服的史实就是，欧洲宗教战争不断，而亚洲尤其东亚几乎没有宗教战争。在这方面应主要归功于中国创造了融和的多神宗教。① 融合与宽容正是中华民族的精神所在。

亨廷顿认为，俄罗斯几个世纪以来就是一个无所适从的国家。俄罗斯没有或很少经历过那些界定西方文明的历史现象：罗马天主教、封建主义、文艺复兴、宗教改革、海外扩张和殖民化、启蒙运动以及民族国家的出现。以前被认为是西方文明八个特征之中的七个——宗教、语言、政教分离、法治、社会多元化、代议机构、个人主义——几乎完全与俄罗斯无缘。然而，唯一可能的例外是希腊、罗马古典遗产，它是经过拜占庭传到俄罗斯的，因而与从罗马直接传到西方的有相当大的不同。俄罗斯文明是基辅和莫斯科的本土根源、拜占庭的强大影响和蒙古长期统治的产物，这些影响造成了一种社会和一种文化，它们与在极为不同的力量影响下发展起来的西欧社会和文化几乎没有相似之处。从彼得大帝开始，俄罗斯决心现代化和西方化。布尔什维克的革命则使俄国越过了西方，并把自己与西方相区别。但俄国人运用西方的意识形态（指马克思主义）来挑战西方。② 冷战结束后，俄罗斯仍然处于融入西

---

① 陈洁华：《21世纪中国外交战略》，北京：时事出版社，2001年版，第84页。

② 参见［美］塞缪尔·亨廷顿：《文明的冲突与世界秩序的重建》，周琪等译，北京：新华出版社，1999年版，第147~151页。

方社会还是保持欧亚文明独特性的徘徊之中。

我国学者认为，苏联以革命的方式建立起新的文明后，不仅没有“融和意识形态”，反而在与其他西方文明的“利益冲突”的基础上，多加了“阶级斗争”的意识形态，因此，苏联根本没有改善西方文明时代的意识形态矛盾，相反进一步激化了意识形态冲突。苏联社会主义不仅与资本主义、资产阶级发生对抗，而且还与社会主义阵营内部的各国也发生冲突、对抗（如对南斯拉夫、波兰、匈牙利、中国）。苏联与第三世界发展中国家也发生过许多冲突对抗（如对阿富汗的武装侵略）。苏联没能与世界各种力量进行融和的原因是苏联文明内部缺乏融和的意识形态，因此，它没有宽容性、融和性，它只能在内外冲突对抗中耗尽自己的国力。

第三，中国和苏联在近现代中的历史遭遇不同，所处的国际地位不同。中国的近现代历史中有一百多年丧失国家主权的屈辱历史。由于清政府长期闭关自守、不思变革、腐败无能，中国终于在 1840 年第一次鸦片战争之后逐渐沦为半殖民地半封建的国家。中国在近代以来是国际政治旧秩序的受害者。美国著名的中国问题专家哈里·哈丁认为，大约从 1800 年到 1949 年，中国把自己看成是不断扩张的西方帝国秩序的牺牲者。最初是俄国人，然后是英国人，然后是德国人和法国人，最后是日本人和美国人，他们到中国来寻求利润、势力和领土。由于经济衰落，政治腐败和技术落后，中国无力抵抗这种侵蚀。直到 1949 年共产党在中国大陆建立起一个新的强大的中央政府，这些不得人心的外来影响才得以驱除。

近代的沙皇俄国虽然是一个落后的封建农奴制国家，但从彼得一世开始的不断改革和对外发动战争以及实行领土扩张，终于建立起俄罗斯帝国。资本主义经济不发达的沙俄成为东欧的军事强国和霸主。1840 年以后，沙俄与欧洲列强一起蚕食中国领土，通过强迫清政府签订《中俄瑷珲条约》《中俄天津条约》《中俄北京条约》等一系列不平等条约，加上以前的不平等条约，共割占中国领土 150 多万平方公里。社会主义苏联在第二次世界大战期间和战后进一步扩大版图，苏联不仅成为欧洲的军事强国和仅次于美国的世界强国，而且是战后国际共产主义运动的领袖和中心。

历史遭遇不同和国际地位的差别使两国在国际事务中追求的目标迥然各异。尽管都是社会主义国家，有相似或相同的社会制度和意识形态，但苏联是战后国际政治秩序的制定者与既得利益者，中国是被制约者。两者并不在一个平等的地位之上。中国和苏联之间的关系虽然有“兄弟国家”“结盟国家”的政治外交关系，但中国要维护主权和国家利益必须付出代价或者讨价还价。

第四，在中国共产党身上，表现出一种鲜明的民族特性和对中华文化的继承性。它把无产阶级国际主义与爱国主义有机结合在一起，把社会主义的理想与中华民族文化的优秀品格结合在一起。旧中国积弱积贫、满目疮痍，经历过长期受到外来民族压迫的屈辱历史，然而五千年文明的传统却是我国的国情所在，也是中国共产党的党情所在。中国历史上发生的三次历史性巨大变化和孙中山、毛泽东、邓小平三个历史伟人的历史功绩都是为了中华民族的伟大复兴这一共同目的。从中国共产党的三代领导集体身上，我们认为很好地体现了以下特点：

一是作为中华民族的先锋队，致力于建设一个新中国。“我们共产党人，多年以来，不但为中国的政治革命和经济革命而奋斗，而且为中国的文化革命而奋斗；一切这些的目的，在于建设一个中华民族的新社会和新国家。在这个新社会和新国家中，不但有新政治、新经济，而且有新文化。这就是说，我们不但要把一个政治上受压迫，经济上受剥削的中国，变为一个政治上自由和经济上繁荣的中国，而且要把一个被旧文化统治因而愚昧落后的中国，变为一个被新文化统治因而文明先进的中国。一句话，我们要建立一个新中国。建立中华民族的新文化，这就是我们在文化领域中的目的。”① 我们从周总理在第四届人大上明确宣布实现四个现代化是新中国的宏伟目标，从邓小平在十二大开幕式上的讲话中都可以感受到中国共产党担负的民族使命。正如郑必坚同志在中央党校 2001 年秋季学期教学引论中所说的，中国共产党从创立的第一天

① 《毛泽东选集》第二卷，北京：人民出版社，1991 年版，第 663 页。

起，就是既作为中国无产阶级的先锋队，同时又作为中国人民和中华民族的先锋队应运而生的。这是我们中国共产党的特点，又是中国共产党的优势。这表明我们中国共产党人的根是深深扎在中华民族之中的。

二是坚信每一个民族都有生存与发展的权利，追求世界各民族主权平等地位。自近代中国华夏天朝自成一体的结构被西方资本主义打破，中国就从“天下”的中心成为世界的一员，但却是不平等的一员。中国在对外关系中处于被动挨打的地位，本身并无安全可言，其基本目标实际上只是争取和维护自身的生存。毛泽东曾在《论人民民主专政》中说：“积二十八年的经验，如同孙中山在其临终遗嘱里所说‘积四十年之经验’一样，得到了一个相同的结论，即是：深知欲达到胜利，‘必须唤起民众，及联合世界上以平等待我之民族，共同奋斗’。孙中山和我们具有各不相同的宇宙观，从不同的阶级立场出发去观察和处理问题，但在二十世纪二十年代，在怎样和帝国主义作斗争的问题上，却和我们达到了这样一个基本上一致的结论。”① 也正如邓小平 1989 年 5 月会见戈尔巴乔夫时所指出：“从六十年代中期起，我们的关系恶化了，基本上隔断了。这不是指意识形态争论的那些问题，这方面现在我们也不认为自己当时说的都是对的。真正的实质问题是不平等，中国人感到受屈辱。”②

三是既是坚定的马克思主义信仰者又是传统文化精神的继承者和发扬光大者。中国共产党善于把马克思主义中国化。在这方面，毛泽东思想、邓小平理论和江泽民的“三个代表”是三个里程碑。马克思主义是外来文化，但中国文化是强势文化和开放文化，善于吸收外来文化。列宁曾经说过，每个国家都应把马克思主义变成本国的语言，产生各种形式的马克思主义理论。冯友兰提出嫁接论，毛泽东也说过马克思主义应变成群众喜闻乐见的东西。西方学者亨廷顿则从中华文明的角度看问题。他认为，中国政府把大陆中国看作中华文明的核心国家，所有其他华人社会都应倾向于它。自从放弃通过当地的共产党来促进它的海外利

---

① 《毛泽东选集》第四卷，北京：人民出版社，1991 年版，第 1472 页。

② 《邓小平文选》第三卷，北京：人民出版社，1993 年版，第 294 页。

益后很长时间以来，中国政府一直寻求“自己作为世界华人的代表地位”。对中国政府来说，所有的炎黄子孙，即便是另一个国家的公民，也都是中华共同体的成员；因此在某种程度上应服从中国政府的权威。中国人的认同开始根据种族来确定，正如中华人民共和国的一位学者所提出的，中国人是具有同样“种族、血液和文化”的人。20 世纪 90 年代中期，这一论调在官方和民间越来越流行。对于中国人和那些生活在非中国社会的华裔来说，“镜子检验”就成了对他们是谁的检验，“去照照镜子”是倾向于北京的中国人对那些试图与外国社会同化的华裔的告诫。散居在各地的华人，即具有中国血统的人（以此区别于“中国人”，即生活在中国的人），越来越明确地使用“文化中国”这一概念来表明他们的共识。20 世纪曾是西方众矢之的的中国认同，现在正根据中国文化这一持续要素来被重新阐述。①

国内外学者还认为，毛泽东是马克思主义阶级斗争理论的信奉者，同时也是中国传统文化和政治思想的继承人。他在早年就曾强调，世界文明分东西两流。东方文明在世界文明内，要占个半壁的地位。东方文明可以说就是中国文明。吾人似应先研究过吾国古今学说制度的大要，再到西洋留学才有可资比较的东西。当中国面临亡国的危险时刻，以毛泽东为首的中国共产党人“出乎意料地”没有“报复情绪”，他们将“复仇心理让位于根深蒂固的和平愿望和得到一次拟定出他的纲领的机会（任何一个人都得出强烈的印象，这些人不愿意发动一次内战）”②。我们认为，中国共产党的这些特性不仅完全符合马克思主义关于社会主义首先是在本国范围内独立自主进行的观点，而且这些历史形成的因素也是我党能够坚决抵制苏联的大国主义、大党主义，能够较早摆脱国际政治中两大意识形态冲突的束缚，坚持按照主权平等原则和国家利益原则处理国家间关系和国际事务的重要原因。我党三代领导人在捍卫和维

① 参见［美］塞缪尔·亨廷顿：《文明的冲突与世界秩序的重建》，周琪等译，北京：新华出版社，1999 年版，第 183 页。

② 宋新宁、陈岳：《国际政治学概论》，北京：中国人民大学出版社，2000 年版，第 49 页。

护来之不易的民族独立与主权权益方面都是坚定不移的。从毛泽东思想、周恩来外交、邓小平理论到江泽民论述，积累了中国如何处理与其他政党、其他国家和中国与世界关系的内容丰富的国际关系理论。其中毛泽东关于中国属于第三世界的国际战略定位，周恩来倡导的和平共处五项原则，邓小平的国际战略思想和外交思想，江泽民关于世界文明多样性的论述都是我党在国际政治斗争中的重要指导思想，是我们党的宝贵财富。

二、中共在对外关系方略中的原则立场与外交风格

党的三代领导集体在中国处理对外关系中的原则和立场上，显示出不同于苏共的特征：

1. 自己不搞霸权与大国主义，坚决反对霸权与强权

中国有过一百多年遭受帝国主义侵略和压迫的苦难历史，直到中华人民共和国成立才在国际社会中争到平等的地位。因此，中国人民决不接受任何不平等的地位，同时也决不愿意欺侮、压迫或控制任何其他国家和民族。新中国成立以后，鉴于苏联的教训，毛泽东曾反复告诫中国同志，不要翘尾巴，要防止我们自己在国际交往中搞大国沙文主义。1956年9月29日，毛泽东在接见南共联盟代表团的谈话中曾诚恳地表示："中国党是个马列主义的政党，中国人民是爱好和平的。我们认为，侵略就是犯罪，我们不侵略别人一寸土，一根草。我们是爱好和平的，是马克思主义的。在国际上，我们反对大国主义。我们工业虽少，但总算是大国，所以就有些人把尾巴翘起来。我们就告诉这些人'不要翘尾巴，要夹紧尾巴做人'。"在纪念孙中山诞辰九十周年的文章中，他说："中国是一个具有九百六十万平方公里的土地和六万万人口的国家，中国应当对人类有较大的贡献。……但是要谦虚。""中国人在国际交往方面，应当坚决、彻底、干净、全部地消灭大国主义。"① 1964年1月，

① 《毛泽东选集》第五卷，北京：人民出版社，1977年版，第312页。

毛泽东对来访的外国客人说："不许有哪一个大国在我国头上拉屎拉尿，不管资本主义大国也好，社会主义大国也好，谁要控制我们，反对我们，我们是不允许的。"毛泽东反复教育从事外事工作的同志，要尊重各国人民，平等待人，不要强加于人。在反对帝国主义、霸权主义的时候，毛泽东十分注重讲究斗争策略：决不开第一枪，"退避三舍"；"礼尚往来，来而不，非礼也"；"利用矛盾，争取多数，反对少数，各个击破"；"有理、有利、有节"等。在反对霸权主义和强权政治时，毛泽东还热情鼓励弱小国家的领导人要消除对大国的恐惧心理，敢于同帝国主义的强权政治作斗争。他指出：帝国主义历来是吓唬人的，有时也动手打人，我们就是不要被它们吓倒，不要怕它们。对西方的崇拜是一种迷信，这是由历史形成的，现在这种迷信正在逐渐破除。毛泽东在反对帝国主义，霸权主义时一再指出，要把少数帝国主义侵略者和霸权主义者同这些国家的广大人民区别开。他多次说过，美国民族是伟大的民族，美国人民是伟大的人民，寄大的希望于美国人民。他也说过，苏联广大的人民，广大的党员和干部是好的，是要革命的，无论什么时候，现在将来，都要学习苏联的好经验，并从坏人坏事那里吸取教训。反对帝国主义侵略和霸权主义的干涉，并不是不和这些国家的当权者来往，更不是不与这些国家建立正常的外交关系。人民之间的来往，人民之间的外交是重要的，有利于推动和促进国家之间外交关系向好的方向发展。为此，毛泽东热情会见外国的来访者，广交朋友。1979 年 3 月，邓小平在党的理论工作务虚会上指出，毛泽东思想在世界上是同反霸权主义的斗争分不开的。"……我们能在今天的国际环境中着手进行四个现代化建设，不能不铭记毛泽东同志的功绩。"①

2. 坚持独立自主，不屈服于强权的压力，不信邪，不怕鬼

这是中国共产党三代领导集体的一个十分重要的国际战略思想。新中国成立前，毛泽东提出了关于帝国主义和一切反动派都是纸老虎的著名论断，新中国成立后 50 至 60 年代，第一代领导集体为维护周边地区

① 《邓小平文选》第二卷，北京：人民出版社，1983 年版，第 158 页。

和平与国家安全同美帝国主义在朝鲜战争中进行直接较量。中国为支援越南、老挝、柬埔寨三国的抗美救国斗争做出了无私的奉献。毛泽东发表坚决支持印度支那三国人民反对美帝国主义侵略的“五二〇”声明，为我们树立了不信邪、不怕鬼的光辉典范。中美关系正常化，中国实行改革开放之后，在 1982 年党的十二大开幕式上，邓小平表达了中国维护独立自主权利的决心：“任何外国不要指望中国做他们的附庸，不要指望中国会吞下损害我国利益的苦果。”1987 年 5 月 11 日，邓小平在会见联合国秘书长德奎利亚尔时甚至说过：“现在的中国不是过去的中国，谁要想同我们干，首先要下决心打二十年，包括打原子弹、氢弹。我们不相信原子弹能把十几亿中国人都打光。剩下百分之一二，还相当于阿富汗现在的人口，我们可以干阿富汗游击队现在干的事。维护独立自主、不信邪、不怕鬼的形象，这个打出来的威势一直要传到后代，保持下去。”这是中国共产党三代领导集体的一个十分重要的国际战略思想。对于 1989 年美国和西方国家实行的制裁，邓小平指出：“美国也好，法国也好，他们的决策人至少有两点对中国认识不清。第一，中华人民共和国是打了 22 年仗建立起来的，新中国成立后又进行了 3 年抗美援朝战。第二，世界上最不怕孤立、最不怕封锁、最不怕制裁的就是中国。”① 他说：“任何违反国际关系准则的行动，中国人民永远不会接受，也不会在压力下屈服。”② 他要求中国领导人稳住阵脚、沉着应付，要维护中国独立自主、不信邪、不怕鬼的形象，他说：“我们绝不能示弱。你越怕，越示弱，人家劲头就越大，并不因为你软了人家就对你好一些，反倒是你软了人家看不起你。我们怕什么？战争我们并不怕。”③ 他还说：“什么威胁也吓不倒我们。我们这个党就是在威胁中诞生的，在威胁中奋斗出来的，奋斗了 28 年才真正建立了人民共和国。”④ 党的第三代集体在 1999 年一系列重大国际事件中，同样表现了不怕美国威

---

① 《邓小平文选》第三卷，北京：人民出版社，第 329 页。
② 《邓小平文选》第三卷，北京：人民出版社，第 345 页。
③ 《邓小平文选》第三卷，北京：人民出版社，第 320 页。
④ 《邓小平文选》第三卷，北京：人民出版社，第 346 页。

胁，敢于斗争的精神。

3. *以国家生存和发展利益为重，超越意识形态的差异处理国家间关系*

同政治、经济、安全等因素一样，意识形态也是国家利益的组成部分。它直接关系到一个国家社会的结合程度和政府的号召力，是国家实力的精神力量。只要世界上还存在社会制度的差别，存在各种政治意识形态体系的差别，它们之间的斗争就会以各种形式表现出来，这是不以人的意志为转移的。但是，处理国家间关系时过分强调意识形态分歧，将其扩大化、绝对化的做法是不明智的，也不利于国际关系的正常发展。中国在20世纪50年代首先倡导和平共处五项原则，意在说明中国与亚洲各国没有根本的利害冲突，应当和睦相处。但对苏联和美国却难以实现这一原则。中苏之间的关系破裂有中国把意识形态放在比经济和安全利益还重要的位置的因素，指责苏联变成修正主义者同美国搞缓和的一面；也有苏联力图压制中国服从其战略利益，损害中国的国家主权与利益的问题。至于美国，根本是不接受中国的和平共处原则，是敌视中国，因为意识形态在西方国家的对外关系中占有重要地位。美国和西欧国家历来把意识形态渗透作为其政治斗争的重要手段。这一方面，艾森豪威尔政府的国务卿杜勒斯论述得最为透彻，他在1952年的时候就指出冷战“主要是一场争取人们灵魂和头脑的斗争”。“一个民族如果想的只是安全，不想它的使命，如果只用钢铁而不用精神的宝剑去寻求安全的话，这个民族就会灭亡。”从那时起，美国历届政府都非常重视对外文化宣传，向全世界推行其价值观和民主制度。至今为止，美国也没有真正接受和做到尊重国际关系准则。

也正因为如此，中国共产党高度警惕西方国家的意识形态渗透，坚决抵制其“和平演变”政策。自十月革命胜利以来，西方国家一直不遗余力地对社会主义国家发动各种攻势。其中很重要的一个手段就是进行意识形态渗透。我党明确提出“和平演变”和反“和平演变”是当今世界两种制度斗争的重要形式。东欧剧变、苏联解体，就与西方国家长期进行意识形态渗透有密切关系。现在，中国是世界上最大的社会主义国家。面对中国的全面振兴，社会主义事业的蓬勃发展，西方敌对势力处心积虑、千方百计地企图加以遏制，他们以各种手段和方式对我国实施“西化”“分化”的政治战略，企图颠覆中国共产党的领导和中国的社会主义制度。这是由他们的阶级本性所决定的，是绝不会改变的。正如邓小平所说：“帝国主义搞和平演变，把希望寄托在我们以后的几代人身上。江泽民同志他们这一代可以算是第三代，还有第四代、第五代。我们这些老一辈的人在，有分量，敌对势力知道变不了。但我们这些老人呜呼哀哉后，谁来保险？所以，要把我们的军队教育好，把我们的专政机构教育好，把共产党员教育好，把人民和青年教育好。中国要出问题，还是出在共产党内部。对这个问题要清醒。”① 例如：西方国家不断利用所谓人权、民主、自由、民族、宗教问题和达赖、台湾问题，向我们发难；他们还与流亡海外的所谓“民运分子”“法轮功”邪教头目和我国境内的敌对分子勾结，企图联手行动，制造事端，挑起动乱。我们与国内外各种敌对势力在渗透与反渗透、颠覆与反颠覆上的斗争将是长期的和复杂的。这是阶级斗争在我国一定范围内仍然存在并将长期存在的主要表现：我们必须用阶级斗争的观点观察和分析这类复杂的政治现象，既不能因为这场斗争的严峻而改变我们改革开放的路线；又要在改革开放的过程中高度重视、十分警惕和坚决防范西方敌对势力的渗透、颠覆活动，通过深入细致的思想政治工作，使广大干部群众认清这种斗争的长期性、复杂性，始终保持清醒的政治头脑。要深入进行社会主义和党的基本路线的教育，牢牢把握经济建设这个中心，坚持改革开放的社会主义。

4. 中国属于第三世界，坚定不移地加强同广大发展中国家的团结与合作是我国对外政策的立足点

第三世界的崛起是战后国际政治中的头等大事，它从根本上摧毁了旧殖民制度，削弱了帝国主义的统治基础。毛泽东同志晚年为我党制定的关于划分三个世界的战略，关于中国站在第三世界一边，加强同第三世界的团结，争取第二世界共同反霸的战略思想在第二代、第三代领导

① 《邓小平文选》第三卷，北京：人民出版社，第380页。

集体的外交战略中一直没有改变。近些年来，由于种种原因，广大第三世界国家互相声援、互相支持的凝聚力、作用力虽有所下降，但是，随着国际金融垄断资本的变本加厉的盘剥和霸权主义无所顾忌的扩张，随着对西方强制推行的“私有化”和“多党制”带来严重后果的反思，广大第三世界国家和人民正在进一步觉醒。当今世界，广大第三世界依然是经济上反对新殖民主义的主力军。第三世界的进一步发展壮大，必将有力地影响世界格局的演进，并将深刻地改变联合国，甚至正在改变世界贸易组织这一经济上的联合国。世界上 4/5 的国家是发展中国家，中国是其中的一员，同属第三世界。我们的历史命运、根本利益和发展前途是同样的。因此在国际事务中我们彼此同情、相互支持，我们的团结与合作是反对霸权主义、强权政治和维护世界和平的坚实基础和可靠保证。对这一原则，我们任何时候都不能有任何的怀疑和动摇。我们要积极探索加强与发展中国家合作的新途径和新领域，推动与发展中国家关系的新发展。

5. 积极探索以和平协商方式解决国际争端，充分体现社会主义和平外交的国策

中国的直接邻邦数量之多，超过除了俄罗斯以外的任何国家。在陆地上，自东北面顺时针方向而下，与中国接壤的有 14 个国家：俄罗斯、朝鲜、越南、老挝、缅甸、印度、不丹、尼泊尔、巴基斯坦、阿富汗、塔吉克斯坦、吉尔吉斯斯坦、哈萨克斯坦、蒙古。在海上，中国声称拥有的水域或实有的领海，与邻邦声称拥有的水域或实有的领海相接或相重叠，这些邻邦包括上面提到的某些国家，外加以下六国：韩国、日本、菲律宾、文莱、马来西亚、印度尼西亚。此外，中国旁边还有台湾、香港（1997 年 7 月 1 日之前）和澳门这三个实体，中国声称对它们拥有主权而尚未实际控制。从势力范围的界线来看，中国还跟美国隔太平洋相望。如此算来，中国的直接领土领海利益涉及另外的 24 个国家的政府。中国的陆地边界长度在世界上占第二位，仅次于俄罗斯。中苏之间 4000 英里的边界，在长达 25 年的时期内曾是世界上最长的一条不友好的边界，边界两侧一度部署有 150 多万人的军队，而且双方都有核武器。两国在 20 世纪 80 年代末开始从边界裁军和恢复边境贸易。但是

苏联解体后，这一边界上的邻邦增加到4个，即俄罗斯和3个中亚国家，同时蒙古也摆脱了俄国人的控制。在这方面，打交道的对手由1个变成了5个，其中每一个都有可能由于民族、贸易或安全上的问题而跟中国制造紧张。① 边界纠纷领土争端从来是国家间冲突的起因。但是中国共产党一贯主张社会主义国家不搞领土扩张，奉行和平的外交政策。1957年7月周总理在全国大会上全面阐述了解决边界的基本思想。他说："我们要解决边界问题，其目的是安定四邦，争取国际局势的缓和，便于进行建设，而不是使我们同邻国的关系紧张起来。我们的国策是和平外交政策。"中国政府多次表示，中国同12个国家接壤，同一些国家的边界尚未确定，我们准备确定边界。承认未确定的边界，绝不使中国人民超越边境一步。准备同邻国友好协商，互谅互让，和平解决边界问题。同邻国的边界问题是历史遗留下的问题。历史事实不能推翻，这是原则问题，但是从现实出发，中国对于过去条约划定的边界并不要求改变，更不提出领土要求，而是主张以老条约为基础进行互谅互让的必要调整，然后缔结一个新条约代替旧条约。在未达成新条约前，先订个临时协议，维持现状，以缓和边界形势。这是原则性与灵活性的具体体现。

我们可以回顾，20世纪50年代中期，在周恩来总理的亲自关怀和操劳下，中国政府与缅甸政府率先圆满地解决了两国边界问题。与印度、缅甸政府在处理双边关系问题上共同倡导了和平共处五项原则；20世纪60年代，在我们处理中印边界问题不得已进行自卫反击、取得军事胜利后，仍然退回到冲突前的界线，坚持谈判解决问题；20世纪80年代初，邓小平提出和平解决国际争端的思想，成为新时期中国为改革开放创造一个和平国际环境的重要指导。在同日本和一些东南亚国家之间历史遗留的领土争议问题上，尽管我们对中国拥有主权这一点绝不动摇，却主动建议"搁置主权争议""协商共同开发"；用"一国两制"设想和平解决中国恢复对香港、澳门行使主权，并保持其稳定繁荣的问

① ［美］安德鲁·内森等:《长城与空城计——中国对安全的寻求》，柯雄等译，北京：新华出版社，1997年版，第14页。

题上，中国明显都以和平为上，说话算数。有些历史遗留问题尚未解决，中国显然会继续一贯的政策，坚持和平外交的立场来对待。这是在世界上显示中国和平的品格和形象的最有说服力的证据；在反对国际反华势力诬蔑攻击中国的时候，这是我们最有力的武器。尽管种种横逆令中国人不胜气愤，但中国不会意气用事，而是一定会坚持社会主义和平外交及其已有的行之有效的基本战略绝不动摇。如果我们希望国际社会把中国看成是在国际上爱好和平的国家，我们必须在国际事务中有勇气来做到这一点。简言之，有利的事实是有利的国际形象的基础。

6. 逐步树立起社会主义中国独特的外交哲学、外交风格和国家新形象

外交被称为国家权力的头脑。外交是一国沟通世界的桥梁。中国的外交既体现了马克思主义的基本精神，又有鲜明的时代精神，同时也融合了中华民族优秀的文化传统。周恩来是世界公认的杰出政治家和外交家，被尼克松称为我们时代最有造诣的外交家之一。许多国际友人就是通过周恩来的形象认识新中国的。西方人认为，在许多方面，周恩来象征着中国的形象：坚强而讲道理，有文化修养，不是好战的——这正是西方人愿意看到的；他绝不是亲西方的，然而却是值得西方尊敬的。我国学者认为，周恩来的外交哲学与风格包含着调和与协调的思想，集中体现在“求同存异”的精神世界之中。“求同存异”是新中国外交哲学的核心。① 江泽民总书记曾把邓小平的外交风格和艺术概括为：“在外交工作中要把原则的坚定性和策略的灵活结合起来，在原则问题上，要立场坚定，旗帜鲜明，不怕压力，敢于斗争；在策略问题上，要权衡利弊、不失灵活。注意把握好斗争的时机和分寸。在进行必要的斗争时，要注意阶段性，做到有理、有利、有节。遇到国际风云变幻时，要沉着冷静，处变不惊，不信邪、不怕鬼，不怕孤立，不受挑动。对外表态，要深思熟虑，分寸恰当，信守承诺，说话算数。在整个对外交往中，要坚持平等相待，以理服人，不卑不亢，落落大方，体现出泱泱大国的风范，

---

① 裴默农：《周恩来与新中国外交》，北京：中共中央党校出版社，2002 年版，第 458 页。

维护社会主义中国的良好形象。”① 我们还可以把毛泽东、周恩来、邓小平等老一代领导人和江泽民为核心的第三代领导集体树立的外交风格表述为：(1) 独立自主，自强不息；(2) 坚持原则，求同存异；(3) 实事求是，以理服人；(4) 原则坚定，策略灵活；(5) 仗义执言，不畏强权；(6) 开拓进取，求真务实；(7) 平等待人，不卑不亢；(8) 信守承诺，说话算数。

国家形象是国家外部公众和内部公众对国家本身、国家行为、国家各项活动及其成果给予的总的评价和认定，是国家力量和民族精神的表现与象征，是综合国力的集中表现，是一个国家最重要的无形资产。塑造良好的国家形象是一个历史性的巨大工程。中国共产党的三代领导集体都十分重视国家形象工程。② 党的第一代和第二代领导集体树立了中国是一个社会主义大国形象，一个改革开放的崭新形象。在世纪之交，世界向知识经济时代和信息社会发展的历史背景下，以江泽民为核心的第三代领导集体强调指出："要在国际上显示一种形象：中国人民是不可战胜的。""加强和维护社会主义中国的国际形象。""继续向世界说明我国改革和建设的伟大成就，说明邓小平同志开创的建设有中国特色社会主义道路的正确性，充分展示中国人民坚定不移地走自己的路、实现社会主义现代化的形象；继续向世界说明我国改革开放的方针政策，充分展示中国人民坚持实行改革开放的形象；继续向世界说明我国反对霸权、维护和平、支持国际正义事业的立场，充分展示中国人民爱好和平的形象；继续向世界说明我国政治稳定、经济发展、社会进步、民族团结的局势，充分展示中国人民为维护安定团结和实现繁荣富强而不懈奋斗的形象；继续向世界说明我国社会主义建设的成就，充分展示中国人民依法治国，建设社会主义法治国家的形象。"③

中国正在从经济上融入国际社会中，这将是一个长期的历史过程。

---

① 《邓小平外交思想学习纲要》，北京：世界知识出版社，2000 年版，第 14 页。

② 管文虎：《国家形象论》，北京：电子科技大学出版社，2000 年版，第 2 页。

③ 江泽民：《1999 年 2 月 26 日在全国对外宣传工作会议上的讲话》，载《人民日报》，1999 年 2 月 27 日。

但是，传统看法认为任何新兴强国都有称霸世界的可能。西方和世界一些国家始终对中国抱有防范之心。因此，“中国能否和平纳入世界体系，是不容乐观的”①。由于西方媒体在国际传播界占有极大的优势地位，对中国的报道和分析往往是不公正、带有偏见的，甚至故意妖魔化中国。中国要改变这种状况主要靠自己的行为。国际舆论认为，中国的政治领导人在很大程度上代表了中国的形象，江泽民和朱镕基的出访在很大程度上提高了中国的国际形象。江泽民在哈佛讲话的时候能够利用这个机会机智幽默地回答提问，就是一个转折点。在领导人的气度和大国领袖的风范上，中国人不比美国人差。因此我们的领导人在国外回答问题时能利用这个机会表现出机智和幽默，使美国人扭转对中国的看法。对于中国来说，如果我们希望国际社会看到一个不断进行深入改革开放的中国，我们必须有深入改革开放的行动和事实。如果我们称自己是一个政治在不断走向民主的社会，我们至少应该有令人信服的事实。

（原载吴嘉蓉等著《“三个代表”与对外关系方略》，四川人民出版社，2002 年版）

① ［美］安德鲁·内森等：《长城与空城计——中国对安全的寻求》，柯雄等译，北京：新华出版社，1997 年版，第 2 页。

国际关系与国际政治辨析

国际政治是世界范围的一种复杂的社会现象。它反映了国际社会中各种政治力量不同情况下的组合、矛盾和斗争。国际政治涉及国家的独立、主权、国与国之间的平等、和平共处、互助、友好、合作以及与此相反的渗透、颠覆、侵略、把战争强加给其他国家等。① 我们认为，产生这些现象的根源是人类社会存在一个特殊的领域——国际关系。

一、什么是国际关系?

国际国内比较普遍的看法认为："国际关系主要是民族国家(nation-state)之间的关系。"② 西方学者中有从狭义定位的，如美国现实主义学派代表人物汉斯·摩根索提出，国际关系是处于权力之争的国家之间的关系，其实质是权力政治。③ 也有从广义定位的，如英国传统主义学派代表人物马丁·怀特指出，国际关系不单是指国家之间的关系，而且还指组成国家的个人和集团之间的跨国关系。④ 比较全面的概括国际关系

① 李元明:《国际政治》(内部发行)，北京：中共中央党校出版社，1985 年版，第 1 页。

② 王逸舟:《西方国际政治学：历史与理论》，上海：上海人民出版社，1998 年版，第 4 页。

③ 倪世雄等:《当代西方国际关系理论》，上海：复旦大学出版社，2001 年版，第 8 页。

④ 倪世雄等:《当代西方国际关系理论》，上海：复旦大学出版社，2001 年版，第 10 页。

的定义则是：国际关系是指处于世界体系内各主权国家和其他独立实体之间的多层次关系——集团、国家、跨国公司、区域共同体、国际组织等之间的关系和多维性关系——政治、经济、军事、外交、文化等方面的关系。①

国际政治的概念也是对国际关系的一种表述。它相对抽象，在一定程度上能更好地说明国际关系的实质，但又不能代表国际关系的全部。在大多数情况下这是两个相互替代使用的概念。因为从狭义上理解国际政治概念，它是指国家之间的政治，英文叫作“politics among nations”，通常是指代表不同民族的国家政府之间的政治，如政府间的外交、军事、经济活动及其关系。从广义上理解，它是指存在于国际社会并且作用于这个特殊社会的各个国际行为体之间的政治。英文叫作“international politics”或“world politics”。通常是指参与活动者不仅仅局限于国家、民族、政府，还有众多的非国家行为体，如国际组织、跨国公司、利益集团等。其活动领域不仅涉及政治、军事、外交，还包括经济、科技、宗教、文化等多个方面。这两种理解显然是有区别的。学者往往将广义上的国际政治与国际关系相提并论，但这种概念上的混淆也常常遭到学者们自己的批评。在国内还存在国际政治从属于政治学，是二级学科，国际关系是一级学科的争论。在不少国内专著中也注意把国际政治与国际关系这两个概念加以区别，认为国际关系的涵盖面无论在国际行为体的类别还是在发生关系的层次上都比国际政治（主要是指狭义的理解）明显要宽广得多。当然，也有许多著作采用广义的国际政治概念来包容国际关系的内容，因而国际政治与国际关系这两者之间并无本质区别。

随着人类社会在20世纪的巨大发展与进步，人们从事国际关系领域的各种活动对世界的影响和作用日益突出和增强，研究这个领域活动的规律性越来越重要。这是无论采用“国际关系理论”“国际关系学”还是采用“国际政治学”的名称来定位都不能回避的事实。我们也注意

---

① 倪世雄等：《当代西方国际关系理论》，上海：复旦大学出版社，2001 年版，第 11 页。

到，战后初期发源于美国，以建立国际政治学科独立的理论体系而闻名的现实主义学派是以国家间政治来定义这一学科的。而今天，这个学派的理论广为流传或受到批评与挑战，都不过是国际关系理论中的一个重要的组成部分。

如前所述，国际关系是人类社会一个特殊和重要的领域。它作为国际政治学或国际关系学的一个总研究对象这一点是不容置疑的。对这个总研究对象如何认识呢？人们迄今为止也没有完全研究清楚。西方传统的国际政治理论把民族国家间的政治关系作为立论的基点。但今天的国家却受到来自世界和他自身内外多个领域多种因素的史无前例的挑战。是立论的基点错误吗？不是。是世界的变化太大了吗？是这样。这恰恰是人类从事的国际关系活动造成的。因此，还是要从国际关系本身讲起。

二、国际关系是一个历史范畴

国际关系不是从来就有的，它是人类社会物质生产方式发展到一定阶段的产物。社会生产方式的发展和进步推动了国家之间的交往和联系，从区域性的国际关系逐步发展到建立世界范围内的国际关系。前资本主义的生产方式只能产生相互隔绝的区域性的国际关系。中国、印度在 18 世纪以前曾经是亚洲乃至世界文明的活动中心。古代中国与周边国家和地区形成的朝贡关系，即周边国家定期或不定期地向中国中央王朝派遣朝贡使节以表示恭顺之意。中央王朝则对其实行实际或象征性的统治，因而就有了“亚洲的华夏秩序”之说。① 资本主义生产方式的出现是人类历史的重大事件，这一变革实际上带来了整个世界的改变。近现代国际关系的形成和发展与资本主义生产方式有密切联系。建立在大机器生产之上的资本主义生产方式以建立国际分工和世界市场为基础，最终确立了世界范围内的，各民族国家联系日益紧密的全球性的国际社

① 宋新宁、陈岳：《国际政治学概论》，北京：中国人民大学出版社，2001 年版，第 46 页。

会关系。国际关系的发展既要受到社会生产方式的制约，又反作用于社会生产方式，因此成为人类社会发展与进步的重要条件。

国际关系与人类社会的生产方式变革紧密联系，由此揭开了隐藏在国家间关系背后的秘密。马克思主义认为，在一国范围内，“生产关系总和起来就构成所谓社会关系，构成所谓社会，并且是构成一个处于一定历史发展阶段上的社会”①。当世界范围内某种先进的生产关系占据主导地位，并且建立起世界范围内各国间的社会分工关系时，在国家关系的背后实际上就是一种社会生产关系。我国国际关系学者早就提出国际关系是人们超越国家界限建立的一种特殊的社会关系。② 国际社会关系与民族国家间关系有着完全不同的含义。前者不仅比国家关系的内涵更丰富，而且外延更大。从行为者来说，它可以是不同国家的个人、阶级、集团、企业、组织、政党、政府之间发生的关系，从活动的内容来说，对外贸易和对外投资是最基本的活动，但随着货物交往联系的扩大和深入，活动呈现出多样性，不仅有传统的领域，而且开辟出许多新的领域，比如从人类物质生活的需要的领域发展到精神生活需要的领域。但是，我们以为，这种社会关系既然产生于一定的生产方式，那它首先是围绕着世界范围内的生产、交换以及分配而发生的经济的国际关系。在经济的国际关系基础上建立政治的国际关系，同时也要受到国家自身及其相互间政治关系的制约。相对于一国范围内的社会关系，它只能是一种特殊的社会关系。因此，我们赞同把国际关系的本质属性归结为世界范围内人类社会关系的总和。它不是单纯的国家间的双边或多边关系的总和，也不是国际政治关系或国际经济关系的简称。我们还认为，这并非是有意夸大这种世界范围内的特殊社会关系，以缩小民族国家及其相互间关系的世界意义；而是要透过国家间关系的表象看到制约这一关系的根本因素。只有找到事物发生发展的根源，才能抓得到问题的实质，才能找到解决问题的办法。民族国家间关系与这种特殊的社会关系既相互适应，又存在矛盾。这正是国际关系的复杂多变要害所在。总

① 《马克思恩格斯选集》第1卷，北京：人民出版社，1972年版，第363页。

② 张季良：《国际关系概论》，北京：世界知识出版社，1990年版，第6页。

之，国际关系不是某几个国家范围的事情，它是人类社会的国际关系即以民族国家间关系为基础而建立起来的特殊的国际社会关系。

生产力是人类社会中最活跃的因素。可以说在相当程度上，国际关系是人类社会生产力扩张的产物。在生产方式的变革中，首要的因素是生产工具的变革，它来源于技术进步和科学的发展。而任何技术进步和科学的发展都离不开区域性或世界市场和交换的刺激。人类社会曾发生过的三次科技革命均发源于西方国家，是推动不同时期的国际关系形成和发展的根本力量。从 18 世纪下半叶起，以煤冶炼矿石和纺织机械、蒸汽机、钢铁生产为标志的科技革命用机器代替手工工具，使资本主义进入了大规模生产阶段，使资本主义制度确立了在世界范围内的霸权地位，使国际政治一开始就打上了西方文明的烙印。19 世纪中下半叶以电力、内燃机车为标志的第二次科技革命使西方国家的生产社会化程度大大提高，国际经济联系进一步扩大，推动了统一的资本主义世界经济体系的形成。科技革命对近现代国际关系的发展具有直接的推动作用，对当代国际关系的影响更加突出。第二次世界大战结束以来的第三次科技革命以原子能、微电子技术、光纤、航天和生物工程为代表的高科技群对当代国际关系产生了更为广泛而持久的影响。用原子能技术发展核力量曾经使社会主义苏联与西方长期对抗，并最终改变了人类战争的形式和手段，促进了世界和平。20 世纪下半叶，以微电子技术为代表的信息技术革命使发达国家迈向信息社会，知识经济初露端倪，而且在全球范围内整合和提升各国经济的水平，加深各国经济的相互依赖，使国际关系的结构出现更新和实质性改变。它使跨国公司迅猛发展，各种国际组织应运而生，国际关系向着制度化和组织化发展。

国际关系的发生和发展是两种力量推动的结果：一方面，生产方式进步与科技革命推动着国际社会关系向前发展，成为时代导向和主流；另一方面，民族国家的产生和各国维护本民族和本国利益的斗争构成了各个时期国际关系的主要内容。这两股力量相互碰撞、相互矛盾，但又相互联系、相互制约。国际政治中的战争与和平，对抗与缓和、冲突与对话以及国际经济中的合作与竞争都是国际关系矛盾运动的表现形式。

17 世纪中叶，正处于资本主义生产方式发展过程中的欧洲国家建立了民族国家体系，这是近现代国际关系形成和发展的主要历史依据。威斯特伐利亚和约首次确立了欧洲国际关系中国家主权平等原则，这一原则对近现代乃至当代国际关系和国际法均产生了重大而深远的影响。在国际关系历史上，欧洲民族国家体系促使近代欧洲在世界的崛起并处于国际政治的中心位置。同时，欧洲也成为区域性战争和世界性战争爆发的中心。但两次世界大战却从根本上改变了欧洲的命运，促进了国际关系的民主化。由此可见，某种意义上，战争也是提升人类理性的手段，是寻求合作的转折点。

国际关系是一个不断发展变化的领域。国际关系是处在一个地球上的人类社会为了生存与发展的需要而相互联系，相互作用的历史过程。它将不断给人们的国际政治理论和实践提出新的问题和研究课题。

（原载吴嘉蓉主编，王科副主编《国际政治学的理论与实践》，四川人民出版社，2003 年版）

试析国际格局的力量结构与世界的安全、发展问题

冷战结束后，经过十多年的发展，国际格局呈现出“一超多强”或“单极-多极”的力量对比结构和一超与多强之间相互借重、相互制衡的态势。这一状况在未来一二十年都不会有大的改变。这种结构和态势对国际形势的发展必然产生重大影响。伊拉克战争之后，“一超多强”的力量结构并没有发生根本改变，但是“多强”联合起来制衡“一超”却十分突出。美国被迫抛弃“旧欧洲”，选择与“新欧洲”联合，这表明美国独霸世界的图谋引起了西方联盟的分裂。世界大国的力量与关系出现了新的分化和重组。相对于这一变化，世界的和平与发展问题仍然是时代的主题。

一、国际格局的力量失衡与大国关系状况

第一，世界政治与经济的发展及其规律始终制约着国际格局的演变和发展。国际格局讲的是力量对比形成的结构和态势。国际格局形成的一个特点是相对稳定并形成某种均势。新的格局的形成取决于世界大国之间的力量对比，经过此消彼长达到一种新的平衡。因而力量失衡是美国图谋建立单极世界的客观原因。从目前和今后一段时期看世界都会是失衡的结构，而不是某种均势。与两极格局时期相比，一超与多强之间不仅在国内生产总值、科技力量、市场份额等方面是失衡的，现在连军

事力量对比也是失衡的。美国一国的军费开支超过了排在它后面的十多个国家，等于20个国家之和，因而有人认为现在是单极世界。美国自己就是这样看的，但是其他国家不接受。不仅是俄罗斯、中国不接受，欧洲的几个大国也不接受，即美国的盟友不接受。当然国际社会也不接受。美国背道而驰，成为“孤独的超级大国”。为什么其他国家不接受？即使是美国的政论家、外交家也认为某种单极即使存在，时间也会很短或寿命不长。因为多强已经存在，单极的图谋只会刺激多强的发展和抵抗。从某种意义上看，美国的强大主要不取决于美国自己，而是取决于“多强”的力量增长。

第二，美国的经济霸权而非军事霸权是支撑美国强大的关键。客观上讲美国经济发展对世界的依赖日益增大。美国建立霸权和新秩序的主要途径并非是打大规模的世界战争，而是运用经济全球化进程中的先发优势和制度化主导优势，确立和保持经济霸权，进而推进军事、政治和文化霸权，其中包括对中小国家打高科技战争，以达到控制战略资源、称霸世界的目的。美国将凭借在高新技术产业和高附加值服务业的优势，推行经济霸权主义，使全球经济服从美国利益。世界经济的区域化发展还处在初期阶段。由于这些原因，人们从长远看问题，看重潜在经济力量。这不像过去谋求地缘政治利益，按照军事力量划定势力范围，实行超经济的强制。现在是以自己和周边国家的地缘经济利益来界定势力范围。所以即使美国现在很强大，但是它的强大必须建立在其他国家的强大基础之上，因而“单极”的内涵已经发生改变。美国越是依赖于经济科技霸权就越是离不开与其他国家的合作。美国经济的强大是世界各国共同维护的结果。美国是战后世界经济体系的倡导者和维护者。市场经济原则体现在美国身上。美国不可能推翻市场经济原则，相反还要带头遵守才能从中牟利。小布什政府的减税法案（布什总统于2003年5月28日签署了美国国会已经通过的3500亿美元的减税法案）再加上巨额财政赤字（2002财年美国的财政赤字为1578亿美元，2003财年预计为3040亿美元，但截至2003年4月30日的前7个月已突破2000亿美元）把经济衰退问题解决了，他有可能连任总统。

第三，美国在推行霸权图谋中很可能采取机会主义行为。美国推行单边主义的一极战略和世界多数国家主张多边主义的多极战略基本上符合当前和今后的力量结构。有人称其为结构性矛盾，这在短期内不会消除。所以出现了一个共同现象：都把过渡时期的格局称为战略机遇期，美国也不认为一切都已经决定和稳定下来，许多都是不确定的变数。美国试图按照自己的意志和愿望改造世界，其他国家也试图按照自己的愿望主宰世界。这中间既有矛盾与冲突，也有共同点。例如，美国及其盟国在经济全球化中都是既得利益者，但在对欧洲事务中，以及其他国际问题上又有分歧。伊拉克战争前后，欧美关系已经发生了进一步的分化。中国与美国在经贸关系上有共同利益，在政治军事问题上有冲突。世界大国在维护世界安全问题上有共同责任和利益，但在如何维护上又有分歧。从根本上看存在战略性的一致或不一致，存在着具体利益上的妥协和协商。美国的霸权意图目前主要集中在“泛中东地区”（中东、中亚和南亚）。也有人认为，美国控制这一地区具有深远的地缘战略价值。例如通过控制中东达到控制欧洲的目的，以及遏制中国的发展等。但是，美国控制中东不可能解决世界的市场经济问题，市场经济也不可能解决中东问题。美国主导中东地缘政治对美国究竟是利大于弊还是利弊相当，甚至相反？即使美国在政治经济方面都有利可图，也不能断定其他世界大国就是输家。伊拉克战争还可以认为是美国治理中东问题的一种手段，以达到有利于美国自身安全的目的。

第四，世界的大国之间并没有改变合作基调，但在涉及自身利益方面出现了新的分化和组合。无论是联合国安理会机制还是北约组织，都离不开大国合作。但是，伊拉克战争前后，我们确实看到了法国、德国和俄罗斯的紧密合作，三个国家在安理会上与美国公开较量；看到了欧盟国家之间在安全问题上的分歧。欧美之间的裂痕非常深，法国和德国不是直接挑战美国的霸道行径，也是在破坏美国的霸权。法国站在反对美国霸权的最前列，差点遭到美国的制裁。德国不再害怕在国际事务中得罪美国，而是以和平主义的姿态公开反对美国的武力外交。俄罗斯则成为法、德反对美国对伊动武最坚定的伙伴。这三个国家不仅在主张多极世界方面具有战略需要，而且在伊拉克石油开采权、债权问题上也有共同利益要维护，当然都不希望美国控制伊拉克石油。三国合作的另一个背景是欧盟的东扩已经顺利进行，欧盟与波兰等 10 个中东欧国家已经正式签署协定，2004 年 5 月 1 日这十个国家将成为欧盟的正式成员国家。欧盟将扩大到 25 国，成为欧洲历史上版图最大，以及目前世界上最大的经济一体化组织。伊拉克战争后，俄罗斯公开使用“多极化”一词表明了自己的政治立场。俄罗斯在欧盟东扩上的合作与融入欧洲的机遇也是前所未有的。俄罗斯经济很可能由此而起飞。2003 年 5 月 31 日普京总统与欧盟领导人在圣彼得堡签署了《联合声明》，双方将加强在政治、安全、反恐、经济等领域的合作。新当选中国国家主席的胡锦涛首次出访的就是俄罗斯，除了中国自身利益需要加强与俄罗斯的合作之外，两国首脑再次强调双方的战略协作伙伴关系也表明了两国相互借重实现多极化的意图。但是我们也看到，欧洲的世界大国之间并没有组成统一的反美战线。俄罗斯杜马照样批准了 2002 年 5 月与美国签署的第三阶段削减战略武器条约。法国和德国也在修复与美国的裂痕。而中国也致力于发展同美国的双边关系。因此，“多强”不可能出现一种与美国长期对抗的关系。

二、世界的和平与安全问题面临着新的挑战并充满着矛盾

国际恐怖主义破坏了世界的安全秩序，危及美国本土自身的安全问题，这不是大国间的挑战而是来自国际格局之外的挑战。美国必须应付这一挑战，且应战需要动员全国的力量、勇气和魄力。光靠利益集团并不能完全左右美国的外交决策。为了解决自身安全问题，美国改变了亲手建立的战后世界秩序和安全机制，不再按照国际法规则办事。美国甚至考虑开发小型核武器来对付恐怖主义问题。根据 2002 年 1 月公布的美国《重审核部署报告》，2003 年 8 月美国将讨论重新开发重量在 5 公斤以下的小型核武器问题，还要研究强力钻地式武器和中子弹以及恢复核试验。美国的变革刺激着世界其他国家的行为。美国需要的安全秩序对于其他大国来讲也有同样的需求，其他世界大国很可能继续在同美国的合作中受益。最近联合国安理会通过决议取消了对伊拉克历时 13 年的制裁，承认美英联军对伊拉克的占领和治理，已经召开的八国财长会议

也一致同意将伊拉克的外债偿还期推迟到 2007 年。这些重大决定实际上都是美国与世界其他大国协商达成妥协的结果。

在解决地区安全问题上，美国的干预与联合国的授权或合法化既相互需要又相互排斥。冷战结束后发生的地区内乱主要是民族和宗教引起的局部战争，巴以冲突、印巴冲突都是老大难问题。过去，背后有苏联等大国插手，现在俄罗斯等大国都退出争夺和干涉，一心一意发展本国实力。现在发生的局部冲突和战争没有一个是大国之间的争斗，大国公开支持的不多；相反，主要是大国在当救火员或世界警察。联合国到处执行维和任务和人道主义干预。从海湾战争开始，到科索沃战争、阿富汗战争、伊拉克战争，这些战争在表面上都带有维持国际正义和秩序的性质，同时也有大国的政治目的。联合国和世界大国对东欧和泛中东的干预由来已久，对这两个地区的冲突都有清醒的认识。

东欧战乱是苏联解体和东欧剧变带来的余波。压抑已久的民族矛盾和利益冲突一下子爆发出来，难以调和而失去控制，成为破坏现存秩序的热点地区。科索沃危机关系到欧洲秩序，也关系到欧盟和北约的东扩，所以北约组织进行了干预。俄罗斯并没有坚决反对，在包括中亚问题上，俄罗斯都是坚决地退却，选择了合作与融合的外交战略。实际上，俄罗斯与中国政府对于宗教极端势力的发展都有忧虑和受威胁感。普京总统提出在西亚有一条不稳定地带的存在，俄罗斯、中国和中亚四国建立上海合作组织之初衷就是打击民族分裂主义、恐怖主义和宗教极端势力这三股势力。通过采取区域性合作的手段来遏制三股势力的发展，而不是解决根本性问题。阿富汗战争、伊拉克战争实际上是美国要干涉，并坚决选择武力方式，因为美国认为“9·11”事件的肇事者在这一地区。尽管伊拉克问题主要是防止大规模杀伤性武器和核扩散等问题引发的，但是美国却利用反对恐怖主义的势头将伊拉克问题与反恐挂钩，以达到惩罚中东国家支持宗教极端恐怖主义活动的目的。萨达姆政权在中东国家中敢于出头同美国对抗，敢于公开支持巴勒斯坦与以色列对抗，包括“9·11”事件之后仍然公开支持巴的自杀式行为，同时又有发动两次战争的前科，必然成为美国在中东的主要打击对象。而沙特阿拉伯等温和派国家也因此有所顾忌和收敛。美国对伊拉克采取军事行动的政治意图是：在伊拉克建立一个亲美政权，输出和培植西方式民主，为改造伊斯兰文明树立一个样板，意图改变中东地区的阿拉伯国家及其人民反对美国和西方的心理状况。这种解决问题的手段不符合国际法准则，是违背和践踏国际法的，因而美国不可能获得联合国授权。但对美国而言，伊拉克战争是耗资多、伤亡小的高科技战争，人们对战争的容忍度提高了；相反，人们对恐怖主义和制裁引起的伤亡更加看重。拿破仑曾经说过，有两种力量将人们联合起来，这就是恐惧和利益。联合国机制及其战后制定的一系列国际法规在解决诸如国际恐怖主义等国际社会共同问题上远不如世界大国单独行动或联合行动更有效率。这也是美国单独动武的理由之一。

总之，世界和平的大局，总体缓和的国际形势并没有改变。按照我们的理解，第一，只要国际上不打大的战争，大国之间不发生战争就是和平的。这取决于大国间愿意用什么方式解决矛盾；第二，局部战争不妨碍总体国际和平形势；第三，大国在使用武力问题上日益谨慎。伊拉克战争后，美国的安全问题并没有解决，中东地区的阿以和平还没有实现，伊拉克重建还有待时日。美国同伊朗、朝鲜的核纠葛还未了结。美国打着反恐和防核扩的旗帜将美国海外军事力量进一步东移，美国的安全重心正在从欧洲转向亚洲，美国在德国的驻军正在压缩并可能向波兰、匈牙利等中东欧国家转移。美国在亚洲的驻军也将重新部署，从过去的东北亚转向东南亚地区和国家。从某种意义上讲，亚洲很可能成为未来战争的新热点。

三、世界的发展问题比安全问题更难解决

首先，世界经济体系的不平等问题即旧秩序在短期内很难消除。国际分工中谁占主导地位，谁就获利最多。谁的国际资本最多，谁就最有发言权，这是市场经济规律制约的结果。表面的平等掩盖着不平等。如果世界大国不把发展问题放在政治上的高度来认识，很难真正拥有世界和平与安宁。世界上有发展经济学在研究这一问题，伊曼纽尔·沃勒斯坦的“世界体系论”，萨米尔·阿明的“依附论”是其代表。还有西方

新自由主义学派的“相互依存论”、国际政治经济学派从权力与财富的关系、国家与市场的关系来研究发展问题。“世界体系论”和“依附论”都是批判性的理论，尽管作为国家发展战略有失偏颇，但一直经久不衰。其共同点就是运用了马克思主义的基本观点，认为资本主义是个世界体系，由中心与外围构成。资本主义国家通过国际分工和国际交换体系剥削和掠夺发展中国家，使后者在世界体系中不断被边缘化，出现了第四世界。这种状况至今没有根本改变，除非世界体系发生崩溃。社会主义国家不可能改变这一体系，但可以削弱它。“相互依存论”承认发达国家与发展中国家在依存上的不对称性，要求发达国家改善与发展中国家的关系。国际政治经济学强调市场经济组织对国家权力的巨大影响力，也承认国家权力制约财富的分配。一部分社会主义国家与发展中国家的实践证明，以革命的方式搞建设是不符合经济建设的规律的。

归根到底，世界体系的不平等和不公正是生产力发展不平衡的产物，交换的不平等进一步加剧了这种不平衡而已。战前和战后发达国家的历史无一例外地证明，国际分工和国际交换即使是不平等、不公正的，国家也是可以充分利用其来加快发展的。民族国家要富强离不开世界经济体系。改革世界经济体系首先是加入进去。社会主义国家有先进的理论为武器，政治和经济上又相对独立自主，在发展道路上已经初步具有自己的模式和目标，因此要有坚定的信心和决心。当然，发展的不平衡性、两极分化和贫富悬殊问题要引起高度重视。

其次，冷战结束后的发展问题具有政治、经济、军事和文化等多重意义，相互交织在一起演变为经济安全问题。发展问题关系到国家的生存、生活方式和社会制度，不仅与一国安全问题结合紧密，而且与过渡时期的格局挂钩。例如，军火工业或军工复合体（作为军事工业化的载体）也是市场经济的一部分。军援和军售又是国家扩大势力范围的工具。军费开支对一国经济有刺激作用，但伤害的可是本国或他国的人民。安全的内涵从政治转向经济并且已经多元化。再比如，在国家发展过程中对能源的需求日益增加，能源的供应和价格一直是国际竞争的重要砝码。就石油价格而言，正如1986年《华尔街日报》所说：“本世纪大部分时间中，石油生产者一直牢牢地控制着石油价格。起先是约翰·

洛克菲勒，接着是得克萨斯铁路委员会，然后是七姐妹，最后是石油输出国组织（欧佩克）。"① 但是现在这种情况又在发生改变，美国作为最大的石油消费国与石油输出国组织之间的矛盾由来已久。俄罗斯正在成为世界最大的石油出口国家，中国进口石油在石油消费中的比重日益增加。这些因素的存在和发展将石油的经济价值与经济安全、国防安全有机结合。回顾石油与政治的关系，不难得出争夺霸权必然染指石油的结论。战争与石油之间有异常密切的关联，形成"政治—战争—石油—政治"的循环关系。20 世纪初，英美就在中东地区争夺石油控制权，获取垄断利益。英国是霸主，在第一次世界大战时期英俄联手控制中东石油防备德国，但沙特阿拉伯和伊朗曾经亲美排英甚至以德制英、制俄。萨达姆的祖辈就是反英的先锋。英国和美国石油集团的垄断地位是通过租让权方式获得石油标价权，中东石油开采成本低得惊人。第二次世界大战期间，每桶石油最低 10 美分，最高 24 美分（不包括矿区使用费）。石油垄断集团每桶油的利润高到 100% 以上。1960 年和 1968 年石油输出国组织和阿拉伯国家石油输出国组织建立以后，通过增加分成比例和税收提高了石油收益，并最终夺回了标价权，实行配额制和限产定价制度。石油价格在 1955—1971 年之间每桶油价仅提高了 5 美分，从 1.75 美元/桶到 1.8 美元/桶。1971 年以后从 1.8 美元/桶提高到 2.18 美元/桶，1973 年从 2.18 美元/桶提高到 2.95 美元/桶，1974 年又提高到 11.651 美元/桶。伊拉克战争前，远期市场的石油价格上涨到 40 美元/桶。石油价格的上涨与美元的贬值、美元地位的下降联系在一起。中东石油出口国用石油美元购买发达国家的制成品和农产品，并将石油美元投资于西欧、美国的证券市场，当然也将其作为政治武器来使用，如第三次中东战争期间阿拉伯国家石油输出国组织对西欧、美国等实行禁运。再有，美国主要运用军事手段控制战略资源或战略要地以建立某种秩序。由于石油的战略意义和中东的战略地位，美国一贯把这一地区视为自己和盟国的战略利益或至关重要的利益。小布什政府主要代表石油集团的利益。本届政府中有 25 人来

---

① 江红：《为石油而战，美国石油霸权的历史透视》，上海：东方出版社，2002 年版，第 232 页。

自石油和汽车工业集团，副总统切尼曾担任世界最大的石油服务公司之一的哈里伯顿公司的董事长和首席执行官。一方面，美国作为最大的石油消费国，把中东国家的石油政策视为与美国对抗，威胁美国的生活方式，所以控制伊拉克石油，意在削弱石油输出国组织和阿拉伯国家石油输出国组织对世界石油价格的控制。例如欧佩克在2003年年底的石油价格保持在25美元/桶，美国可能认为维持在20美元/桶~22美元/桶更好，这样就可以利用伊拉克石油调节市场价格。（根据其储藏量，可日产石油800万桶），因而坚决反对西欧和日本等国家不听从美国的指挥与石油输出国家搞双边协定。另一方面，美国认为自己是西方文明的保护者和领导者，力图控制中东。美国在第二次世界大战后取代了英国，曾经先后利用巴以矛盾、苏联与阿拉伯国家矛盾千方百计地在中东站住脚。如扶持亲美政权，支持伊朗的巴列维政权，支持沙特阿拉伯政权，在两伊战争中主要支持伊拉克，暗里却发生了伊朗门事件，包括伊拉克入侵科威特之前也没有制止萨达姆。美国在主导中东和平进程中，促成了埃以和约、约以和约，现在又支持以色列，打压巴解组织。通过伊拉克战争，要把波斯湾变成美国的后院。实际上美国确实从海湾战争以来就想在这里建立类似于北约组织的安全机制。美国已经同海湾五国签订了军事合作与防务条约，美国可以在这些国家长期驻军和建立军事基地。现在伊拉克又掌握在美国手中，由老布什和小布什共同完成的称霸海湾已经梦想成真。美国打击了中东的激进势力（伊拉克属于强硬派），维护了温和派势力，可能迎来一段时期的美国式安全秩序。

总之，世界在发展问题上呈现出更为复杂的局面。发展中国家在探索本国发展道路上的曲折性在非洲、中东、拉美、东亚和南亚都出现了各自的特点。发展中国家的经济主权和政治安全在全球化进程中如何维护？怎样抓住发展机会，减低负面影响确实是重要课题。如何处理好与发达国家特别是美国的矛盾和关系也是重要课题。

（原载《理论与改革》，2003年第6期）

“文明冲突论”述评

“文明冲突论”的提出者是美国著名的政治学者、美国当代政治发展理论权威、哈佛大学奥林战略研究所所长、教授塞缪尔·亨廷顿。1993年，亨廷顿在美国夏季号《外交》季刊上发表了一篇题为《世界各种文明的对立与斗争》的长篇论文。文中指出，新世界的基本矛盾将不再出于意识形态和经济状况的差别，人类今后的最大分歧及冲突将主要来源于文明的歧异。这一观点在西方学界引起震动，随即在东西方国家之间展开了一场大讨论，“文明冲突论”成为冷战结束之后波及全球范围的一种新思潮。1996年11月，亨廷顿在此论文基础之上，完成了专著《文明的冲突与世界秩序的重建》（以下简称《重建》）。在《重建》一书中作者表明其意图是要对冷战之后全球政治的演变作出解释，提供一个更有意义的和更有用的观察国际发展的视角。作者的基本观点是：全球政治的主要冲突将发生于不同文化的国家和集团之间。文明的冲突将主宰全球政治。下一次世界大战，如果有的话，必将是所有文明之间的战争。① 作者在书中对“文明冲突论”进行了详细的分析和论证，涉及对若干基本和重大的国际关系理论的重新认识和评定，因而受到来自多方面的质疑和批判，成为目前争议最大、最具挑战性的国际政治思潮。

一、“文明冲突论”的主要内容和观点

亨廷顿认为，冷战后的全球政治是文明的政治。文明是人类群体划

① ［日］新野昭吉：《冷战后国际关系理论的变化与发展》，刘小林主编，北京：北京师范大学出版社，1999年版，第107页。

分的最高级、最广泛的标准。它以客观的共同要素——语言、历史、宗教、习俗、规章制度，以及人民主观的自我认同来界定。文明是人的最高文化归属，是人们文化认同的最广范围，人类以此与其他物种相区别。文明是有意义的实体，一个文明是一个最广泛的实体。人类的历史是文明的历史，不可用其他任何思路来思考人类的发展。西方人倾向于认为民族国家是全球政治的主要角色，但这种情况只不过有几百年的历史。人类历史更广阔的范畴是不同文明的历史。文明没有明确的边界，也没有精确的起点和终点，但它们在不断演变。文明与国家的关系既可以重合又可以分开。在现代世界上，大多数文明包含两个或两个以上的国家。历史上至少有 12 个文明存在过，其中 7 个文明已不复存在，5 个仍然存在，它们是：中华文明（儒教文明）、日本文明、印度文明、伊斯兰文明和西方文明，还可以加上东正教文明、拉丁美洲文明和非洲文明。冷战后的世界就是由这 8 种主要文明构成的，未来的世界秩序则是这 8 种主要文明相互影响、合力作用的结构。亨廷顿强调，西方文明乃是冷战后全球文明的重心，全球文明冲突集中反映为西方文明与其他文明的矛盾，冲突的核心是西方与伊斯兰文明、儒教文明之间的矛盾。

亨廷顿分析了西方文明正在面临衰落和挑战的历史进程。他指出，在所界定的文明的客观因素中，最重要的通常是宗教。然而西方从未产生过一个主要的宗教。世界上的宗教无不是非西方的产物，而且在大多数情况下是先于西方文明产生的。作为西方文明象征的教会与国家之间的分离和一再出现的冲突，在其他文明中并不存在。这种权威的分裂极大地有利于西方自由的发展。因此，西方人和非西方人一再把自由主义认作西方的主要标志。亨廷顿强调，冷战的结束代表着西方造成的文明间的意识形态冲突的结束和西方文明的意识形态的衰落，世界将走出其西方阶段。由种族、宗教和文明所造成的人类更根本的分裂依然存在，而且产生了大量的冲突。由于现代化加强了非西方文化，并削弱了西方的相对权力，世界正在从根本上变得更加现代化和更少西方化，西方的权力相对于其他文明将继续衰落。最重要的权力增长正在并将继续发生在亚洲文明之中，中国正逐渐成为最有可能在全球影响方面向西方挑战的国家。"预测表明 2020 年排名前 5 位的经济强国将是 5 个不同文明的国家，经济占前 10 位的国家中将只有3个是西方国家。”① 亨廷顿承认，西方价值观吸引其他文化的人民的进程持续了几个世纪。但我们正在目睹“由西方意识形态主宰的进步时代的结束”，世界正在跨入一个多种不同文明相互影响、相互竞争、和平共处、相互适应的时代。因而，随着宗教复兴在世界范围内出现和西方吸引力的下降，需要重新界定自我，确定新的认同标准。

亨廷顿详细地分析了宗教复兴运动作为一种反世俗主义、反普世主义和反西方文化在全球兴起的背景。他指出，全球性宗教复兴最明显、最突出也是最强有力的原因，恰恰是那些被认为会引起宗教消亡的东西：20世纪下半叶席卷世界的社会、经济和文化现代化进程使认同和权力体系长期存在的根源瓦解了。人们从农村移居到城市，脱离了他们的根基，从事新的工作或没有工作。他们与大批陌生人相互作用，面对一套新的关系。他们需要新的认同根源、新形式的稳定社会，以及一套新的道德规范来赋予他们意义感和目的感。不论是主流的，还是原教旨主义的宗教，都满足了这些需要。宗教复兴席卷了从阿尔巴尼亚到越南的许多国家，填补了意识形态崩溃后留下来的空缺。在俄罗斯，东正教经历了一场重大的复兴。一场伊斯兰复兴运动席卷了中亚，尽管这场复兴涉及一些原教旨主义的政治运动，但它基本上是一场基础极其广泛的主流的文化运动。因此，亨廷顿认为，在后冷战世界中，人民之间最重要的区别不是意识形态、政治的或经济的，而是文化区别。人们将用祖先、宗教、语言、历史、价值、习俗和体制来界定自己。他们认同于部落、种族集团、宗教社团、民族，以及在最广泛的层面上认同文明。

亨廷顿强调，亚洲和伊斯兰世界的文化自我伸张及其文化对西方的挑战表现得最为明显，它们是20世纪最后25年中充满生机的文明。亚洲的自信或自我肯定根植于经济的增长和相信东亚文明（中华文明、日本文明、佛教文明和穆斯林文明）优越于西方文化，都强调自己与西方文化的差异。东亚日益增长的自信导致了亚洲普世主义的出现，而普世主义一直是西方的特征。对于东亚人来说，经济繁荣是其道德优越的证

---

① ［美］塞缪尔·亨廷顿：《文明的冲突与世界秩序的重建》，周琪等译，北京：新华出版社，1999年版，第83页。

明。马哈蒂尔总理于 1994 年对欧洲国家的政府首脑宣称 "亚洲价值是普遍的价值，欧洲价值是欧洲的价值"①。穆斯林的自我伸张在相当大的程度上源于社会流动和人口增长。人口增长尤其是 15 岁至 24 岁年龄段人口的膨胀，为原教旨主义、恐怖主义、暴动和移民提供了生力军。伊斯兰的挑战表现为伊斯兰世界普遍出现的伊斯兰文化、社会和政治复兴，以及与此相伴随的对西方价值观和体制的抵制。在伊斯兰国家，宗教复兴是一个城市现象，并且吸引着那些有现代取向、受过良好教育和在政府、专业部门、商界追求事业的人。这些人属于 "第二代本土化现象" 的新中间阶级。因而，宗教复兴运动的领袖往往是 "成功的商人和官员"。土生土长的宗教或外来宗教给现代化社会中的新兴的精英们指出了意义和方向。因为传统宗教的价值观是主张相互尊重，反对控制其他国家，而且常常也反对当地统治阶级接受那些控制其他国家的人的价值观和生活方式，宗教复兴运动并不是反现代化的。总的来说，宗教复兴运动并没有摒弃城市化、工业化、发展、资本主义、科学和技术以及这些因素对社会组织造成的影响，但它不能接受所有这些都已被西方化的观点。

亨廷顿同意这样的观点：民族主义和社会主义都没有促进伊斯兰世界的发展，经过净化了的伊斯兰教在当代将起到与新教伦理在西方历史上所起的类似作用。"宗教是发展的动力。"② 他指出，宗教代替了意识形态，宗教民族主义取代了世俗民族主义。宗教与现代国家的发展也不相矛盾。从某种意义上讲，非西方宗教的复兴是非西方社会中反对西方化的最强有力的表现。这种复兴并非拒绝现代性，而是拒绝西方，以及与西方相关的世俗的、相对主义的、颓废的文化。亨廷顿也指出了亚洲和伊斯兰世界的文化对西方挑战的不同方面。他认为，力量的增长将使亚洲在国际事务中继续维护自己的权力，并努力以与西方不同的方式指导全球趋势，脱离西方的模式和规则而重塑国际体制。他认为，伊斯兰

---

① ［美］塞缪尔·亨廷顿：《文明的冲突与世界秩序的重建》，周琪等译，北京：新华出版社，1999 年版，第 110 页。

② ［美］塞缪尔·亨廷顿：《文明的冲突与世界秩序的重建》，周琪等译，北京：新华出版社，1999 年版，第 99 页。

世界缺乏凝聚力意识，没有西方那种对民族国家的忠诚。它们一方面是对家庭、部落和部族的忠诚，另一方面是对更大规模上的文化、宗教和帝国的统一体的忠诚，此外缺乏一个能够整合伊斯兰世界的核心国家。

亨廷顿分析论证了不同文明之间发生冲突的原因。他指出，未来的危险冲突可能会在不同文明的相互作用下发生。在微观层面上，最强烈的断层线是在伊斯兰国家与其东正教、印度、非洲和西方基督教邻国之间。在宏观层面上，最主要的分裂是在西方和非西方之间，在以穆斯林和亚洲社会为一方，以西方为另一方之间，可能存在着最严重的冲突。西方与非西方关系的中心问题是：西方，特别是美国，在全球范围内推广西方文化的努力与推广能力的下降这两者之间的不协调。西方正在试图把非西方国家的经济纳入一个由自己主导的全球经济体系，并试图通过将自己的利益确定为"世界共同体"的利益来保持其主导地位和维护自己的利益。非西方国家却指责西方国家在防止核扩散、推行民主、人权等西方的"普世主义"中搞双重标准、"例外"原则。非西方国家在政治独立之后更希望摆脱西方对其经济、军事和文化的控制。随着非西方国家权力和自我伸张性的增强，它们与西方在价值观念和利益方面的冲突日益增多和加剧。原教旨主义的兴起，使伊斯兰国家的政权从亲西方向反西方的人手中转移，冷战结束使伊斯兰国家与美国之间的安全纽带削弱。但"西方面临的根本问题不是伊斯兰原教旨主义，而是一个不同的文明——伊斯兰。它的人民坚信自身文化的优越性，并担心自己的力量处于劣势。伊斯兰所面临的问题不是美国中央情报局和国防部，而是一个不同的文明——西方，它的人民确信自身文化的普遍性，并使他们有义务把他们的文化扩展到全世界，这些是造成伊斯兰和西方冲突的根本因素"。①

亨廷顿认为由此引发的一个根本问题是：在未来的世界，这些文明将起什么作用？21 世纪的全球体制、权力分配以及各国的政治经济，将主要反映西方的价值和利益，还是将主要由伊斯兰国家及中国的价值和

---

① ［美］塞缪尔·亨廷顿：《文明的冲突与世界秩序的重建》，周琪等译，北京：新华出版社，1999 年版，第 241 页。

利益来决定？尽管伊斯兰文明和中华文明之间存在着根本的不同，但“在政治上，共同的敌人将产生共同的利益。伊斯兰社会和华人社会都视西方为对手，因此它们有理由彼此合作来反对西方，甚至会像同盟国和斯大林联手对付希特勒一般行事”①。除了在人权和经济问题上合作，它们还携手发展军事力量，特别是大规模杀伤性武器及其运载火箭，以抗衡西方在常规武器上的优势。西方将在三个方面作出努力：通过不扩散和反对核武器、生物武器和化学武器及其运载手段扩散政策保持其军事优势；向这些国家施加尊重人权和实行民主制度的压力，来推广西方的政治体制和价值观；限制非西方国家移民或难民的入境人数，以保护西方社会的文化、社会和种族的完整。

亨廷顿承认，军事力量的扩散是全球经济和社会发展的结果。在一个多文明的世界中，核武器和其他大规模杀伤性武器的扩散，是权力缓慢的但不可避免的分散的一个主要表现。他也强调指出，非西方国家力图以获得大规模杀伤性武器及其运载火箭这种捷径来寻求与西方常规军事优势对抗。不排除在未来某个时刻，少数恐怖主义者将可能进行大规模的暴力活动并造成大规模的破坏。恐怖主义和核武器这两者结合起来，非西方的弱国就会变得强大起来。

亨廷顿还承认，西方在民主与人权方面所做的努力收效不大。他引用理查德·尼克松在1994年说的话：“今天，中国的经济实力使美国关于人权的说教显得轻率；10年之内，会显得不着边际；20年之内，会显得可笑。”② 此外，亨廷顿还分析了来自非西方国家的移民及其在未来西方国家的人口增长中的比例加大对西方国家和社会带来的担忧和恐惧。而对西方来说，要解决西方和非西方国家之间的矛盾和冲突，既取决于西方与非西方文明之间冲突的性质和强度，也取决于西方对非西方文明的认同程度和与之发展共同利益的程度。

---

① ［美］塞缪尔·亨廷顿：《文明的冲突与世界秩序的重建》，周琪等译，北京：新华出版社，1998年版，第202页。

② ［美］塞缪尔·亨廷顿：《文明的冲突与世界秩序的重建》，周琪等译，北京：新华出版社，1999年版，第213页。

亨廷顿指出，正在形成的文明政治中，几个基本的极不是超级大国，而是文明的核心国家。围绕西方文明、东正教文明和中华文明正在形成不同的文明的集团。文明的集团包括核心国家、成员国、毗邻国家中文化上相似的少数民族人口，以及核心国家出于安全需要希望控制的邻国中其他文化的民族。国家都倾向于追随文化相似的国家，抵制与它们没有文化共性的国家。核心国家的力量吸引了文化相似的国家，并排斥文化上与它们不同的国家。尽管一些国家在文化上相似却出现过相互为敌的情况，但随着时间的推移，文化的共性以及一种更广泛、更强大的文明意识的形成可能把这些国家维系在一起，就像西欧国家已经走到一起一样。冷战时期由超级大国建立秩序的时代已经结束，文明的核心国家正在取代全球性大国，文明的核心国家是文明内部秩序的源泉，而核心国家之间的谈判则是文明之间秩序的源泉。这是一个势力范围的世界，核心国家充当家长，为其文化亲族提供支持、制定纪律。如果没有这种亲缘关系，即使有能力更强大的国家，在解决区域冲突和建立秩序方面也会受到限制。凡是有核心国家存在的地方，它们就成为文明基础上建立新的国际秩序的主要因素。冷战结束后，西方的边界正在缓慢地重组。欧洲的范围结束于基督教的范围终止、伊斯兰和东正教的范围开始的地方。这样中欧与东欧就分属于基督教（罗马天主教与新教）和东正教的范围。匈牙利、捷克斯洛伐克和波兰这些原属于东欧的国家就应该重新得到基督教的庇护。欧洲对西方基督教世界的认同，为接纳西欧组织新的成员国提供了明确的标准。

亨廷顿强调，北约东扩仅限于历史上是西方基督教世界的一部分的国家，也强调俄国作为一个独立的、东正教文明的核心国家的作用，而土耳其和希腊是作为冷战时期的产物加入到西方阵营之中。它们不是西方基督教国家，冷战后在文明的认同上正在面临是否改变自己的选择。当属于不同文明的国家卷入冲突时文化差异就会加剧冲突。各核心国家会团结本文明的同伴，争取属于第三种文明的国家的支持，但核心国家之间直接发生冲突的可能性不大。往往是断层线冲突的不断升级导致包括核心国家的亲缘集团支持和参与，而其他处于对立面的文明集团设法遏制和解决断层线冲突。伊斯兰的推动力是造成许多较小的断层线战争的原因，中国的崛起则是核心国家大规模文明间战争的潜在根源。尽管亚洲国家对中国的崛起可能选择搭车的方式，但中国的崛起可能引起其他文明国家采取均势行动。同时亨廷顿也认为，共同的利益，通常是来自第三种文明的共同敌人，导致了不同文明国家间的合作。总之，冷战间相对简单的两极关系已为多文明世界的远为复杂的关系取代。

针对西方有些人认为苏联解体意味着未来西方文明将占统治地位所抱有的幻想，亨廷顿指出，凡是认为历史已经终结的社会，通常是其历史即将衰微的社会，西方文明也不例外。西方已经出现了道德衰落、文化自绝和政治分裂。在历史上美国的民族认同在文化上是由西方文明的遗产所界定的，在政治上则是由美国信条的原则所界定的，即绝大多数美国人都赞同的自由、民主、个人主义、法律面前人人平等、宪政和私人财产权。但随着20世纪90年代以来多元文化主义的挑战和克林顿政府鼓励多样性的发展，美国以西方文明的遗产作为单一文化认同正面临多文明认同的威胁和挑战。而一个多文明的美国将不再是美利坚合众国，而是“联合国”。如果仅仅以美国的政治信条来维系一个社会，在一个以文化来界定自己的时代显然是不合时宜的。亨廷顿力图在西方文明受到来自外部和内部挑战的背景下指点迷津。他危言耸听地指出：“摒弃美国信条和西方文明，就意味着我们所认识的美利坚合众国的终结。实际上这也意味着西方文明的终结。”①

针对美国人坚信西方文明具有普世意义的观念，亨廷顿告诫说：“西方文明的价值不在于它是普遍的，而在于它是独特的。因此，西方领导人的主要责任，不是试图按照西方的形象重塑其他文明，这是西方正在衰弱的力量所不能及的，而是保存、维护和复兴西方文明独一无二的特性。由于美国是最强大的西方国家，这个责任就不可推卸地落到了美利坚合众国的肩上。”② 不仅如此，亨廷顿还劝阻美国和西方不要对其

① ［美］塞缪尔·亨廷顿：《文明的冲突与世界秩序的重建》，周琪等译，北京：新华出版社，1999年版，第354页。

② ［美］塞缪尔·亨廷顿：《文明的冲突与世界秩序的重建》，周琪等译，北京：新华出版社，1999年版，第360页。

他文明事务进行干预。要避免极端主义的做法，采取与其他欧洲伙伴合作的大西洋政策。

亨廷顿详细地描绘了在未来的2010年可能发生在美国和中国“这个人类历史上最大竞争者”之间的假想的战争。但他同时指出，在即将到来的时代，要避免文明之间大战，各核心国家就应避免干涉其他文明的冲突，这是在多文明、多极世界中维持和平的首要条件。最后，亨廷顿指出，在多文明的世界，建设性的道路是弃绝普世主义，接受多样性和寻求共同性，维护世界安全需要接受全球的多元文化性。文明的冲突是对世界和平的最大威胁，而建立在多文明基础上的国际秩序是防止世界大战的最可靠保障。

二、对“文明冲突论”的质疑和批评

“文明冲突论”自问世以来受到的质疑和批评多于赞同。但亨廷顿本人却认为，这一观点唤起了人们对文明冲突的危险性的注意，将有助于促进整个世界的“文明对话”。美国政论家布热津斯基赞誉《重建》一书是一本理性的杰作，思想开阔、想象丰富、发人深省，它将使美国对国际事务的理解发生革命性变革。一些西方国际关系学者也认为亨廷顿提出了一个独创性的、现实主义的后冷战国际关系范式。但是众多中外批评者却认为，支持亨廷顿这一文明范式的事实和依据并不充分。该范式存在着许多与冷战后国际关系发展不相符合的地方。具体来说有以下几点：

第一，亨廷顿混淆了文明和文化这两个有所区别的概念。“文明冲突论”只能从狭义上理解，实际上是“文化冲突论”。文化冲突并非世界性冲突的原因，而是载体。文化差异确实助长和促使冲突发生，但本身并不会引起战争。冲突的真正原因是社会经济，是相对的权力，是对人口、地域、财富和资源的控制以及大国不尊重小国引起的世界性冲突。

第二，不同文化和文明之间的关系并非是冲突的。这种极端的看法与文明发展的事实不相符，不同文化是世界融合的起点和归宿。人类文化的历史，就是不同文化长期相互依存、求同存异，不断融合与沟通的发展历史。人类历史的进步正是不同文化相互推动的结果。

第三，冷战后发生的冲突具有多样性和复杂化的特征。其中文化的因素不能否定，但它不是所有冲突的共同特征。将文化问题政治化不仅违背了文化的基本属性，而且夸大了文化因素在冷战后的作用。

第四，站在西方文明的角度过分强调不同文化的冲突在国际政治中的作用容易导致对非西方文化的片面理解。在实践中“伊斯兰恐怖主义”又加深了对伊斯兰教的曲解。

第五，用“文明冲突论”掩盖西方长期以来的文化专制主义和欺压弱小民族的本性。实质是推卸西方的责任和继续维护西方的既得利益。

第六，为美国在冷战后打着民主、自由和人权的旗帜对外扩张提供了新的依据。美国可以借口西方文明正在受到威胁而进一步在全球建立自己的霸权。

这些看法和意见都是从现实主义的立场出发来认识问题的，都有一定的客观合理性。我们认为，“文明冲突论”反映了作者站在西方文化优越感立场上对非西方文化持一种排斥和敌视的态度。他把不同文明之间的对立与冲突上升到不恰当的高度，臆想出非西方文明对西方文明的根本挑战。文明之间的相互作用既包括竞争、摩擦和冲突，也包含着合作、融通和妥协。片面强调某一方面容易得出对未来的错误判断。

一种理论或观点可能存在着这样或那样的问题不被世人所接受，也需要经受时间的考验。但即使如此，“文明冲突论”作为一种观察和分析国际问题的方法论仍然有可取之处。传统的国际政治理论很少涉及文化或宗教因素，即使存在也是依附于国际政治的某些基本概念和范畴之中，作为国家对外政策的背景，具有隐性的特征。传统国际政治的理论框架在微观上是以民族国家为起点，在宏观上是以国际社会及其体系为终点，并且是以经济、政治、和军事力量作为构建民族国家主权及其界定国家利益的依据。文化或宗教因素作为属于民族国家内部管理的事务在国际社会中有明确的规定，是国际政治理论中最为薄弱的研究环节，亨廷顿在“文明冲突论”中弥补了这一缺陷。

首先，他指出了国际政治必须关注文明历史和不同文明之间的关系，并把它作为一种分析国际政治经济问题的新框架，从而凸显出文化或宗教因素始终制约着国家关系的发展和演变的历史进程。这具有一定的现实意义。文明的历史比民族国家的历史更长，这是毫无疑问的。即使对“文明是比民族国家更大范畴的一个客观存在的实体”存有争议，但可以肯定的是，文明具有的某种普遍性，对民族国家的影响是巨大的。这种普遍性使不同国家具有相似的文明特征，可以同化相互之间的差异达到民族融合。他尤其指出在当今世界，宗教认同对社会发展与国家间相互关系的作用。经济全球化发展的进程越发展，国际社会越不可轻视由宗教认同引起的各种积极或消极的影响和作用。由宗教认同引起的民族、宗教战争和领土纠纷已经成为冷战后权力冲突在新形势下的重要表现。从一定意义上看，文化因素在国际政治中地位的上升也是对全球化进程的一种“心理回应”。因此，维护本民族的文化特征及其文化传统已经成为当今世界各国的普遍现象。按照“文明冲突论”，宗教在文化认同中具有决定性作用。宗教认同是跨国界、多民族的，因而全球政治将不仅是民族国家之间的政治，而且也是人民之间的政治。人们对国家的忠诚随着冷战的结束开始让位于对文明的忠诚。不同文明间的冲突也是不同人民之间的冲突。这种由宗教意识形态引发的冲突将使那些多民族的国家和它的人民都面临着新的挑战。如何维系对民族国家的忠诚？如何增进爱国主义精神，增强民族凝聚力？这些已成为民族国家面临的重大而需要应对的问题。

其次，亨廷顿发展了西方国际政治学中的权力政治理论。全球政治是文明政治的论断不仅赋予了文明或文化以权力的含义，使其具有显性的特征，而且使世界政治的面貌因文明或文化权力的作用正在发生根本的改变。文化力或宗教力是作为国际政治理论中最为基本的权力概念的要素构成的。相对于地理、资源、经济和军事等权力要素，其重要性正在增长，且正在成为整合其他权力要素的首要力量。20 世纪 90 年代初，西方国际政治学者约瑟夫·奈就提出了相对于硬权力（指军事力量）的“软权力”的观点。他认为，价值标准、市场经济和西方文明中的文化、宗教影响都是“软权力”的组成部分。软权力是一种合作型权力，其来源是经济和文化。20 世纪 90 年代以来，文化作为一种权力、一种实力，可以影响国家的行为的观点已经被更多的人所接受。亨廷顿则更进了一步，他不仅仅把文明或文化作为权力因素，而且是作为一种超越国家权力的更大权力使全球政治沿着文明界限进行重组。亨廷顿实际上建立了一种文明权力观，即用文明界定国家利益的新观点取代权力界定国家利益的传统观点。不仅西方文明是界定西方国家利益的依据，非西方文明同样如此。其结果是民族国家力量将在不同文明的更大力量范围中重组或者重新分化。这一逻辑推理对于经济全球化下民族国家主权的弱化已成定局，国家利益必然重新整合的未来发展方向也不失为一种合理的解释，但确实有赖于实践的检验。

再有，亨廷顿是西方的智者，必然忧西方之所忧。他以文明发展的战略眼光对未来世界格局的走向进行了新的分析并试图制定游戏规则。他认为，自威斯特伐利亚和约产生的近代国际关系体系出现以来，西方世界的冲突大部分发生在君主、民族国家之间，西方与俄国革命以及后来与苏联的意识形态冲突基本上都属于西方文明的“内部冲突”。冷战结束后，国际政治已经迈出西方文明阶段，重心转移到西方与非西方文明的相互作用上。面对中国，西方不应该以文明的名义对外加强干涉来遏制中国，而是主要通过西方文明内部的协调与整合来复兴西方的力量。包括减少西方国家之间的摩擦，加强政治经济军事的一体化，防止其他文明利用西方国家之间的分歧。但是，亨廷顿在指出了文明冲突的必然性的同时，并不否定美国和西方的世界领导权。只是坚决反对美国对外干涉其他文明的事务，认为由此引起的潜在冲突对美国的领导地位不利。这在现实国际政治中恰恰是矛盾的。美国当权者完全可以利用西方文明受到威胁的这种心态对外实行干涉。当然，亨廷顿赞成美国和西方扩大对中欧的控制和对拉丁美洲的联盟，承认俄罗斯的东正教势力范围和合法利益，继续与日本结盟，防范中国军事力量的发展。因此，由“文明冲突论”得出的某些预见在一定程度上也可以作为我们在处理现存国际关系时了解西方政治家谋略的一个视角或参考。

（原载王科等著《当代西方政治思潮解析》，电子科技大学出版社，2003 年版）

伊拉克战争之后的中美政治、经济关系

如何评价美伊战争之后的中美关系？这是一个比较敏感的话题。美国布什政府认为，目前中美关系处于20世纪70年代建交以来的历史最好时期。中国领导人认为，中美关系远远还未达到应有的水平，还应该更好。不论评价如何，我们应当关注的焦点是，中美关系日益成为世界上最为重要的一对关系之一。作用于中美关系的发展和变化的因素日益增多，不仅在两国之间，而且在世界之中。世界合力日益推动着中美关系的发展变化，中美关系的状况既是国际社会关系中政治、经济和文化等因素相互交织综合作用的结果，又是世界经济全球化和政治多极化趋势背景下的产物；更是改革开放以来我国长期奉行与美友好，不搞对抗的外交政策的结果。

一、中美在国际安全问题上加强合作，推动双边关系发展

在“9·11”事件之后，美国被迫把维护本土安全目标放在首位，又不放弃维护单极霸权的全球战略。这是美国战后全球战略布局的重大变化。我国有专家认为美国的反恐战争影响巨大，不亚于苏联解体的影响。直接影响就是美国用反恐划线，支持美国反恐的国家就是朋友，反对就是敌人。反恐战争的长期性和复杂性迫使美国重新认识和重视中国的作用。中美两国的合作基础发生了转折性的变化，出现了新的发展机遇。布什政

府2001年上台之初把中国视为“美国的战略竞争对手”和“防范、遏制对象”，否定了克林顿政府提出的“中美建设性合作伙伴关系”。2001年10月布什参加在上海举行的亚太经合组织国家领导人非正式会晤时宣称，中国不是美国的敌人，他把中国看成美国的朋友。美国致力于同中国发展建设性合作关系，将本着相互尊重、坦率相待的精神来处理相互间的分歧。经过伊拉克战争之后，美国对华政策的战略性调整得到了巩固和发展。伊拉克战争之后美国对华政策更加清晰和稳定，在涉及处理双边利益问题上比较客观和实际。2003年11月5日，科林·鲍威尔国务卿在得克萨斯州农工大学举行的中美关系大型会议上的讲话中强调美国对华政策是：(1) 同中国建立一种以共同利益为主，而不是以分歧为主的关系。其理由是中国正在作为一个负责任的安理会常任理事国，开始在政治和安全等问题上发挥领导作用。(2) 与中国发展强有力的伙伴合作关系。美国和中国正在以仅仅几年前还不可想象的方式进行合作。(3) 推进与中国的经济关系，并且要求中国履行它对世界贸易组织承担的义务。(4) 坚持一个中国的政策，和平解决大陆与台湾地区的分歧仍然是美国持久利益之所在。

美国面临反恐和维护国土安全的重任迫使美国政府制约国内反华势力和敌视中国的倾向。因此有这样一种估计，未来相当长一个时期内美国不可能把主要矛头对准中国，且在许多紧迫问题上以及经济发展问题上需要中国的合作。这也是世界范围矛盾的发展，深层矛盾的暴露所造成的。美国认为，中美关系越来越具有全球性。两个伟大的国家正在探索在全球关注的问题上进行合作的新途径。在世界政治经济事务方面，中国日益具有举足轻重的作用，在防止核扩散、反对国际恐怖主义和进行市场经济这三个方面都能够发挥直接区域性乃至间接全球性的重要战略作用。美国认为，2002年秋季中国在联合国安理会通过第1441号决议的努力中发挥了有益的作用，中国还在自伊拉克战争开始以来的第1483号、第1500号和最近的第1511号等三项决议中支持了美国，使中美之间有了更坚实的合作基础。

第一，中美双方在非传统安全领域，特别是反恐问题上开展了良好的合作，一些原属分歧的领域由于美国或中国调整了政策而向合作方向转变。从前美国把中国政府打击搞恐怖活动的“疆独”组织视为人权问题，现在布什政府承认“疆独”为恐怖主义组织，不仅冻结了其资金，而且配合中国抓获公布的恐怖主义分子。

第二，在地区安全问题、防扩散问题上双方进行了重大合作，突出表现在朝核问题上。美国认为中国发挥了积极、主导作用，这两方面的合作被视为中美在战略层面上的合作。中国在六方会谈中扮演了一个相当称职的“斡旋者”角色，标志着中国外交的成熟；对美国来说中国是唯一一个能够和美国沟通，同时能够对朝鲜施加重要影响的国家。对于朝鲜来说，中国就是朝鲜和平通向世界的唯一渠道，中国组织此次会谈的重要收获，在于展示了在解决地区安全问题上所具有的独特价值，这对于未来中美双边关系的发展，有着重要而深远的意义，因为这是在安全问题上，美国第一次“有求于”中国。

第三，中美军事关系正在走向恢复交流和合作的态势，2003 年 10 月 29 日中国国防部长曹刚川访美被视为中美军事合作与交流的全面恢复。2004 年 1 月美国参谋长联席会议主席迈尔斯访华，中国中央军委主席江泽民及军委副主席、国务委员等分别会见了迈尔斯将军。此外，美国军舰访问上海、香港两地，中美之间将加强在军事方面的对话与合作，探讨解决潜在的或实际的政治、军事危机的方式。

第四，双方建立了交流合作关系，继 1999 年美国众议院和中国全国人大建立交流机制以来，2004 年 1 月 1 日至 3 日，中国全国人大和美国参议院就建立正式交流机制也达成了一致协议。决定成立中国全国人大-美国参议院议会小组，2 月 26 日，十届全国人大常委会第七次会议审议并通过了关于中国全国人大与美国参议院建立正式交流机制情况的书面报告。根据中美两国签署的备忘录，中美两国立法机构每年将各派遣 12 名资深代表（议员）参加会议，地点分别在北京和华盛顿。美国国会参议院临时议长史蒂文斯表示，两国资深代表、议员之间的首次会谈将于 2004 年 8 月在北京举行。

第五，中美经贸关系持续发展，已经成为两国关系最牢固的纽带和稳定器。中美贸易往来中“你中有我，我中有你”的局面已经形成，是中美关系发展的重要基础和强大动力。美国已成为中国第二大贸易伙伴和最大投资国，美国市场已占中国出口总额的20%，中国是美国的第三大贸易伙伴和增长最快的出口市场，中美贸易额从建交时的不足25亿美元增长至2003年的1263亿美元，为过去25年（1979—2003年）的50倍。当年贸易顺差接近600亿美元。从1994年到2001年，中美贸易累计为中国提供了1444亿美元的贸易顺差，平均每年大约为180亿美元，占这段时间中国贸易顺差的74%，仅次于中国对香港地区的贸易差额。尤其近两年来，中美贸易顺差大大超过了中国贸易顺差总额。中国2003年1—11月进出口贸易额达到7609亿美元，顺差197.5亿美元。中国与日本、美国和欧盟三大贸易伙伴的双边贸易总额均突破千亿美元。日本作为中国第一大贸易伙伴，2003年的双边贸易额为1324亿美元。日本对华直接投资79.6亿美元，增长50%。美国在华投资设立企业超过4万家，实际投资430亿美元。美国500强企业中，已有400多家进入中国，大多数企业获利丰厚，麦当劳、肯德基遍及中国大小城市，微软、英特尔、摩托罗拉、宝洁、柯达、通用汽车等美国驰名品牌的商品畅销中国市场，中国人用的胶卷，每10卷中就有7卷是柯达产品，沃尔玛等零售企业在中国也有很大发展。与此同时，在美国的市场上，许多中国商品受到美国消费者的青睐，中国在美国投资设立企业超过700家。

二、中美领导层加强沟通与协调，利用制度机制解决分歧

由于战略利益的调整，美国加强了与中国的合作，还表现在中美双方高层领导加强沟通和联系以及妥善处理双方的一些分歧等方面。

首先，两国首脑和外长多次会晤，在重大国际国内问题上保持协调。仅在2002年至2003年的两年里，两国首脑破天荒地有过四次会晤。它们是2002年2月份、10月份布什访华与江泽民访美的互访、2003年5月、10月布什与胡锦涛在法国埃维昂、泰国曼谷会面。此外，2003年9月22日中国外长李肇星受到美国超规格接待。布什对李肇星说，目前美中关系充满活力，这对双方都很重要，美方愿意与中方一道推动两国关系继续发展。布什高度评价中国在朝核、伊拉克等重大国际问题上发

挥的建设性作用，他重申了美国坚持一个中国政策、遵守美中三个联合公报和反对“台独”的立场。李肇星与鲍威尔的关系已变得如此不拘礼节和接近，彼此像跟朋友一样交谈，坦率地说话，直截了当地说话，不用转弯抹角。2003 年 12 月 20 日晚中国国家主席胡锦涛应约同美国总统布什通电话。双方就伊拉克局势最近新的发展、伊拉克重建问题、朝鲜半岛核问题、反对“台独”等问题交换意见。2004 年 3 月 21 日晚上李肇星外长打电话给美国国务卿鲍威尔，讨论了台湾地区选举的问题。李肇星外长要求美方坚持一个中国的政策，多做有利于台海和平稳定和两岸关系发展的事情。美国国务卿鲍威尔在谈话中重申，美方将恪守一个中国的原则。

其次，在双边敏感问题上，采用领导人带头攻关方式。2003 年 12 月 7 日温家宝总理访美受到 19 响礼炮的超规格礼遇接待，中国总理抢在 2004 年上半年美国大选前夕前往美国，这在中国对美外交历史上是第一次，其中化被动为主动的意图非常明显。在这个意义上，温家宝的访美本质上便是一次危机公关的外交，因为美中贸易逆差导致的中美贸易摩擦在美国升温与陈水扁的“公投捆绑大选”举动，更增强了这一访问的危机公关色彩。布什明确表示，美国政府的政策是基于三个联合公报和《与台湾关系法》的一个中国政策，台湾领导人单方面的言论、行动表示有可能希望改变台海现状，这是我们反对的。布什关于明确反对台湾“公投”的表态具有积极的影响。由美国表态到世界各国的表态可以说形成了国际反“台独”的统一战线，再次当选的俄罗斯总统普京、德国总理施罗德以及法国、日本、韩国、西班牙、巴基斯坦、巴西和捷克、欧盟十五国的大多数国家以及东盟十国先后发表声明，重申坚持一个中国的政策，反对台湾当局举行所谓的“公投”。他们认为台湾的这场“公投”，实际上是对现有的国际秩序和国际关系的一种破坏性行为。温总理还就发展中美公平贸易和经济合作提出了“互利共赢、把发展放在首位、发挥双边经贸协调机制作用、平等协商、不把经贸问题政治化”五条原则。我国学者认为，这次访问达到了稳定海峡两岸局势和稳定中美两国经济关系的目的。

再有，通过建立制度化机制，妥善处理双方的分歧。在 2004 年 2 月美国众议院国际关系委员会听证会上，国务卿鲍威尔再次表示对华关系处于30年来最佳状态。可以说，目前的中美关系是建交以来的最好时期。今年4月，中美两国举行了首次最高级别的商贸联委会。这次商贸联委会是2003年温家宝总理访问美国时，中美双方领导人达成共识，要在更高级别上规划两国经贸关系在互利、平等的基础上的发展。同时也要妥善处理出现的摩擦和问题。在科技领域，不久前在西安举行的中美关于气候变化的联合小组会议是一个例子。这次会议是当时的国家主席江泽民和布什共同确定的。在这一领域的合作应该说对双方也是互利的，而且在文化等其他领域也是一样。

三、中美双方基本形成一种求同存异的关系格局

21世纪的国际社会正在进入一个相互依存的全球经济时代。经济全球化一方面要求不同的国家遵守游戏规则和制度安排，另一方面要求世界范围内的政治生活与文化价值观与此相适应。反对恐怖主义应该成为全球化时代国际社会的一项重大的政治任务。但由于世界大国的国家利益有所不同，所处的国际地位和影响力不同，大国之间在反恐问题上也没有达成完全一致，如果世界大国特别是超级大国一意孤行，把自己的意志强加于国际社会之上，这中间必然导致一系列矛盾和冲突，同时必须展开一系列协商和妥协的过程。

“9·11”事件之后，为了解决本土安全问题，布什政府进行了外交革命。其核心内容是奉行单边主义外交、实行先发制人的军事打击和推翻所谓无赖国家的政权。美国的帝国思想抬头，企图建立美国治下的和平。美国的做法与联合国以及其他大国坚持维护国家主权原则的观点发生了尖锐的冲突，与德法俄中等大国在中东地区的经济利益也发生严重冲突。布什政府把反恐与消除大规模杀伤性武器挂钩；把反恐与中东国家的专制与独裁政权挂钩，甚至把反恐与石油资源挂钩。其他大国不仅不同意，而且认为美国太霸道，侵犯了这些国家的利益，美国却认为伊拉克萨达姆政权有发展大规模杀伤性武器的计划，支持和培训巴勒斯坦激进组织，威胁以色列的安全，这是反对恐怖主义的全球战略不能容忍

的。美国还不能容忍将中东海湾地区的石油战略资源作为支持恐怖主义活动的工具，而最害怕的是大规模杀伤性武器落入基地组织手中。而美国长期在中东问题上袒护以色列，打击巴勒斯坦和阿拉伯激进派的政策，引起阿拉伯温和派更多的不满，现在，美国借此机会改变伊拉克政权，可以“敲打”温和派。因而布什政府在反恐问题上的战略思维和国家利益认定与其他世界大国、美国的盟国都存在严重的分歧。此外，美国在反恐上还带有浓厚的宗教意识形态色彩和极端主义倾向。

中国用新安全观应对美国的挑战，在“9·11”事件之前，中国对于国际安全问题就有了新的认识和突破。中国认为，各国在安全上的相互关联越来越密切，任何国家难以单独实现其安全目标。只有加强国际合作，以互尊互信求安全，以平等互利求合作，才能从根本上减少不安全因素。跨国经济和信息技术的迅猛发展，对世界文化的发展产生重大而深刻的影响。增进不同文化之间的互相理解和交流而促进和平，不因文化的隔绝和歧视而导致冲突，将在很大程度上影响 21 世纪人类的命运，中国倡导的是一种包含政治、军事、经济和文化四个方面相互联系和影响的综合安全观。在建立国际安全秩序问题上，中国认为，全球性的挑战需要全球性的合作，全球性的合作需要全球性的机制，联合国是世界上最具普遍性、代表性和权威性的国际组织，联合国成立 58 年以来，在维护世界和地区和平，推动人类进步和发展方面的成就有目共睹。进入新的世纪，面对新的挑战，世界各国应共同努力，积极维护联合国在国际事务中的权威和主导地位，一个高效、团结和强有力的联合国是世界希望之所在。伊拉克问题再次证明，抛开联合国、放弃多边合作是行不通的。

尽管中国极不赞成美国违背国际法准则，用武力侵犯伊拉克主权，但从维护国际社会安全与稳定的大局和联合国的权威出发，中国在一定程度上进行了妥协。中国在联合国安理会通过的对伊拉克武器核查的第 1441 号决议中发挥了有益的作用，还在自战争开始以来的着眼于伊拉克战后重建的第 1483 号、授权成立“联合国伊拉克援助计划”的第 1500 号和最近的第 1511 号等三项决议中支持了美国。中国主张加强联合国的权威，使联合国成为建立国际新秩序的保障机制和协调机制，同时提出了新秩序的建立过程应是世界各国充分参与的民主过程。国家不分大小，都有平等参与建立新秩序的权利。一方面，中国坚持在联合国框架内政治解决伊拉克问题，反对美国动武，使美国没有得到安理会的授权；另一方面，在安理会的一系列相关重大决议中，对凡涉及维护国际社会的共同利益以及伊拉克主权和人民利益的都投了赞成票，并没有威胁到美国或与美国公开决裂。

中国与美国的反恐方针、政策具有“和而不同”的特征。党的第十六次全国代表大会上明确指出，要反对一切形式的恐怖主义，加强国际合作，标本兼治，防范和打击恐怖活动，努力消除产生恐怖主义的根源。中国政府一向主张，反恐应目标明确、证据确凿。反恐不能有“双重标准”，也不能与特定的国家、民族或宗教挂钩，反恐应采取综合措施，并注意解决好发展、地区冲突等问题。中国反恐的根本目的是维护和平的国际环境，有利于中国的发展目标的实现，绝不会夹带借反恐实现霸权主义的问题。中国提出的新安全观就是一种反对用崇尚武力的传统方法来解决非传统安全问题的新思维。

中国反恐与反霸是并行不悖的，但要讲究策略，关键是美国自己的改变，采用武力的方式打击恐怖主义并不能解决问题，美国奉行的单边主义外交更不能长期维持下去。只要美国认识到自己的力量有限，就会采取更主动的方式来开辟新的合作领域。美国国内的反战力量和党派斗争都有利于美国在未来选择多边主义外交，约束单边主义。美国在中东搞单边主义，势必引起中东国家的反感，但是这会相对减轻对中国的压力。

中美需要在能源竞争中合作。世界经济全球化的发展机遇加剧了围绕石油战略资源进行的控制与反控制的战略竞争。能源的供应和价格一直是国际竞争的重要砝码。美国加利福尼亚大学终身教授海因伯格最近出版了一本名为《石油、战争、工业国家命运》的书，在美国引起了轰动。他说，西方工业国家如果不迅速改变生产方式，即从竞争变成合作，如果不从能源的无节制消费变成商品的限量生产，西方工业国家将迅速灭亡。因此，美国的能源需求是形成 21 世纪地缘政治的主要因素。美伊战争是美国寻求控制中东石油对世界市场价格影响的一种手段。美国对中东石油资源的战略意图对于中国影响重大。中国已经成为仅次于美国的世界第二大能源消费国家，中国从1993年起就成为石油净进口国，很快将超过日本成为世界第二大石油进口国。中国进口石油在石油消费中的比重日益增加，2003年进口石油已经达1亿吨，比2002年增长30%，据国际能源机构估计，2004年中国对石油的需求依然保持高增长，石油消费量将达到3亿吨。中国建立石油战略储备体系已经提到议事日程。而中国进口石油中的60%来自中东地区，主要有伊朗、沙特阿拉伯和叙利亚。中国虽然极力实行石油进口多元化战略，从中亚地区、俄罗斯以及非洲开辟石油通道，但不可避免地要与世界其他大国竞争或发生冲突。在伊拉克重建问题上，中国一直持积极态度和援助立场。中国企业等待机会争取承包和分包重建项目。中美既然都属于石油消费大国和进口大国，必然有着共同的利益需求。稳定中东的局势有利于中美两个国家的石油需要。

当前和今后的中美贸易格局是中美双方经济优势互补的结果。中国在经济全球化趋势下和贸易自由化进程中得到更多机遇，由于中国劳动力成本大大低于美国，中美贸易的中方顺差主要来自劳动密集型产业中的产品，这正是中国在国际分工中的比较优势之一。加工贸易在对美出口中占有相当比重，高达55%。1994年以来中国出口商品中增加的部分有大约65%来自外国企业。在中国的前40名出口商中，有10家美国公司。1997年的世界银行报告指出，美国如果从中国以外的国家进口同样商品，其消费者每年要增加150亿美元的支出。美国如果不让中国从中美贸易中获利，中国就不可能去购买美国的国库券，美国就必须到国际资本市场上去，以更高的利息筹措资金。所以，公正的结论应该是：中国的贸易增长和贸易顺差带来的是“双赢”或“多赢”格局。美国和跨国公司才是最大的受益者，中美经济摩擦中的问题不能依靠贸易保护主义，更不能靠打贸易战损害双方利益来解决问题，这需要双方共同努力来解决分歧。

（原载《中共四川省委党校学报》，2004年第2期）

美元贬值与中美经济摩擦

一、美元贬值是美国经济结构调整的反映

在美国经济 2001 年一季度进入衰退以后，到 2003 年 3 季度出现复苏迹象的 2 年多时间里，美国政府主要通过降息、减税等货币政策、财政政策手段来刺激经济复苏，最后又采用了汇率手段，于 2003 年 5 月放弃了执行 8 年的强势美元政策，对美元汇率的下跌不再干预，以刺激美国的出口。美国对世界主要货币欧元、英镑、日元等贬值 20% 以上。截至 2004 年 2 月 10 日，美元对英镑的汇率跌至 11 年来最低水平，1 英镑兑换 1. 8572 美元，美元对欧元的汇率接近有史以来的最低水平，1 欧元兑换 1. 2679 美元。到 2004 年下半年还可能跌至 1 欧元兑换 1. 35 美元。由于人民币与美元长期保持密切挂钩联系，所以如果中国政府不干预外汇市场，美元贬值也将使人民币汇率下浮。这等于是进一步增加美方逆差，也达不到美元贬值的目的。美国国内正值大选前期，民主党和一些利益集团都利用这一问题向政府施压。布什政府先后派美国财政部部长斯诺等人来华，引发了新一轮的中美经济摩擦。

美元贬值作为一种汇率政策工具，主要是美国自身经济状况的反映。美元贬值虽然有近年来由于美国经济衰退，吸引外国直接投资乏力和财政赤字增加等原因，但根本在于全球化趋势下美国经济结构调整的问题，当然也是经济全球化的一种必然反映。在经济全球化发展的趋势下，科学技术作为第一生产力的作用通过第三次科技革命正在改变人类社会的生产方式、工作方式和生活方式，一国的产业结构的升级和调整

可以在全球范围内展开。以美国为首的发达国家正是充分利用在国际分工中的优势地位，通过建立全球生产体系和运用世界市场优化配置资源，率先进入知识经济社会的。从美国方面来看，20 世纪 90 年代以来美国的新经济发展已经大大改变了美国的产业结构，包含信息业在内的第三产业已经占国内生产总值的 70% 左右，信息业对国内生产总值的贡献已经超过了制造业。

美国经济结构的变化直接反映到两个方面：一是美国贸易逆差问题日益严重，二是国内就业率下降。这是两个相互紧密联系的问题。自 20 世纪 80 年代初以来，美国贸易赤字问题就长期存在，只不过没有像今天这样突出而已。一是美国在整个 90 年代有“新经济”带来的高增长率作掩护，贸易赤字可以暂时搁置；二是美国的主要贸易赤字对象是日本。经过日美贸易摩擦反复较量，最终以美国逼压日元升值而告终。现在，美国的经济增长还处于缓慢复苏阶段，而美国贸易逆差额 2003 年已经达到近 5000 亿美元，占美国国内生产总值的 5% 左右。这意味着美元的强势地位已经到了某种极限，如果不是美国有巨大的经济规模作后盾，美元绝不是一般的贬值问题。如此严重的贸易逆差必然意味着由进口大于出口带来的美国的就业率下降问题。据资料统计，美国制造业的从业人员在 1979 年达到顶峰之后逐渐减少，2000—2002 年制造业就丧失了 270 万个就业机会。由于美国汽车市场份额不断受到日本和欧洲汽车的冲击而下降，福特汽车公司等三家大企业在未来 5 年中将减员 5 万人。2003 年 10 月 14 日，福特公司的掌门人比尔·福特访华预示着福特全球战略重心正在向中国转移。随着美国许多大型跨国公司都把生产基地移向中国，以加强国际竞争力和争夺中国市场份额，美国的出口额大幅度下降，进口额持续上升。其结果是美国贸易逆差从 1997 年的 1070 亿美元增至 2002 年的 4180 亿美元，国内就业机会迅速减少。就连美国全国制造商协会也承认，美国贸易逆差增加的主要原因是出口贸易的下滑而不是进口贸易的激增。该协会透露，过去两年中美国制造业的出口贸易额减少了 850 亿美元，占该时期美国出口商品减少总量的 1/3 左右。而出口下滑的背后是来自欧洲和日本的海外需求大幅度下降，相比较中国反而成为美国商品的大买家。

二、美国及其跨国公司在中美贸易中是最大的赢家

在中美贸易关系中，美国巨额对华贸易逆差已经成为两国经济摩擦中的矛盾症结。据美国商务部统计显示，2000 年中国取代日本成为美国最大逆差国，逆差额达到 838.33 亿美元。目前，在美国约 5000 亿美元的贸易逆差额中，对华的贸易逆差占美国贸易逆差总额的 1/4。据美方统计，2003 年对华贸易逆差额将达 1200 多亿美元。众所周知，美国在统计数字上有夸大美方逆差的问题，如将中国卖给香港转口到美国的商品（香港的转口贸易有 96% 与内地有关）也算在中国头上。而美国出口到香港的货物再转卖到中国又不算对中国的出口。据中方统计的数字则大大小于美方的统计数字，估计为 400 亿～500 亿美元。在统计数字方面的争议并不能说明问题的实质，如果不是美元贬值的话，双方仍然会局限在贸易进出口数量方面的摩擦与较量。但是，既然已经涉及汇率问题，就上升到更高一个层次，需要摆事实、讲道理，以理服人。从表面上看，中国是对美贸易中的顺差国，是获利者；美国在对华贸易中是逆差国，扮演着受损者的角色。实际上美国才是中美贸易中的最大受益者。据麦肯锡全球研究所资料，美国公司到国外搞加工，每 1 美元成本可以产生 1.12～1.14 美元的效益。例如，青岛南南集团是中国对美出口女式内衣数量最大的中韩合资企业，但仅仅扮演美国贸易商的打工企业角色，即按照美国商人给出的订单和品牌实行加工和收取加工费，绝大部分利润属于美国企业。如果说加工所获利润为 100 美元的话，中国只获得了 20 美元。总之，中国价廉物美的商品不仅满足了美国消费者的需求，也使美国的跨国公司赚到了钱。即使中国赚到了美元外汇，不断增长的外汇储备又用于购买美国的债券，给美国经济"输血"。美国财政部的国库券有 50% 是外国人购买，其中最大的买家是日本，其次是中国大陆（有 50% 以上的美元外汇储备购买美国的国库券）、台湾地区、香港地区及其他亚洲国家。外国人持有美国国库券已经成为美国财政赤字开支的一个稳定器。可以说美国在"9·11"事件之前维持的低利率和强势美元政策都是亚洲国家和地区所做的贡献。

如何解释美国既扮演着世界最大贸易逆差国角色又是最大的受益者

这一矛盾现象？最根本的原因在于美国国内，在于美国人的消费方式和生活方式。正如摩根士丹利首席经济学家史蒂芬·罗奇指出，美国缺乏家庭储蓄而依赖外国资本，美国只有购买外国商品才能获得外国资本，即使不从中国进口商品，美国仍然要从其他国家进口商品。据资料统计，美国的国内储蓄率从20世纪80年代以来不断下降，到2001年只有2.3%。2001年10月美国的储蓄率达到最低点，只有0.3%。美国经济衰退之后，美联储不断降息，刺激了住宅和汽车等消费品的需求。这种依靠负债的高消费虽然拉动了经济增长，实际上是透支了未来的经济增长，同时又削弱了经济增长的原动力。美国完全明白个中道理，但即使如此，美元在当前国际货币体系中独一无二的优势地位使美国仍然可以从中获取最大利益。诚如我国专家一针见血地指出的，美国长年维持着与许多国家的贸易逆差，通过这种方式，美国既可以从世界上获得廉价的原料及制成品，又可以从他们那儿借到大笔的钱来消费与投资。等到美国欠外国的债务太多时，它又可以操纵货币政策使美元贬值，向外国人转嫁债务。① 而这种情况是日元不可能做到的，欧元目前也不可能做到。同时，美国正是利用其庞大而开放的国内市场和美元的世界货币地位起着带领世界经济发展的火车头作用。

美国为了减缓贸易逆差带来的国内压力，举起“公平贸易”的旗帜，不断通过贸易保护手段向其他国家施加压力。继日本之后，中国成为其施压的重要对象国。即使在美国得利最多的情况下，美国仍然对中国挥舞反倾销大棒。继中国三种纺织品遭到美国配额限制之后，中国的家电产品、家具产品等也受到美国的倾销指控。如彩电被美国商务部裁定为具有倾销行为，其中长虹彩电低于正常价格的45%以上。国内企业正面临越来越多的反倾销的应诉问题。美联储主席格里斯潘指出，贸易保护主义抬头是对全球经济与美国经济的最大威胁。美国总统经济顾问委员会也认为，布什总统是为了赢得选票而放弃了自由贸易的原则。实际上美方也十分谨慎地制裁中国，这涉及美国消费者、一部分生产商和

---

① 丁一凡：《重要，但不对称》，载《世界知识》，2004年第4期，第24页。

营销商的利益。美国如果单方面改变中美贸易这种格局，到头来美国付出的代价更大。1997 年的世界银行报告指出，美国如果从中国以外的国家进口同样的商品，其消费者每年要增加 150 亿美元的支出。美国如果不让中国从中美贸易中获利，中国就不可能去购买美国的国库券，美国就必须到国际资本市场上去，以更高的利息筹措资金。所以，公正的结论应该是：中国的贸易增长和贸易顺差带来的是“双赢”或“多赢”格局。美国及其跨国公司才是最大的受益者。中美经济摩擦中的问题不能依靠贸易保护主义，更不是打贸易战损害双方利益来解决问题。这需要双方共同努力来解决分歧。事实上，中国已经通过不断增大对美国的进口来解决问题。

在中美经济摩擦中，改善和解决贸易摩擦的主动权仍然在美国一方。美国是世界上最大、最先进的工业化国家，中国是世界上最大的发展中国家。本来中国向美国出口劳动密集型产品，美国应当向中国出口知识技术密集型产品。可是中美贸易当中，美国却依靠其农业部门来创造贸易顺差。每年中国购买几百万吨美国小麦，是美国农场主最大的顾客。其原因在于，美国并没有发挥出中美经济优势互补的美方优势。迄今为止，在美国向中国出口最多的光学仪器、化工产品、车辆运输设备、植物产品几项中，美方顺差最大的是植物产品。美方顺差第二大的项目是纸制品。造成这种状况的主要原因是，美国国内存在的防范和遏制中国的势力一直阻碍着美国对华出口涉及军民两用的高技术产品。美国还存在着上百项禁令，其中禁止向中国出口任何涉及核反应堆、卫星技术的产品。这些禁令把美国自己的手脚捆绑起来，使美国方面原有的比较明显的优势不可能发挥出来。如果取消这些禁令的话，美方必然可以大大增加向中国出口的数量，从而改变美方长期逆差的状况。然而，要美国主动放弃这些禁令是比较困难的。2004 年 1 月 26 日，就在中国国家主席胡锦涛访问法国前夕，欧盟外长会议就取消对华军售禁令问题进行了讨论，并责成欧盟理事会下属的常驻代表委员会和政治与安全常务委员会对此问题进行审议。至此，欧盟开始从具体技术层面重新审议其对中国实行了长达 14 年的军售禁令，问题的核心也随之从“是否取消”转向“何时取消”。尽快取消军售禁令已是大势所趋，但是欧盟计划取消对中国的武器禁运的做法，引起了美国的不满。美国国务院日前发表声明，明确反对欧盟解除对中国的武器禁令。当前，美国有些人确实希望通过给中国制造的商品提高关税或者设置贸易配额来减少中美贸易逆差。这样做既不符合世界贸易组织的规定，也不符合美国的整体国家利益。

三、人民币升值与否不应由美国说了算

一般而言，一国的货币升值与否不应由贸易关系中单方面因素决定，这是一个关系双边或多边利益的重大问题，根本原则是：一国的货币汇率政策是一国经济主权的体现，是维护国家利益的手段，并不完全是由市场决定的，更不能由别国说了算。一国的汇率政策与国际收支平衡相关联，国际收支平衡与一国的经济增长、充分就业等目标相联系，是一国宏观经济状况的重要指标。人民币升值与否要根据中国宏观经济政策目标和具体情况而定。中国政府要考虑以下情况：

一是中国的出口顺差是有限的，是转移性抵消的。中国并没有发展到具有像日本一样有以一般贸易为主的强大的出口竞争力。换言之，用贸易顺差和外汇储备的增加来衡量国家的竞争力是有局限性的。中国出口商品的竞争力不强，表现为技术含量低、没有品牌、还处在学习过程之中。中国主要依靠劳动力低成本优势竞争。这也恰恰是发达国家的弱势。因而，中国的优势是表面的，具体表现为单价低、附加值小。中国从美国进口一架波音民航飞机，需要出口20万~30万台彩电，或者上千万甚至上亿双鞋。中国总体经济规模只相当于美国的1/5，日本的1/4强。人均劳动生产率大大低于发达国家。制造业比重低于发达国家10个百分点以上。技术创新能力薄弱，工业增加值率远低于发达国家。低水平生产能力严重过剩，高水平生产能力不足。大型骨干企业少，例如中国一汽公司2002年销售总额为250亿元人民币，只相当于美国通用汽车公司年销售额的2.5%。

从宏观上看，中国对美国和欧洲的出口是顺差，对亚洲特别是东亚国家的出口又是逆差，两相抵消。即以中国大陆为加工制造平台，从日

本、韩国、东南亚等国家和地区进口元器件，经过中国大陆加工后再出口到美国和欧洲等国。在中国 2003 年的进口中，来自马来西亚、泰国、新加坡和菲律宾的进口增长了 50% 以上，来自日本的进口增长了 33.2%，在贸易平衡上表现为中国大陆对韩国、日本有贸易逆差，而对美国则有巨额贸易顺差。2003 年 1—9 月，中国对美顺差 250 亿美元，其实这是加工贸易所得。中国 2003 年 1—11 月进出口贸易额达到 7609 亿美元，顺差仅为 197.5 亿美元。

二是国内失业下岗以及就业形势严峻，再就业以及就业问题已经成为国内头号政治大事。人民币升值不利于扩大出口，也就不利于就业，其结果将损害中国社会的稳定。我国专家指出，中美之间的贸易问题，最根本的是就业机遇问题。就业机会在全球的转移、再分配将成为国内政治和国际政治联通的一个重要“转换器”①。就业竞争只会更加激烈甚至残酷。例如，广东省是对美出口最大基地。如果美国贸易保护主义升级可能导致中美贸易争端激化，广东省将面临外资基地撤离，引发大量失业问题。

三是中国正在处于吸引外资的高峰阶段和经济持续高速增长的时期，人民币升值可能不利于吸引外资。中国商务部研究院外资部主任金伯生认为，在新世纪的头十年，中国实际吸引外商直接投资年均增长率有望达到 15% 左右。2001—2005 年年均可达到 620 亿美元，后 5 年即 2006—2010 年可达到 1200 亿美元。1997 年以后外商独资企业来华直接投资的比重逐步增大，从企业数量和投资金额来看正在超过合资企业。这些企业进来后主要是看重中国的市场和人力资源优势，由于大量进口中间产品和出口外销，因而他们都不希望人民币升值。当然，中国外汇储备已经超过 3400 亿美元，升值对中国也有一定的好处。但是，这是在中国实行外汇管制的条件下才会出现的。如果中国实行人民币的完全自由兑换，情况可能不一样。

中国自 1994 年以来实行的以市场供求为基础的有管理的浮动的汇

---

① 林甦：《大视野下的追问》，载《世界知识》，2004 年第 4 期，第 28 页。

率制度。美元与人民币汇率一直保持稳定状况。这是20世纪90年代以来中国经济高速增长的一个重要条件。由于美元是一种世界货币，国际贸易的绝大部分交易都以美元进行结算，中国对外贸易的70%以上发生在美元区国家或货币与美元挂钩的经济体。人民币虽与美元有这种挂钩关系，但是并不完全依赖美元。换言之，中国绝不轻易使用升值或贬值的汇率政策。中国维持有限的贸易顺差对稳定人民币汇率、防范金融危机爆发有积极作用。1997年亚洲金融危机爆发与泰国等国家贸易出现赤字有直接关系，进而暴露出泰铢对美元汇率偏高，使国际炒家可以在外汇市场上兴风作浪，迫使泰国政府宣布实行浮动汇率，使泰铢贬值。即使是日本也经受不起本国货币升值的负面影响，其结果是付出了泡沫经济的惨重代价。

四是由于中国作为世界制造业的基地作用日益增大，近年来中国的进口增长率一直高于出口增长率，这将降低中国贸易顺差的总额，维持总体平衡。据预测中国将成为仅次于美国和德国的世界第三大进口国。而由外商投资带动相关原材料和零部件，以及机器设备的进口的比重日益增大。外资企业进口占中国全部进口从1991年的26%增长到1999年的52%。

五是中国出口退税已经高达2000多亿元人民币。出口退税政策虽然增强了企业的竞争力，同时也成为沉重的财政负担，而且也增加了国外反倾销的可能性。

一国货币的稳定与否，归根结底取决于本国内部。据国家统计局资料，2003年中国国内生产总值已经达到1.4万亿美元，人均GDP已经超过1000亿美元，中国已经步入经济发展的一个重要阶段。中国经济高速增长的主要动力来自国内需求和实行积极的财政政策。而由于中国金融系统的改革滞后，银行的呆账和坏账问题仍然需要时间来消化。目前以人民币不升值为好。但是美元贬值以后，欧元、日元升值，在欧元区经济增长缓慢，日本政府不断通过外汇市场干预日元升值的情况下，人民币升值的压力越来越大。人民币小幅度的向上调整和加快人民币实现可自由兑换的步伐势在必行。据国际货币基金组织预测，2004年的世界经济状况将进一步好转，美国、日本的经济增长率都将超过2003年。

国际舆论认为，未来十年中国经济增长仍然走在世界前列。世界经济增长的亮点日益集中到中国身上。中国经济增长带动了世界经济的发展，甚至改变着世界经济的面貌。中国现已经成为推动当前仍然呆滞的世界经济的火车头之一。因此，尽管中美经济摩擦不断，来自美方的压力有可能会日益增大，但只要中国坚持在世界经济发展中的有利地位和发挥影响力，妥善解决分歧和矛盾，就能够继续维护中美贸易中的“双赢”或“多赢”格局。

(原载《四川行政学院学报》，2004 年第 2 期)

试析战后德国社会民主党的意识形态转换

政党执政是当代世界一个重大政治现象，研究党的执政理论具有非常重要的意义。由于国情不同，党情不同，执政理论的内容也会不同。但是作为执政党都要围绕如何掌握、运用国家权力而形成一整套思想体系，包括执政理念、阶级基础、执政方式、执政资源等多方面内容。德国社会民主党作为社会党国际和民主社会主义的代表性政党，其身份和地位在第二次世界大战后都发生了重大变化。与此相适应，党的意识形态也从传统信奉的科学社会主义转向伦理社会主义。德国社会民主党的这种变化，为我们从执政功能的角度研究发达国家社会民主党的执政理论提供了素材，同时也提出了不少值得思考的问题。

一、执政党的身份、地位变化决定着党的意识形态变化

德国社会民主党是一个历史悠久的工人阶级政党。但战后到现在，它已经从一个要求革命的无产阶级的阶级政党演变为一个包括广大公民阶层在内的奉行改良主义的全民党。决定这种身份变化的一个重要原因是德国社会民主党在战后实现了从一个长期在野的政党到执政党的地位转换。为了实现这一角色的根本转换，争取选民支持其上台执政成为德国社会民主党面临的首要任务。从 1869 年通过《德国社会民主工人党纲领与章程》（史称《爱森纳赫纲领》）开始，到 1989 年通过的《德国

社会民主党基本原则纲领》(史称《柏林纲领》),德国社会民主党先后通过了10个纲领。其中最具转折性意义的是1959年在巴德·哥德斯堡召开非常代表大会通过的《德国社会民主党基本原则纲领》,即《哥德斯堡纲领》。这是一份具有重大历史意义和影响的文件。

《哥德斯堡纲领》与德国社会民主党过去通过的纲领相比,最本质和最突出的变化是提出了自由、公正和团结互助这三大价值概念作为民主社会主义的基本价值。纲领明确宣称:“民主社会主义根植于西欧的基督教伦理学、人道主义和古典哲学,它不想宣布什么是最终真理。德国社会民主党是一个思想自由的党,它是由来自不同信仰和思想流派的人组成的一个共同体。他们的一致性建立在共同道德的基本价值和相同的政治目标基础之上。”① 按照《哥德斯堡纲领》的这一阐述,德国社会民主党在身份上是代表左翼的工人党,但在意识形态上已经放弃了1891年《爱尔福特纲领》所坚持的马克思主义关于暴力革命和无产阶级专政的学说,在党的理论信仰上从坚持马克思主义的指导地位改变为信仰的多元主义。它放弃了以唯物史观为基础的科学社会主义,重新确立了以人的理性为基础的伦理社会主义。经过这种意识形态的开放和理论信仰的重建之后,德国社会民主党从1966年开始上台参政,在1969年第6届大选中,社会民主党与自由民主党组成执政联盟,首次击败联盟党,勃兰特入主绍姆堡宫,成为执政联盟的主角。换句话说,德国社会民主党正是在新的历史条件下重新回答了搞什么样的社会主义的问题,才能够从在野党转变为执政党。继《哥德斯堡纲领》之后,欧洲其他国家的社会民主党纷纷效仿修改了自己的理论纲领。

长期以来,国内理论界有一种看法,认为《哥德斯堡纲领》在党的理论来源上将马克思主义、基督教伦理学、人道主义和古典哲学并列,表明“从总体上说,社民党、社会党已经放弃了马克思主义”②。“社民

① 《德国社会民主党纲领汇编》,张世鹏译,殷叙彝校,北京:北京大学出版社,2005年版,第70页。

② 赵曜:《马克思主义历史发展中的几个特点》,载《当代世界社会主义问题》,2004年第1期。

党在党的指导思想上彻底放弃以马克思主义为指导，党的性质随之发生质变。"①但是当时的德国社会民主党主席奥伦豪尔却不这样认为，他说："要求我们把卡尔·马克思和弗里德里希·恩格斯的政治纲领原则，作为我们1959年的基本纲领的观点，这完全是非马克思主义的态度。如果我们追求这种思想，那么，我们在短期内就会变成失去任何政治影响的宗派。"②该党认为，作为一个全民党必须努力争取越来越多的居民阶层支持自己的观点和任务，并使他们相信党的主张和宗旨的正确性。为此，党对于个人的世界观、宗教信仰或其他哲学动机都采取宽容态度，抛弃学理主义狭隘性，才能保障自己发挥核心的社会主义领导作用。

我国有学者认为，德国社会民主党提出以"自由、公正、互助"作为社会主义的三项基本价值，就是以伦理社会主义取代了科学社会主义。还有学者认为，德国民主社会主义从本质上讲就是伦理社会主义。"从基本价值上看，民主社会主义依然是一种典型的伦理社会主义模式。"③这种判断应该说是基本准确的。那么，德国社会民主党放弃科学社会主义，选择伦理社会主义的主要原因是什么呢？分析起来，有以下几点：

1. 具有追求执政合法性的客观需要与条件

从实用或务实主义的立场看，追求执政合法功能亦即群众的心理认同成为客观需要。执政党的功能要求塑造一种新的身份：改良主义的全民党的形象。这一需要明显高于作为革命党或阶级的党必须维护理论信仰上的纯洁性的要求。因为，"每一个企图代替旧统治阶级的地位的新阶级，为了达到自己的目的就不得不把自己的利益说成是社会全体成员的共同利益，抽象地讲，就是赋予自己的思想以普遍性的形式，把它们

① 赵永清：《德国民主社会主义模式研究》，北京：北京大学出版社，2005年版，第37页。

② 赵永清：《德国民主社会主义模式研究》，北京：北京大学出版社，2005年版，第37页。

③ 龚加成：《全球化背景下的新探索——冷战结束后社会党国际纲领与政策的演变》，北京：中央编译出版社，2006年版，第28页。

描绘成唯一合理的、有普遍意义的思想”①。执政合法性既来源于意识形态的号召力、凝聚力，也来源于人民群众对执政党业绩的认可。执政功能的要求迫使德国社会民主党制定新的党纲，修正自己的政策，改善自己作为的政治形象。

从客观条件看，第一，德国是近代社会主义运动的发源地。这个国家不仅受到社会主义思潮的广泛影响，且具有较深厚的伦理社会主义思想基础。19 世纪末，德国讲坛社会主义的新历史学派就提出在经济学中掺入伦理道德要素，主张公平分配，平衡劳资对立关系。20 世纪初由新康德主义者提出的一种对抗科学社会主义的资产阶级社会主义思潮被称为伦理社会主义。它广泛流行于德、意、俄等国家。新康德主义马堡学派的代表人物赫尔曼·柯恩就宣传康德伦理学，认为社会历史是由道德原则支配的，应当相信人的理性有选择“善”或“恶”的能力，将社会主义建立在道德的基础上。此外，德国天主教所宣传的团结互助伦理原则在德国各个阶层也有很大影响。德国社会党内对制定《哥德斯堡纲领》起过重要作用的哥廷根哲学家昂纳德·内尔逊也主张用人的理性实现社会的公正、平等和自由。第二，西德人民在经历了法西斯主义专制统治灾难后，普遍要求重建理性，恢复以人为核心的伦理、道德观念。第三，随着战后德国和西欧经济的恢复和科学技术推动生产力迅速发展，人民的生活水平得到了较大的提高。劳动阶级中主张通过人道精神去改良资本主义社会的人增多，他们反对剧烈的社会变革。伦理社会主义正好符合了人们的这一政治倾向。

2. 具有明确的价值判断与长期实践经验的总结

第一，传统科学社会主义在德国社会民主党内并非是党执掌政权的理论依据，它仅仅被视为一种政治思想批判和社会批判的工具。党内理论家狄特·多沃和库特·克罗茨巴赫在分析 1969 年由青年社会主义者引发的一场党内理论辩论时指出，青年社会主义者的论证“是以马克思主义为准绳的，也就是说，是以一种政治思想批判和社会批判的工具为

---

① 《马克思恩格斯选集》第 1 卷，北京：人民出版社，1995 年版，第 53 页。

准绳的，而由于这一工具的公式化、简单化的思考和处理问题的原则，大量的错误预见和消极的历史行动后果，人们早在很大程度上认为它已经失败了”①。这种主观判断反映了马克思主义理论在德国社会民主党内的地位已经严重下降。究其缘由，在于德国社会民主党长期坚持的改良主义变革路线，使事实上的“革命的词句在党内已经不再具有直接行动的意义”。所以“尽管这个党在口头上还坚持表面激进的论点和马克思主义纲领，实际上越来越深地‘长入’到这个国家制度内部”。现在看来，德国社会民主党从《爱尔福特纲领》到《哥德斯堡纲领》的近70年间之所以没有按照民主社会主义思想的创始人伯恩施坦的要求公开进行理论上的修正，其原因是“由于政治社会心理方面的关系，激进理论具有强大的整合力量”②。而“意识形态的激进主义被用来持续不断地掩盖他们的不革命本质”③。

第二，否定人类社会发展受到客观规律支配，重新界定社会主义的本质。新康德主义的另一个学派弗赖堡学派只承认自然科学具有抽象性、规律性、必然性。他们认为社会历史科学是关于“价值”的科学。伯恩施坦受其影响，放弃科学社会主义论证。提出社会主义是一个没有终点的运动。这个运动不是以科学，而是以伦理道德为基础的。曾任哥德斯堡纲领起草委员会主席的维利·艾希勒是社民党的权威理论家和党内伦理社会主义的主要代表。艾希勒也不承认社会发展有客观规律，他认为所有的规律或计划都得由个人去完成和执行，而人们总是要寻找适合自身的手段去实现目的。早在1921年魏玛共和国时期，党的格尔利茨代表大会通过的新党纲就明确表述：资本主义经济“使争取无产阶级解放的阶级斗争成为历史的必然，成为道德的要求”。1947年8月，德国社会民主党通过的《齐根海因声明》声称“自马克思以来的历史进

① 《德国社会民主党纲领汇编》，张世鹏译，殷叙彝校，北京：北京大学出版社，2005年版，第191页。

② 《德国社会民主党纲领汇编》，张世鹏译，殷叙彝校，北京：北京大学出版社，2005年版，第172页。

③ 《德国社会民主党纲领汇编》，张世鹏译，殷叙彝校，北京：北京大学出版社，2005年版，第170页。

程，揭露了只从经济角度观察的片面性”，而“社会民主党人把人的思想自由和道德责任也看做是对历史进程起塑造作用的因素”。这些提法表明，德国社会民主党力图背离马克思的历史唯物主义，从伦理道德中引申出社会主义的本质。[①] 后来社会党国际十分明确地把“实现自由、社会公正与团结”规定为“社会主义的本质”。

3. 基本价值为社会民主党执政合法化提供了理论依据和身份特征

德国社会民主党将基本价值作为民主社会主义的理论核心。基本价值论在德国社会民主党党纲中的明确提出和确立，使以伦理社会主义为基础的思想理论路线得以在该党内形成并巩固，这不仅对德国党而且对其他国家的社会民主党均产生了重大影响。[②] 按照德国社会民主党理论家托马斯·迈尔的阐释，在现代社会日益变得复杂的背景之下，既不能以固定不变的模式来设想党的纲领，也不能将具有约束力的组织模式和结构模式作为党采取政治行动的指导方针，只能把政治的基本价值和基本要求当作规范化理念用于对经济、国家和社会的改造。因此，社会民主主义不是一种制度替代，也不是解决社会经济问题的专利方案，更不是可以输出的现成模式，而是根据不同的问题领域来融合不同的政策方案。[③] 正如《哥德斯堡纲领》所述：德国社会民主党是一个思想自由的党，它是由来自不同信仰和思想流派的人组成的一个共同体，他们的一致性建立在共同道德的基本价值和相同的政治目标基础之上。社会民主党努力追求一个体现这种基本价值精神的生活制度。30 年后，1989 年的《柏林纲领》不仅重申《哥德斯堡纲领》的基本价值精神，而且明确宣称，自由、社会公正与团结互助是民主社会主义的基本价值：“它们是我们判断政治现实的标准，是衡量一种新的和更好的社会制度的尺度，同时也是每个男女社会民主党人的行动指南。”《柏林纲领》表示，

---

① 赵永清：《德国民主社会主义模式研究》，北京：北京大学出版社，2005 年版，第 47 页。

② 赵永清：《德国民主社会主义模式研究》，北京：北京大学出版社，2005 年版，第 48 页。

③ 龚加成：《全球化背景下的新探索——冷战结束后社会党国际纲领与政策的演变》，北京：中央编译出版社，2006 年版，第 37～38 页。

社会民主党将长期坚持作为左翼人民党的身份，通过社会民主化、社会和经济改革来实现自由、公正和团结互助。

二、把伦理价值作为政党执政依据的必要性和意义何在

应当肯定，伦理社会主义是德国社会民主党根据战后世界历史的变化和执政功能要求所作出的新的价值判断和价值选择。尽管德国社会民主党也不断面临新的挑战，但是伦理社会主义的大旗不仅没有倒下，反而越举越高。正如该党理论家狄特·多沃和库特-克罗茨巴赫在《德国社会民主党纲领文件》序言中所说："德国社会民主党在它150多年的历史中以多种多样的方式迎接了新的挑战，且在不断变化中；而且正是由于这种变化才保存了自己的身份认同。尽管要适应具体情况，它仍旧永远铭记自己的基本方向和基本价值理念，即自由、公正与团结互助，这一点在未来是永远不会有任何改变的。"① 笔者无意对德国社会民主党的选择作出是非评判，只是从中引出几点启迪和思考。

首先，任何社会经济体系的运行都离不开一套社会共享价值观和行为模式的支持。社会伦理价值具有高度的概括性、客观性和实践性。执政党必须选择并塑造符合社会主体需要的伦理价值来整合社会。

美国哲学家拉兹洛从系统哲学的角度研究价值论，强调价值的客观性。他认为，价值判断表示的是一种主体和客体的相互作用的状态，是一种对人与周围世界关系的认识。价值标准具有客观性。② 伦理价值来自实践也需要实践。德国社会民主党反对把伦理只看成是修身养性的学说。他们认为，伦理的立场总是对行动的肯定的立场，是一种对公平和美的渴望；若不将伦理付诸实践则无法改变世界，也无助于解释世界。③

---

① 《德国社会民主党纲领汇编》，张世鹏译，殷叙彝校，北京：北京大学出版社，2005年版，第197页。

② 王玉梁：《21世纪价值哲学：从自发到自觉》，北京：人民出版社，2006年版，第122～123页。

③ 赵永清：《德国民主社会主义模式研究》，北京：北京大学出版社，2005年版，第45页。

以马克思主义为指导的无产阶级政党为争取无产阶级的解放事业——实现共产主义本身就是崇高和远大的伦理价值目标。今天我们耳熟能详的执政党的执政理念:“为人民服务”“代表最广大人民群众”“立党为公，执政为民”“公仆”等概念，同样体现了符合社会主体需要的伦理价值观。

其次，真理与价值的关系并非是割裂与对立的，相反是联系与统一的。实现社会主义既是对科学真理的追求，也是人的内在需要。伦理价值标准更能体现以人为本的社会发展观。我国学者李得顺认为，真理和价值是人类在认识和改造世界的过程中形成的，反映主客体相互关系的认识范畴。真理，即人们对客观事物及其规律的正确反映，亦即主观与客观相符合的内容，标志着通过实践-认识关系而实现的主观向客观的不断“接近”。价值，即能满足主体一定需要的客观态势，亦即客体对主体的特殊态势，它标志着在实践-认识过程中，客体的运动向主体接近的可能性和现实性。价值是以主体需要为准绳来衡量客体的效用。真理范畴体现了人对事物的客体尺度的自觉意识，价值范畴体现了人对人的内在尺度的意识。人的内在尺度的集中表现，就是“人的需要”。真理和价值都是构成实践的要素。在实践检验过程中，对真理的检验和价值的确定实际上总是必然地不可分割地联系在一起的。实践不仅是真理标准和价值标准的统一，而且是真理和价值统一的标准和桥梁。①

再次，价值观与历史观并非相互排斥，而是相互包含和相互转化的关系。唯物史观反映的社会发展绝不是机械的、僵化的发展。离开了人的主观能动性，离开了正确价值观的判断和选择，历史发展就会停滞不前。

我国有学者认为，传统的理解将历史唯物主义归结为历史决定论并不正确。历史唯物主义既包含决定论因素，又包含非决定论因素，可以归结为历史选择论。以往对历史唯物主义的研究是把历史规律凌驾于人的活动之上，忽视了历史活动的主体性。有学者认为，历史唯物主义是

---

① 王玉梁:《21 世纪价值哲学：从自发到自觉》，北京：人民出版社，2006 年版，第 161 ~162 页。

历史决定论与历史主体能动地进行历史选择的辩证统一。历史决定论包含的历史必然性、规律性与历史选择论包含的价值选择、价值评价实质上是历史发展规律与价值的关系问题，即历史观与价值观问题。马克思恩格斯一贯坚持“历史不过是追求着自己目的的人的活动而已”的观点。因此，历史的必然是通过历史的选择而实现的。历史发展的规律就是历史选择的规律。人类的价值追求是人类实践活动的目的和动力。人类价值追求、价值选择的根本目标，是实现最大价值或最优价值，即价值最大化。①

此外，当今时代提出的许多新问题，如核能应用带来的危险，工业发展引起的污染，试管婴儿和代孕母亲产生的法学和道德问题，物质生活现代化导致的人间隔阂，闲暇时间增加带来的空虚感等。这些问题远非提出经济方案可以解决，更多是需要从伦理道德与价值观上来解决。中国在28年的改革开放中取得很大的成功，但所付出的代价其实与伦理价值观的变化、缺失有直接的关系。

（原载《中共四川省委党校学报》，2006年第4期）

---

① 王玉梁：《21世纪价值哲学：从自发到自觉》，北京：人民出版社，2006年版，第164页。

浅论美国的宗教与民族主义意识形态的政治作用

美国一直保持着非常强烈和高度一致的意识形态。这种意识形态将自由、平等和民主的政治信条与民族主义、爱国主义相结合，对外更具扩张性，成为美国干涉别国的工具，同时也显示出美国的民族主义和基督教文化较之其他民族与宗教的优越感。

一、宗教信仰和道德价值观在美国大选中具有决定性作用

对于美国大多数人来说，宗教不仅是草根文化，而且就是价值观和意识形态的重要组成部分。美国既有种族、宗教、文化、政治多元化的特征，又以主流的族体、信仰和制度为国家的核心和灵魂。美国主流社会的核心是所谓 WASP，即“白种盎格鲁-撒克逊人中的新教徒”。他们是英国最早到北美大陆开拓殖民地的先驱者，也是倡导崇尚自由、平等和民主的政治价值观，并根据他们的政治信条建立美国政治经济制度的奠基者。由于绝大多数美国人都是基督徒，基督教文化也一直是美国政治中的核心内容之一。基督教是信仰耶稣基督为救世主的教派总称。在信仰人数和政治文化思想的影响方面，它在世界各类宗教中都是首屈一指的。它包括天主教、新教、东正教主流教派及非白人土著教会、圣公宗教会和边缘教会等其他非主流教派。

2001 年，美国纽约城市大学一所研究机构对年满 18 岁以上的成年

人（2 亿多人）信教与不信教情况进行自我认证调查。根据其公布的美国宗教认证调查（ARIS）统计，基督教徒总人数约 1.6 亿，占调查人数的 76.5%，其中主要派别是：天主教徒 5000 万，占调查人数的 24.5%；浸礼会教徒 3300 万，占调查人数的 16.3%；基督教徒（非指定说明）1400 万，占调查人数的 6.8%；卫理公会/美以美会教徒 1400 万，占调查人数的 6.8%；此外，还有路德教、长老会等十多个派别。这里需要说明的是，在美国基督教徒中，除天主教徒之外，其他大大小小的派别都属于基督教新教的范围，新教是美国基督教的主流派。他们占调查人数的比例约为 52%；非基督教的其他宗教，占信教人数的 3.7%，其中主要派别有：犹太教教徒 280 万，占调查人数的 1.3%；穆斯林教徒 100 万，占调查人数的 0.5%；佛教徒 100 万，占调查人数的 0.5%。

21 世纪初，美国的人口大约为 2.8 亿。基督教徒总人数为 1.6 亿，占调查人数 76.5%，占总人口数约 60% 的比例只是一个基本数据。今后不信教的人会增多。但正如有学者指出，传统宗教的复辟，或许正在重构美国政治。那么，教徒和教会组织是如何影响美国大选的？据盖洛普统计，在 2004 年大选中，这些“基督徒”中有 78% 的人选择了布什连任。考虑到布什的得票率，难怪有媒体会把布什的胜利称为基督教的胜利。

首先，宗教信仰与道德价值观分化了选民。调查显示，在美国，只要不是城里人，大多喜欢布什。在美国中下层民众中，特别是在南部和中部的内陆腹地，宗教仍是生活的中心。在美国内陆和农业地区的许多州，那些被称为草根选民的人远离大城市，对宗教非常虔诚，是特别看重道德观的人，他们特别倾向于支持布什。所有认为道德感最重要的选民，八成都支持布什；而那些看重经济或就业的人则八成支持克里。总之对宗教越虔诚、往教堂跑得越勤的人，越倾向布什；而越少去教堂的人，越喜欢克里。反恐与伊拉克问题则被排在道德和经济问题这两者之后，相对不那么重要。在十多个关键的州中，价值观与经济、就业率一样，成为选民最关心的问题。紧随其后的是反恐问题。由于价值观成为与经济地位相当的选民最关心问题，加上布什在反恐方面的优势，他最终击败了克里。2004 年大选中，尽管大多数美国人对伊拉克战争和经济现状并不满意，高达 90% 的美国人对不断上涨的医疗保健费用感到担忧，但是布什在这种情况下仍能连任成功，可以说很大程度上得益于美国选民在纷乱中求稳定的心理，以及布什在竞选中对这种心理的巧妙利用。在许多人看来，“工作来了又去，但信仰却是永恒的”。宗教信仰而不是任何其他的问题，在这次大选中主导了美国的选民，基督教传统价值被重新提到了重要的地位，主导着美国人的道德观、价值观。

其次，布什在大选中战胜克里，其主要原因是半数以上美国选民在一些社会问题（禁止堕胎和反对枪支限制）以及国家安全方面更相信他。在一些社会及道德层次的问题上，克里给人以背叛宗教的感觉。他赞成堕胎、赞成保障同性恋伴侣的权益，因而失去了许多保守选民的票。反观布什，他摆出卫道士姿态，虽然古板，但却给人以正直不阿、疾恶如仇的印象。在那些支持克里自由派的选民看来，布什是个傻瓜，远不如克里的才能。支持布什的保守派的选民却认为，他们喜欢布什。他们喜欢他走路的样子、他的手势、他的自信。当自由派攻击他用词的错误和讲话的病句时，他们却更喜欢他，更讨厌自由派。因此，布什在竞选中得到了基督教新教各派空前的共同支持，从比较保守的南浸礼会，灵恩会、五旬节派教会到传统的主流派教会（圣公会、联合卫理公会、长老会、信义会）等。

再有，宗教组织与活动作为美国人日常生活与精神生活的组成部分，经常性地渗入政治生活之中。尽管美国在立国之初就实行了任何人都有自由信仰宗教的平等权利，政府的任何职位或公职，皆不得以任何宗教标准作为任职的必要条件的政教分离的理性原则，但是 18 世纪中叶美国立国之前，教会自治和人民的宗教信仰自由高于一切世俗权力的文化传统就已经形成。从美国立国开始，政治就没有完全和上帝分开过。美国立国最基本的文件《独立宣言》特别强调了美国人对上帝的尊重，而美国《宪法》则是建立在《独立宣言》所奠定的原则基础之上的。宗教的影响在美国可以说是无处不在。美国总统宣誓就职时，必须手按《圣经》，美国国歌有“上帝保佑美国”的词句，国会参众两院的每一届会议都是以国会牧师的祈祷开始的。如今的美国，基督教组织不仅有教会和学校，还发展到监狱和银行。大企业像军队配备随军牧师一样，雇用企业牧师。美国人工作繁忙，没有时间上教堂，于是“工场教会”应运而生，祷告重新成为时尚。在公司，老板是牧师，同事则聚在一起祷告；到银行贷款，客户会跟银行职员一起祈祷。教会还渗入政府机构，比如联邦疾病控制中心也组织了“工场教会”，还把“没有得到拯救”的雇员作为发展对象。占人口大多数的基督徒，在支付了高额赋税后，开始援引宪法中宗教信仰自由原则，要求政府支持自己在公共场合表达宗教自由的权利，并要求联邦资金资助。①

美国历史上多次出现宗教价值观抗衡理性选择的“大觉醒”运动。自罗斯福新政以后，自由主义已经占据统治地位多年，成为美国的知识传统，保守主义也只能借用理性主义之外的宗教力量来鼓动草根了。这股反叛力量，当年尼克松称之为“沉默的大多数”，里根时代被称为“愤怒的白人”，今天有42%的美国人相信自己是福音派或再生基督徒。美国历史上宗教与理性主义的冲突是比较复杂的现象。在这个过程中，宗教扮演了十分重要的角色。目前，美国的基督教文化已经影响到欧美关系。由于美国基督教选民选择了小布什，而伊拉克战争和布什政府的反恐战略导致了美国与欧洲传统盟国的分裂。“老欧洲”不喜欢小布什，欧美关系渐行渐远。

西方学者在研究美国与西欧国家分歧时认为宗教是重要原因之一。塞缪尔·亨廷顿指出，美国是一个笃信宗教的国家，直到今天仍旧是宗教色彩最浓厚的国家之一。大多数美国人对上帝和国家有着强烈感情。一项关于17个工业国家的宗教信仰虔诚的对比调查显示，美国毫无疑义地排在首位。美国今天的宗教色彩比二三十年前更为浓厚。乔治·布什总统曾在一次全美宗教广播工作者会议上说：“没有哪个社会比美国社会更宗教化。”伦敦经济学院院长安东尼·吉登斯认为，欧美的根本区别是宗教参与政治，特别是让保守的宗教环境政治化。② 华盛顿经济趋势基金会主席里夫金指出，美国强调的自由是与自主相联系，把自主

---

① 薛涌：《上帝左右的美国政治》，http：//www. nanfang - daily. com cn/zm/20041125/xw/txl/200411250034。

② 《西方的分裂源于文化》，载《参考消息》，2004年3月29日。

与财产相联系，相信越富有就越独立和安全。欧洲人认为自由不在于自主，而在于嵌入。你所加入的群体越多，意味着生活的选择也就更多。美国梦依赖同化，拘泥于爱国主义，欧洲梦基于保持各国的独特文化于一个多元文化的体系之中，更具世界性和开放性。

哈佛大学教授爱德华·格莱泽曾指出，美国是世界上最保守的发达国家。经济管制最少，国民福利最少，军队最强大，国民宗教性最强。美国的保守主义源于政治稳定和种族的多样性。政治上主张渐进式变革和倾向中产阶级，经济上不同情穷人和诋毁穷人，反对将财富重新分配给异族的穷人。这些都不同于英国、加拿大以及欧洲大陆的国家，特别是那些种族单一的国家。为什么同样具有基督教文化的渊源，美国的宗教文化却比欧洲宗教文化具有更多理想主义和种族主义色彩？按照萨米尔·阿明的观点，美国人与欧洲人的价值观是有区别的。在欧洲不是宗教文化创造了资本主义发展的前提，而是宗教改革适应了新生事物。16世纪宗教改革时期，英国国教和路德教代表着新兴资产阶级、君主政体和大地主力量之间的妥协。但新教中的极端教派却不愿意妥协，逃出英格兰在新英格兰发展了新教的教义，是他们塑造了美国的意识形态。他们用“天定命运”和“上帝选民”（即天生优越民族）来征服新大陆乃至整个地球。而移民文化注重种族关系、社群关系，淡化阶级政治意识和排斥社会主义意识形态，这使美国缺少进步性的社会文化。①

二、美国力图通过基督教道德的回归来应对新的挑战

美国社会凝聚力的基础是基督教道德，美国的政治、经济、社会和文化无一不是以对基督教基本教义与核心道德的共识为前提的。美国人常引以为自豪的首先并不是其拥有的先进的科技、雄厚的经济实力和强大的军事力量，而是源自清教徒传统的基督教道德和由此而来的负有特殊使命的上帝选民的价值观。美国人的国民性与美国人的爱国主义、民

---

① 王珍：《萨米尔·阿明对美国的意识形态的批判》，载《国外理论动态》，2004 年第 2 期。

族主义和霸权主义，无不深深植根于此。而今天真正令美国人感到恐惧不安的是来自美国社会结构深层的本质性威胁——家庭价值观的衰落与家庭的解体。美国社会学家卡尔·辛梅斯特在分析今日美国社会的症结时指出："我们谈论毒品危机、教育危机、少女怀孕和青少年犯罪，所有这一切问题都源于一个共同的病根——破裂的家庭。"陷入了"有问题的家庭孕育有问题的孩子，有问题的孩子导致有问题的社会"这一恶性循环。在这种恶性循环中，建立在传统道德基础上的家庭价值观和社会责任感逐渐瓦解，美国人引以为自豪的优越感和使命感日趋淡薄，支撑美国社会大厦的基础出现了动摇。

美国作为全球化的最大赢家，越来越依赖于全球市场和资源，但全球化对美国的另一种挑战来自于从其他文明过来的移民。他们拒绝同化，继续坚守并且宣扬他们母国的那些价值观、习俗和文化。如果同化失败，美国将变成一个分裂的国家。有人认为"真正的文明冲突"存在于美国社会内部，能够整个摧毁西方文明的基础。

面对来自国内外的挑战，美国力图求助于宗教。宗教已经渗透到了美国的基本文化中，就要对社会发挥积极的道德制衡作用。对于过于偏离轨道的趋势，宗教会以自己独特的方式进行调节纠正。用基督教原教旨主义的道德净化社会风气、增强社会凝聚力的传统，已成为美国社会周期性自我调节、自我整合机制的重要组成部分。当美国社会的发展过分世俗化、过分背离基督教传统的轨道从而危及自身存在时，作为社会周期性自我调节表现形式之一的宗教复兴运动和宗教右翼就必然会兴起，使社会向右转，出现向基督教道德和传统价值回归的倾向。当前美国社会出现的新保守主义（小布什政府）就反映并代表了这种回归。他们主张对集权主义必须加以抵制。这个社会里，左邻右舍是安全的、家庭是稳定的、学校教育是成功的、政府比较小、赋税比较低、公民权利更有保障。

三、具有扩张性的民族主义意识形态制约外交决策

美国是由不断涌入的新旧移民组成的新国家。独立建国以来的 200

多年的短暂历史使得美国的民族主义意识与众不同。美国没有封建社会的历史包袱，是乐观向前看的民族。如华裔美国学者裴敏欣分析的那样，美国的民族主义源自开国以来战争与和平中的诸多胜利，是胜利诉求，而不是像绝大多数的民族那样是悲情诉求，总是被昔日外来强权造成的悲痛所刺激，因而美国人对悲情诉求的民族主义甚少同情。① 在美国大陆本土上只发生过独立战争和南北战争两次大的战争。在“9·11”事件之前，除了珍珠港事件，美国没有受到过国外的侵略，中国的民族主义恰恰相反，悠久的历史中有太多的战争创伤和外来的侵略，是同情弱者的民族主义。我国学者何新认为，美国是一个金融资产阶级的民族，是一个信奉强者哲学、信奉弱肉强食哲学的民族。美国从不同情弱者，从不怜悯弱者。只崇拜成功者与强者，是美国文化的基本原则之一。美国立国以来，其全部外交史，是一部只与强者谈判交友，而不断凌侮弱者、失败者的历史。

美国的民族主义意识形态，包括制造敌人来维护自己的民族团结。美国政治学家罗伯特·达尔说过：“美利坚是一个高度重视意识形态的民族，只是作为个人，他们通常不注意他们的意识形态，因为他们都赞同同样的意识形态，其一致程度令人吃惊。”② 对内表现为极端的爱国主义，对外则极具扩张性。作为一个移民国家，如果没有强有力的意识形态，美国就可能成为一盘散沙。另外，美国维护自身的社会主流价值取向及自由、平等和民主的政治信仰体系与胜利诉求的民族主义相结合，使美国逐渐形成一种意识形态扩张的民族主义情结，凡是与美国的主流价值取向及信仰体系对立的意识形态和社会制度都可能被视为危及美国安全的因素，都力求对其改造。

美国人追求意识形态安全利益超过了任何一个国家。美国比其他国家更需要一个敌人。因而，美国的意识形态扩张不是为了别人，而是为了以此来保持国家的意志和团结。在2001年“9·11”事件之后，抗击

---

① ［美］裴敏欣：《美国民族主义的悖论》，载《新华文摘》，2003年第12期。

② 刘建飞：《美国与反共主义——论美国对社会主义国家的意识形态外交》，北京：中国社会科学出版社，2001年版，第24页。

中东恐怖主义更让美国内部空前团结。布什政府趁机将反恐与大规模杀伤性武器挂钩，公开打着解放伊拉克人民的旗帜，采用先发制人的军事战略发动了伊拉克战争。但2004年10月6日，美国负责搜寻伊拉克大规模杀伤性武器的首席武器检察官查尔斯·迪尔费尔在公布的一份报告中指出，在伊拉克不但没有大规模杀伤性武器，而且自从1991年以来就不再制造这种武器，也没有能力制造此类武器。他还说，萨达姆从来没有把美国当作自己的敌人。7日，美国总统布什与副总统切尼承认伊拉克前总统萨达姆没有大规模杀伤性武器，这是他们迄今为止就此做出的最明确表示。换言之，某种程度上那些成为美国敌人的国家其实是美国意识形态扩张的牺牲品。

如何评价美国的民族主义意识形态扩张及其对外军事干涉？就连塞缪尔·亨廷顿也指出："我们美国人喜欢更多地用善恶标准去讨论问题，这种倾向在现政府中无疑达到了极致。"① 问题的实质是美国在超强的地位之下，不顾及其他民族特别是弱小民族的对本民族的认同与宗教感情，一味地、单方面地用人权、民主和自由的普世价值取而代之。这背后隐含着美国的民族主义和基督教文化对其他民族与宗教的优越感，以及凌驾于其他文化和民族之上的价值观。这是与国际关系的民主化趋势背道而驰的。这涉及如何看待不同的宗教与民族主义。尽管亨廷顿提出"文明冲突论"，夸大不同宗教与文化之间的差异与矛盾，但他在谈到中东时也认为：民族主义和社会主义都没有促进伊斯兰世界的发展，经过净化了的伊斯兰教在当代将起到与新教伦理在西方历史上所起的类似作用。"宗教是发展的动力。"② 他还认为，宗教代替了意识形态，宗教民族主义取代了世俗民族主义。宗教与现代国家的发展也不相矛盾。从某种意义上讲，非西方宗教的复兴是非西方社会中反对西方化的最强有力的表现。这种复兴并非拒绝现代性，而是拒绝西方，以及与西方相关的世俗的、相对主义的、颓废的文化。

---

① 《西方的分裂源于文化》，载《参考消息》，2004年3月29日。

② ［美］塞缪尔·亨廷顿：《文明的冲突与世界秩序的重建》，周琪等译，北京：新华出版社，1999年版，第99页。

今天，美国已经成为超强国家，在世界诸多强国中没有确定的战略敌人。是否推行霸权主义主要取决于美国自己。美国总统林肯说过："如果毁灭是我们的命运，那它的发起者和结束者一定是我们自己。"布热津斯基的话也值得深思："对美国的特别的全球角色的真正挑战越来越多地来自内部而不是外部。实际上，美国的主要薄弱部位可能不是被其对物的有形挑战所突破，而是被它自己文化形成的无形威胁所突破，因为这种文化在国内越来越削弱、涣散、分化美国的力量乃至使其瘫痪，同时又引诱和腐蚀外部世界乃至使其异化和革命化。"

比较清醒的美国政治学者保罗·肯尼迪指出，美国人要想承担起世界领导者的作用，就应该具备一个广阔的视角。欣赏人类共同的特征，认识到向别人学习与把知识传播出去同样重要。这种领导作用，应该维护弱小，把美国和其他先进强大的国家联合起来，共同帮助那些需要帮助的人们。美国最大的利益在于将本国的利益与整个世界的利益结合起来并投资于未来。① 尽管美国统治者利用美国人民的爱国主义情绪，发动伊拉克战争来扩大世界霸权地位，但我们看到，一方面，由于伊拉克政局不稳，内乱频发，重建困难较大，布什政府在短期内难以撤军；另一方面，国内反思伊拉克战争，要求撤军的呼声越来越高，布什政府的信任度不断下降。不仅如此，美国发动的伊拉克战争在国际上引起了自越战以来最大的反战浪潮和新的和平运动。美国的"人权卫士"的国际形象已经严重受损。美国宣扬的西方自由民主价值观更显虚伪。因此，美国政府也应当反思自己的民族主义扩张性问题，即使拥有不可多得的霸权，也不要四处寻找敌人，给自己四面树敌。

（原载《四川行政学院学报》，2006 年第 5 期）

---

① ［美］保罗·肯尼迪：《从自大走向宽容》，载《21 世纪经济报道》，2002 年 3 月 4 日。

建构主义国际关系理论对中国和平发展的启迪

1999年，美国芝加哥大学政治学教授亚历山大·温特的《国际政治的社会理论》一书出版并引起极大反响。建构主义作为国际关系理论一个重要学派的地位和学理意义得到了广泛的承认，温特也成为主流建构主义学派最重要的理论家和代表人物。温特所代表的主流建构主义国际关系理论学派对于占据统治地位的新现实主义学派和新自由主义学派提出了严峻的挑战。那么，这个新学派的崛起有何时代背景？有哪些值得人们关注的理论观点？对于中国今天在国际社会中谋求和平发展有何启迪呢？

一、建构主义进入国际关系领域的历史必然性和挑战性

20世纪90年代以来国际社会发生的转折性变化对主流国际关系理论提出了进行变革、创新与发展的新要求。具体来说有以下四点：

第一，冷战结束和苏联和平解体导致美苏两极格局以和平的方式宣告结束，在客观上给建构主义提供了用文化、认同和规范等新的理论重读国际关系的历史机遇。而批判理论等非主流国际关系理论的论战为建构主义的发展扫除了某些障碍，在意识形态领域为建构主义的理论发展拓展了新的空间。不破不立，破字当头，立也就在其中了。

第二，发展建设性而非仅仅是批判性的国际关系理论成为现实需要。建构主义的任务就是在批判和质疑原有主流国际关系理论的基础之

上，汲取包括新现实主义与新自由主义在内的各种理论流派的长处，站在一个新的历史高度来探索国际关系的规律性，以此指导国际社会的实践。

第三，英国学派作为现代建构主义国际关系理论的先驱，对建构主义国际关系理论的创立影响极大。英国学派的核心理论——国际社会理论在本体论上属于重视理念作用的弱式物质主义，其赞成整体主义的方法论，强调国际法、国际规范和制度对国家的制约作用。英国学派关于国际社会的三个重要的社会因素：国际制度、国际规范和国际规则也是现今建构主义国际关系研究的核心内容。

第四，西方国际关系理论具有边缘性、交叉性和综合性的学科特点，惯于从其他社会科学中汲取养分并借鉴方法。建构主义是从社会学角度研究国际关系的。社会学中的建构主义理论成为创立建构主义国际关系理论最直接的，也是最重要的思想来源。

建构主义对以新现实主义为代表的主流国际关系理论提出的质疑和挑战，集中表现在对现实主义传统观念“权力界定利益”和新现实主义关于“国际体系的无政府逻辑”的解构上。古典现实主义的集大成者摩根索认为，政治受到根植于人性的客观法则的支配。对权力的追求来源于人性本身。个人追求权力，把个人集合起来即为国家，国家这样的集合体也就同样具有追求权力的欲望。因此，只有用权力来界定利益才能使政治学从别的学科中独立出来，使政治家的行为具有理性原则。温特不否认现实主义关于国际政治的本质是由权力关系塑造的观点具有普遍意义，但他质疑现实主义关于权力主要是由物质力量构成的假设，提出了权力主要是由观念和文化建构而成的理念主义假设。根据这个新的假设，温特运用利益建构权力—观念建构利益的逻辑推理，试图解构现实主义，特别是对以沃尔兹为代表的新现实主义关于国际体系基本结构特征即无政府状态很难发生变化的基本结论，温特阐述了观念对于权力和利益具有的建构作用，并得出利益就是观念的新结论。

温特认为，利益怎样产生的问题是理性主义理论的盲点。利益可能是物质的，也可能是观念的。只有一小部分利益建构因素是物质性的，建构利益的物质力量就是人的本性，其余的建构利益的因素是观念的，因为计划和设想是由观念和文化建构的。温特并不否定物质力量分配的重要性，但他主张建立一种弱式物质主义："只有在物质力量与观念相互作用的情况之下，物质力量才能够产生它所具有的作用。"例如，德国军事力量比丹麦强，但如果双方根本不考虑相互发动战争，军事力量圈定的界限对于两国之间的互动就没有意义。所以，"物质力量和观念之间的关系是双向关系"①。

温特强调国家利己的属性不是给定的。国家虽然很少有利他特征，但国家所具有的集体身份特征比我们想象的多得多，国家可能具有利他的动机和特征包含了一种无政府状态的不同逻辑。在具有相当高的集体认同的国家组成的国际体系里，国家安全要依赖于军事力量的相互平衡这种情况是很少见的。正如今天加拿大不会担心美国的威胁，英国也不会担心法国的威胁一样。因此，"无政府秩序和物质结构的作用取决于国家的意愿"。国家领导人可以对利益进行思辨性考虑并帮助选定利益。戈尔巴乔夫时代苏联的新思维就是这样一个例子。苏联之所以改变政策和行为是因为苏联人反思他们现有的意愿和信念重新界定了自己的利益。② 因此，思辨、习得和协商的话语过程都可能是对外政策甚至体系变革的媒介。

二、建构主义国际体系理论的本体论和方法论的新意所在

温特通过重新界定现实主义关于权力、利益以及无政府逻辑结构的认识，提出了建构主义的新观点。他在《国际政治的社会理论》一书中着重阐述了建构主义的国际体系理论。在本体论上，建构主义强调的是重视观念的理念主义。"建构主义"的两条基本原则是：人类关系的结构主要是由共有观念（shared ideas）而不是由物质力量决定的；有目的行为体的身份和利益是由共有观念建构而成的，并非天然固有的。在方法论上，建构主义强调整体主义或结构主义。而新现实主义在本体论和

① ［美］亚历山大·温特：《国际政治的社会理论》，秦亚青译，上海：上海人民出版社，2000 年版，第 141 页。

② ［美］亚历山大·温特：《国际政治的社会理论》，秦亚青译，上海：上海人民出版社，2000 年版，第 161 页。

方法论方面属于物质主义-个体主义，建构主义则可以被看作一种结构理念主义。正是在本体论和方法论上，温特通过批判新现实主义所遵循的物质主义-个体主义理论方法，提出了一种与华尔兹不同的国际体系理论，即被称之为“关于国际体系的建构主义理论”，由此形成建构主义与新现实主义的根本区别。具体来说，有以下两点：

一是建构主义的国际体系论具有因变量和自变量的双重性质。温特从本体论上把国际体系理论划分为三种不同的“感知”国际政治的方式：从物质主义出发的新现实主义把国际体系结构看作物质力量的分配；新自由主义加入了国际制度的超结构因素，把国际体系看作物质力量加国际制度；建构主义具有理念主义色彩，把国际体系看作观念的分配。在方法论上，温特对研究国际体系的三种不同方法进行了区分，可以看出它们之间的差别。第一种是把国际体系视为因变量的观点。它通过考察国家及其他行为者的行为和互动来解释国际政治的结果。把研究影响国家对外政策的国内因素作为重点。实质就是“通过研究各组成部分来理解整体”的还原主义理论。第二种是把国际体系视为自变量的观点。华尔兹批判了还原法，提出应当根据系统层次的力量，而不是单元层次的力量来解释国际政治。其中能造成系统最大变化的国家，尤其大国的行为社会化及其竞争会导致规范和秩序的建立。华尔兹的国际体系论把无政府特征和权力分配作为解释国际生活的主要变量，并以此创立了“国家构成结构，结构造就国家”的结构现实主义理论。第三种是把国际体系视为因变量与自交量共同作用的观点。温特一方面认为国际体系是具有整体意义的结构，能够说明和解释国家这个“单位”的行为，把国际体系作为高于国家的“单位”行为的“分析层次”。但是，温特不同于华尔兹的观点主要在于，研究国际体系的目的不是要表明作为国际体系的“结构”是否比作为施动者的国家更能够解释国际政治的结果，而是“要表明施动者怎样被体系以不同的方式构建起来，因而产生了不同的结果”①。温特特别强调指出，作为国际体系对国家身份形成的

---

① ［美］亚历山大·温特：《国际政治的社会理论》，秦亚青译，上海：上海人民出版社，2000 年版，第 14 页。

影响方式对于思考国际政治有巨大意义。既然如此，就会存在着不同体系结构理论，不同的结构和施动者关系的理论。但是华尔兹所谓的结构层次只有一种，即无政府结构，它能够不依赖国家属性和国家之间的互动而存在，把国家单位因素排斥在体系理论的建设之外。这种推理是不正确的。因为华尔兹“物化”了结构，使结构脱离了造就和再造就结构的施动者和实践活动。因此，温特把国际体系视为随着国家之间互动的实践活动而不断发生变化的结构，并且反作用于国家的对外政策以实现其对国家身份和利益的再选择。

二是建构主义的国际体系理论揭示了文化在国际关系中的重要作用。温特认为，在社会体系中应当着重于物质结构、利益结构和观念结构这三个因素的相互关联性。“知识分配”是比利益分配更广泛的现象。自有知识是个体行为者持有而他人没有的信念。国家的自有知识来自国内或意识形态因素，是国家判定国际形势和界定国家利益的决定因素。但国家开始与其他国家交往时，自有知识立即变成了知识的“分配”，即各自的信念在国家交往的过程中聚集起来形成知识的社会结构并产生双方都没有预料到的结果，这是一种最低程度的社会结构。共有知识是指在一个特定的社会环境中行为体共同具有的理解和期望，社会共有知识是个体之间共同的和相互关联的知识。文化并非指社会中与经济政治相并列的领域，任何存在共有知识的地方都有文化。国际体系结构最根本的因素是观念的分配，即共有知识或共有文化，只有在确定了行为体的身份和利益之后，才能够表述行为体的行为。而行为体的身份是由结构（文化）建构而成的。社会体系中任何时间点上的知识分配只是在行为体意愿和信念存在的条件下才能够存在。共同知识依赖于个体信念，集体知识附着于意愿和信念，社会结构也以因果方式依赖于施动者及其实践活动。结构不是独立于进程而存在的，而进程本身也不是由结构构成的。社会结构的再造也是一个不间断的互动过程的结果。同时，这种进程又是结构的结果。例如，当“冷战”这个文化形态形成之后，美国人和苏联人就有了共有的信念：他们互为敌人。这个信念帮助确立了他们在任何给定情景中的身份和利益。他们的行为方式又向他者证实了他们的确是威胁，这样就再造了冷战。

温特得出了一个非常重要的结论：文化是作为自我实现的预言。简言之，文化具有自我再造的趋势。文化之所以成为文化，也必须具有这种再造能力。文化是人创造的，即文化在任何给定时间点上是制约人的行为的。文化负载者之间始终进行着竞争，这种竞争成为结构变化的不竭源泉。最后一个根源是创造力，即文化内部产生的新的观念。温特作为西方学者站在比较客观的立场分析文化的作用，对文化的区分不是从意识形态、宗教或者西方与非西方的关系出发的，而是从行为体，主要是国家之间的角色身份出发进行划分的，这对于创立平等和多元的国际体系文化具有十分积极的意义。

三、建构主义国际关系理论对中国实现和平发展的积极影响

我国学者十分关注建构主义理论的兴起，对《国际政治的社会理论》一书的评价普遍较高。比较有代表性的评价认为，建构主义是结构理论，是重视实践活动的理论，是进化理论。这是建构主义的理论体系在理论上的定位。同时，越来越多的学者运用建构主义的核心概念——身份理论来分析中国处理与世界的关系时需要塑造新的国际身份，从行为体身份来分析处于争端与地区冲突中的当事者的外交政策的客观性。

笔者认为，运用建构主义国际关系理论共有知识或文化在塑造国家身份和利益方面的决定性作用的观点，有助于我们更加全面地认识和观察当代国际社会的演变过程，特别是中国与世界关系的调整变化，这对中国更加积极地参与到国际组织与国际事务的活动之中，塑造中国的和平与负责任的大国形象，积极构建和谐世界具有重要的启迪作用。

第一，中国应当超越民族和阶级意识，从世界整体眼光认识当代国际社会的演变，把握好当代国际社会发展的客观规律性。当代国际社会发源于大工业开创世界历史，从而引发世界各国现代化的历史进程。西欧国家率先形成近代民族国家体系并在世界范围确立了帝国主义殖民统治的霸权。经过社会主义革命和民族解放运动两股力量的冲击，两次世界性战争的较量，帝国主义殖民体系彻底崩溃，最终在全球范围内建立

起主权民族国家体系。当今国际政治的理论与实践活动也是建立在主权民族国家体系和主权平等原则的认同基础之上的。当代民族国家体系承认了国家不论大小强弱，均拥有独立自主的主权和在国际法律认可范围内对外行为的最大权利，并通过建立政府间国际组织以及相应的国际准则和规则来协调国家间利益关系，规范国家对外行为。它使每一个国家都能够站在主权权利的立场上，谋求和维护国家的利益；使发达国家以及发展中国家在竞争和较量中不断超越社会制度、意识形态和文化的差异与矛盾，在冲突与合作中得以生存与发展；使当代国际社会能够以主权体系及其规则为基准来规范各民族国家的行为，达成一致的国际舆论与共识，共同寻求和平解决争端的路径。

新中国成立之后我们囿于传统的阶级斗争观念、强烈的反霸权意识和民族主义意识，又长期处于冷战环境的巨大压力下，缺乏全球整体意识和世界历史眼光，过分强调社会主义国家的身份，把资本主义和社会主义两种社会制度和意识形态的差异绝对化，排斥世界各国创造的人类文化优秀成果，错过了 60 至 70 年代世界经济发展的大好机遇。改革开放 30 年我们将自己融入国际社会之中去谋求发展，从根本上说就是承认了中国发展中国家的身份，寻求本国利益与世界利益的不可分割性，得出中国的发展离不开世界的结论。因此，中国的和平发展之路，就是中国在坚持国家主权与安全要放在第一位的同时，把中国发展成为维护世界和平与促进共同发展的一支重要和坚定力量，决不重蹈历史上大国称霸世界的覆辙，要共同分享发展机遇，共同应对各种挑战。

第二，中国应当积极主动地通过国际组织、国际制度机制和国际舆论实现和维护好国家利益。21 世纪以来，中国的国际影响力的提升在很大程度上是由于中国已经认识到自己在国际社会中身份和角色的变化，而且在对外关系中适时地调整了外交战略，更多更好地参与联合国与其他国际组织的国际事务活动而取得的。中国加入世界贸易组织之后，经济社会发展取得了突出的进步，国家利益得到了更好的实现和维护就是明证。然而，随着中国国力的日渐强盛，国际社会舆论对中国的批评指责也日渐增多。其原因之一在于：“我们在关注联合国的时候，往往忽视了联合国提倡的理想和推广的观念，而这恰恰是联合国的重大成就。”① 因此，自2001年加入世贸组织后，中国政府先后批准和签署了联合国两个人权公约——《经济、社会及文化权利国际公约》和《公民权利和政治权利国际公约》，重视国际人权文书对促进和保护人权的重要作用。截至目前，中国已参加25项国际人权条约。2009年4月中国政府首次发布了两万两千多字的《国家人权行动计划（2009—2010年)》，内容涵盖了经济、社会和文化权利保障，公民权利与政治权利保障，少数民族、妇女、儿童、老年人和残疾人的权利保障，人权教育和国际人权义务的履行以及国际人权领域的交流与合作等，明确了未来两年在促进和保护人权方面的工作要求和具体措施，这些都利于消除国际社会在人权方面对中国的负面舆论。

第三，中国应当运用传统文化和现代文明的精华塑造世界和平大国形象，建立多元、平等与和谐的国际文化新秩序。“中国在崛起的过程中如何面对已经构成的以西方观念为主的规范和原则是一个非常重要而紧迫的问题。……从建构主义的角度看，中国的崛起并不一定意味着威胁，因为物质力量本身不能告诉我们利益所在，关键在于中国与其他国家或国际社会的互动实践。”② 20世纪90年代以来我们党提出了与世界巨大变化相适应的一系列新思维和新观念，从尊重世界文明多样性到树立新的国际安全观，从提出中国和平崛起到构建各种文明兼容并蓄的和谐世界的新理念，顺应了世界发展的潮流和趋势。我们应当看到，当今世界是一个经历了两次世界大战洗礼的、具有崇高人文理想和人文精神关怀的国际社会，是一个追求共同价值观和国际规制的人类社会，同时又是拥有不同文化和文明形态的多元化的世界。这就需要我们在接受共同价值观和国际规制的同时，从战略高度来推动我国传统文化走出去，充分向外界展示我国的文化魅力，建立一个深入人心的和平大国形象，在国际国内的多种场合展示一个开放的、包容的、多元的、充满活力的

① 秦亚青：《观念的力量》，载《世界经济与政治》，2005年第10期。

② 袁正清：《国际政治理论的社会学转向：建构主义研究》，上海：上海人民出版社，2006年版，第341～343页。

和具有个性化的现代中国人形象。“未来中国的国际身份或国际形象塑造应扬长避短，要具有开放、包容的民族精神，和、合的民族性格，适度的民族自豪感。中国的和平发展正在塑造中国新的国际身份，其成功将自然打碎关于中国民族主义的种种神话。”①

（原载《理论导刊》，2009 年第 6 期）

① 王义桅：《探询中国的新身份：关于民族主义的神话》，载《世界经济与政治》，2006 年第 2 期。

世界经济发展失衡引发的国际金融危机剖析

2007 年发端于美国的次贷危机从局部发展到全球，从发达国家传导到新兴市场国家，从金融领域扩散到实体经济领域，给世界各国经济发展和人民生活带来严重影响。这场国际金融危机波及范围之广、影响程度之深、冲击强度之大，为 20 世纪 30 年代以来所罕见。在经济全球化趋势下，各国经济的相互依赖已经到了大多数国家在金融危机面前都不能幸免的程度。因此胡锦涛总书记指出："为了有效应对这场金融危机，世界各国应该增强信心、加强协调、密切合作。"那么，我们应当如何认识经济全球化背景下的国际金融危机呢？本文着重分析了由于世界经济发展失衡引发国际金融危机的表现及其原因。

一、实体经济与虚拟经济的失衡是最基本的原因

20 国集团的出现和华盛顿会议以来的四次峰会已经证明，国际金融危机引发的经济危机不可怕，各国政府携手共同抗击经济衰退的措施和信心都是强有力的，国际社会应对世界经济危机的能力大大增强。世界主要经济体愿意共同努力促进经济增长和确保全球经济持续复苏。从已经公布的统计数据来看，全球主要经济体 2010 年一季度都实现了正增长，显示出经济复苏已经成为全球性的普遍现象。根据国际货币基金组织的最新预测，2010 年世界经济增长率将达到 4.25%，其中发达国家为

2. 25%，发展中国家为 6. 25%。①

中国政府对于这次危机的表现及其原因有较好的认识和分析，胡锦涛总书记明确指出导致此次国际金融危机的根源在于世界经济的发展失衡，所以必须坚定不移地推动世界经济平衡发展。“失衡既表现为部分国家储蓄消费失衡、贸易收支失衡，更表现为世界财富分配失衡、资源拥有和消耗失衡、国际货币体系失衡。导致失衡的原因是复杂的、多方面的，既有经济全球化深入发展、国际产业分工转移、国际资本流动的因素，也同现行国际经济体系、主要经济体宏观经济政策、各国消费文化和生活方式密切相关。从根本上看，失衡根源是南北发展严重不平衡。”② 具体来说主要表现为三大失衡：一是虚拟经济与实体经济发展的失衡，二是消费与储蓄的失衡，三是市场创新与政府监管的失衡。本文认为，实体经济与虚拟经济的失衡是最基本的原因，影响和制约着其他方面的失衡。

经济全球化带来新的国际分工格局，以制造业为代表的实体经济向中国等发展中的新兴市场转移。“在 20 世纪 70 年代的时候，世界范围内出现了一次新的劳动分工。亚洲和拉美国家进入现代化的物质生产时期。而发达国家则进入了现代化的非物质生产时期，这是具有统治性和决定性意义的时期。”③ 20 世纪 90 年代以来，主要表现为第三次科技革命带来的交通、通信手段的全球化，信息、知识的全球化。市场经济的全球化是另一个重要的动力源，其主要推动因素是世界市场与国际分工的发展。跨国公司的全球经营战略为特点的生产全球化形成一种新的国际分工体系。低端和中端制造业以及部分服务业从发达国家迅速转移到发展中国家和新兴工业国家，由此带来发达国家在实体经济中的地位下降。“近十年来，美国制造业发展陷入停滞，工业生产值与其增长速度迅速下滑。由于制造业大规模裁员，制造业就业人数占总就业人数的比

---

① 何东：《当前世界经济形势分析》，载《学习时报》，2010 年 7 月 12 日。

② 胡锦涛：《全力促进增长　推动平衡发展》，2009 年 9 月 25 日在二十国集团领导人第三次金融峰会的讲话。

③ ［法］让-克洛德·德罗奈：《关于国际货币体系改革的几点思考》，载《国外理论动态》，2010 年第 6 期。

例在十年间从15%下降到10%以下。”① 从2000年到2008年，美国国内生产总值占世界总量的百分比下降了7.7%。因此，经济全球化是一场以发达国家为主导，跨国公司为主要动力的全球范围内的产业结构调整，这种调整使发达国家率先进入知识经济社会。

中国是实体经济加快发展的典型。国内外学术界有人把经济全球化形象地比喻为巨大的浪潮，不具备冲浪本领的人会被淹没。经济全球化是一个历史过程，它涉及自然壁垒和人为壁垒的降低，各国市场的进一步开放，民族性和地方性的减弱。自中国2001年加入世界贸易组织以来，其GDP总量一直处于快速提升的过程，先后超过英国、法国和德国。目前即将超过日本，成为仅次于美国的世界第二经济大国。中国在全球经济产出中的份额增加了一倍以上，达到8.5%，进入世界经济大国的前列。中国经济加速发展的根源在于中国政治稳定，政府不断提升效率和服务能力，加大对基础设施的投入和建设，加之国内市场的庞大潜力无人能比，劳动力成本被政府人为压低，中国商品的价格在国际竞争中也大大低于许多发展中国家。中国接受的外国直接投资连续十多年保持世界前列，甚至超过了美国。中国通过加工贸易的形式（如中日韩之间的三角贸易）占领了欧美市场。这样，中国在获取资本和金融账户顺差的同时，经常项目也大量顺差。长期保持“双顺差”的结果，使中国与美欧之间的经济互补性大大增强，而双边的经济摩擦也不断加深，不过，这并无大碍。因为欧美国家在全球化经济中必须实现产业结构调整，将劳动密集型产业转移到发展中国家，而中国正是他们选中的对象。这样，中国与美国等发达国家在利益冲突时也能找到利益的汇合点，达到妥善解决分歧、“求同存异”和“同舟共济”的目的。

20世纪90年代以来，国际资本跨国流动的规模和速度在许多方面已超过了国际贸易的发展，并带动商品交换和服务贸易的迅速增长。各国通过开放本国市场来获取更先进的技术、管理、新的信息与知识，加快本国经济与全球经济的融合。各种金融衍生品本来是对付布雷顿森林

---

① 陈元：《后经济危机阶段：加速发展路径的强制性变迁》，载《新华文摘》，2009年第22期。

体系解体后不稳定的汇率，以规避风险，但客观上推动了金融的自由化。一方面，在发达国家金融自由化浪潮的推动下，各国资本的获利空间增大，间接投资（证券投资与外汇市场交易活动）的总量日益增大。企业融资更加便利，相对于实物资本而言的虚拟资本开辟了资本增值和保值的新渠道，引导着实物资本向更大的获利空间运动。资本积累与高科技和个人知识能力结合更为紧密，客观上有利于资本资源的合理配置，进而推动了国际金融活动的一体化和全球化。另一方面，经济的金融化和金融的产业化带来虚拟资本大规模的运动，虚拟资本的投机性更强，监控手段更复杂，国际投机活动更加猖狂和巧妙，政府却不能相应实行严格监管。2008 年 10 月前美联储主席格林斯潘在国会就当前金融危机问题接受质询时坦言，当前的经济危机改变了他对市场经济的看法，并承认当年未能有效监管，犯下了错误。冰岛就是利用高利率和低管制的开放金融环境吸引海外资本，然后投入高收益的金融项目，进而在全球资本流动增值链中获利的。这种依托国际信贷市场的杠杆式发展，收益高但风险也大。一些金融机构受利益驱动，利用数十倍的金融杠杆进行超额融资，在获取高额利润的同时，把巨大的风险留给整个世界。我们不由得不回顾列宁在《帝国主义是资本主义的最高阶段》一书中所说的："大部分利润都被那些干金融勾当的'天才'拿去了。这种金融勾当和欺骗行为的基础就是生产社会化，但是人类所达到的这种社会化的巨大进步，却造福于……投机者。"① 可见，金融机构道德缺失是导致全球化生产条件下发生金融危机的一个深层次原因。

过去，发达国家应对经济危机主要通过实行凯恩斯主义的国家干预政策，包括积极的财政赤字和宽松的货币政策，经济危机的周期性已经不明显，危机的破坏性也不如过去大，但又带来经济停滞和通胀问题。20 世纪 70 年代西方国家出现经济停滞与通货膨胀并存局面，使新自由主义思潮逐渐占据主导地位。该派认为政府的干预往往达不到预想的结果，在同等条件下，政府部门解决问题的办法在效率上也往往低于市场

① 《列宁选集》第二卷，北京：人民出版社，1972 年版，第 749 页。

的解决办法，转而提倡市场自发力量和私人产权，减少国家干预，将国有企业私有化。20 世纪 80 年代以来新自由主义或者新保守主义在英国、美国和法国都取得了较显著的经济成果。但长期的低利率政策在全球化时代导致的流动性泛滥，虚拟经济的发展与宽松的财政、扩张性货币政策以及美国对资本市场缺乏监管也密切相关。国际金融危机的爆发使一些严重依赖虚拟经济的发达国家也面临着救助的问题。如冰岛 2007 年的国内生产总值仅为 193. 7 亿美元，而其几大主要银行的资产规模却高达 1280 亿美元，所欠外债超过 1000 亿欧元，冰岛中央银行所能动用的流动国外资产仅 40 亿欧元。

二、国际货币金融体系的美元主导地位是体制性原因

中国政府认为这场国际金融危机充分暴露了世界经济发展方式不可持续，国际金融体系存在重大缺陷等突出问题。布雷顿森林体系解体之后，表面上国际货币金融体系的美元本位制不存在了，但实际上其主导地位仍然存在。国际货币金融市场还是依赖于美国经济提供的世界货币信用。"美国经济占全球国内生产总值的 24%，但全球 42% 的主权债务、52% 的银行贷款和 64% 的国际储备用美元记账。作为全球主要储备货币的美元受美国国内宏观经济政策影响大，美元需求与供应难以实现平衡，这成为国际货币金融体系的一大系统性风险。"① 一方面，美国经济实际上建立在债务经济模式基础之上：美国通过债务的增长发行过量美元，过量美元随美国贸易赤字进入顺差国家，助长了全球美元的投资需求。另一方面，美国不再需要一般性实业企业，除食品以外的一般消费品和一般性工业设备外，其他商品都从国际市场购买。由于美国服务业的发展并没有像制造业那样带动居民的有效需求增长，美国政府只有实行扩张性货币政策，信用膨胀和资产泡沫成为支撑消费需求的主要力量。美国实行低利率且美元贬值来刺激美国地产消费，地产价格因需求上涨反过来促进了

① 刘云非：《国际观察：透视后危机时代国际金融改革之路》，载《新华网》，2010 年 6 月 25 日。

美国人借贷消费的能力和愿望，从而酿成次贷危机。在房地产市场崩溃以来，美国政府已经投入1450亿美元救助长期受美国政府资助的住房抵押贷款的房地美和房利美两家大公司，是最为昂贵的金融救助之一。

东亚地区的增长模式正是建立在美国无节制的信用透支基础上的。中国和日本等东亚国家本身具有高储蓄的传统。日本家庭的资产结构主要是银行存款，日本国民对放在银行里的工资收入不再做进一步的理财规划，还是靠不断增长的工资收入来维持生计。中国比日本有更高的储蓄率和投资率。除了社会文化、家庭观念、人口结构等因素之外，其重要原因在于，中国GDP增长的大部分收益流向了政府和公司，代表资本的企业收入比重越来越高，劳动者报酬越来越低。2002年以后中国储蓄更是快速增长。主要特点是居民储蓄平稳增长，企业储蓄上升明显。"1998年前后，中国的储蓄率大约37.5%左右，到2007年，上升为49.9%。……从企业储蓄占GDP的比重看，在全球范围内已处于高水平。这一现象与中国经济转轨过程中未能充分解决企业成本和利润扭曲问题有关。"① 加之政府公共服务投入不足，医疗、养老等社会保障体系不健全，必然呈现投资率持续上升，居民消费率持续下降的格局。由于消费推动经济增长的作用受到抑制，政府举债投资，目前中国的公共债务的实际水平接近GDP的100%。投资率越高，储蓄率便越高，因为储蓄等于投资加净出口。同时还造成外部失衡——高额的外汇储备。而且，中国向美国出口大量廉价货物，客观上压低了美国的通胀水平，影响了以盯住通货膨胀为目标的美联储货币政策，令利率处于较低水平，刺激了包括房产在内的美国的消费狂潮。2009年1月初，即将卸任的美国财长保尔森公开表示，中国等新兴市场国家的高储蓄率是造成全球经济失衡并导致金融危机的主要原因。而美联储主席伯南克也将美国房地产泡沫归咎于外国人（尤其是中国人）的高额储蓄。中国则反驳说，全球储蓄率不平衡客观存在，储蓄率高低差异的原因多样，解决储蓄失衡问题，需要综合药方。

① 周小川：《中国降低储蓄率的意图明确》，载《中国新闻网》，2009年2月10日。

在美国债务经济模式下，中国和美国的经济互相依赖，相互补充。这也决定了中国靠投资、出口拉动增长的经济增长方式，即依赖于对美国和欧洲出口市场的扩大。中国出口贸易的65%是对他们所在国家的返销。而中国手中虽然拥有较多的外汇储备，但却并非掌握着财富的分配控制权。原因在于：一是中国制造业中有相当部分是加工贸易形式，赚取的主要是加工费。由于没有掌握核心技术，所以在制造业方面大而不强。二是中国处于工业化中期阶段，一般贸易商品没有知名国际品牌，在国际市场缺乏竞争力。三是中国主要依靠低成本优势和低价格以及数量来满足国际市场。这是以牺牲环境和消耗资源能源，压低劳动者社会福利来获取的。因此，虽然中国号称“世界工厂”，实际上是全球经济中跨国公司的组装厂。“中国制造”的准确理解是中国组装。目前，中国大量持有美国国债，帮助维护国际经济的“旧制序”的稳定仍利大于弊，符合国家根本利益。因为在短期内，要让美国经济走出衰退就必须保证财政和货币刺激措施能够真正发挥作用。这就要求国内外投资者平稳、信任地吸收美国政府提供的大量借据。但这也是两难选择：“一方面，他们想支持美国以使其继续购买它们的产品；另一方面，由于美元在下跌，它们以美元投资的资金一直在贬值。”① 从长期看，美国必须从消费型经济转为出口导向型经济，必须从依赖金融活动转向发展实业。这种长期规划无疑要求美元贬值，结束当前美元估值依然过高的局面。如果未来美国不再长期保持巨额经常账户赤字，那么中国原有的经济增长模式也将无法保持。

三、高科技创新进入高原期是根本原因

此次金融危机虽然产生于金融部门，但本质上是高科技创新没有新突破。当然，美国的财富分配仍然不平等的现象在金融危机中也暴露无遗。在互联网技术创新之后，生产要素创新进入高原期，没有新的技术创新出现，难以刺激大规模投资，于是原先服务技术创新企业的金融体系向下服

① ［美］伊曼纽尔·沃勒斯坦：《谈国际金融危机与美国霸权危机》，载《国外理论动态》，2010年第6期。

务到了房地产等传统部门，从而导致以房地产泡沫开始的一系列的金融和经济问题。每一次经济危机都孕育着新的技术革命的机会。经济复苏离不开技术创新，通过新的技术革命推动新的主导产业的兴起，已经成为每次应对危机实现新一轮增长的重要途径。因此，科技作为世界第一生产力的地位仍然是最重要的。世界交往的变革虽然是巨大的，但仍然受制于科学技术的发展。世界科学技术的发展还是依赖发达国家和跨国公司。尽管世界知名跨国公司从产品品牌、人力资源、产品制造、营销管理等方面大力实施"本土化"的经营战略，并且把研发中心转移到中国等发展中国家，但仍然掌控着最为关键的核心技术、商标和商誉，他们在开发当地智力资源的同时，用优厚的待遇吸引国内优秀的科技人员，抽走国内研究机构的核心力量。因此，单靠美国或者欧洲、日本的科技发展已经难以支撑整个世界经济的发展，相反应该大力加强国际科技合作，充分依靠科技进步增强世界经济增长的内在动力。

借用马克思恩格斯在《德意志意识形态》中讲的一段话来分析，"交往的任何扩大都会消灭地域性的共产主义。共产主义只有作为占统治地位的各民族'立即'同时发生的行动才可能是经验的，而这是以生产力的普遍发展和与此有关的世界交往的普遍发展为前提的"①。现在的状况是世界交往在许多方面超过了科技第一生产力，积累的大量资金必然应当投入到新的科技开发中去。除了发达国家科技的攻关以外，发展中国家应当拿出更多的经费投入到自主研发中，这样既可以打破垄断又增加了发展的平衡性，如果在科技发展方面达到某种平衡，世界经济的失衡就会大大下降。

西方各国在应对国际金融危机冲击的同时，都在对本国科技和产业发展进行新的部署，开始了新一轮抢占科技和产业发展制高点的竞争。美国奥巴马政府把能源排在第一位，在未来 10 年每年投资 150 亿美元，用于鼓励技术创新，提高能源效率。其中以新能源为重点，包括高效电池，智能电网，碳捕捉和碳储存，可再生能源如风能、太阳能等。其要

① 《马克思恩格斯文集》第 1 卷，北京：人民出版社，2009 年版，第 538 页。

点是在3年内让美国再生能源产量倍增，足以供给全美600万户用电。因为减少石油进口依赖就会减少贸易逆差和国家负债，同时提升美国的新能源和环保产业在GDP中的比重，并且创造就业机会。其目标还是利用技术优势巩固已有的领导地位。哪个国家能够驾驭清洁的可再生的能源，它就能在21世纪成为领导者。同时，美国还强化对医疗保健和教育的投入，因为当今的全球经济，能出售的最有价值的技能就是知识。日本政府也推出了以环保型汽车、电力汽车、低碳排放、医疗与护理、文化旅游业、太阳能发电等为战略目标的新兴产业战略。欧盟已经决定在2013年之前将投资1050亿欧元用于“绿色经济”的成长，为经济增长带来新动力。总之，发达国家希望通过环保与能源问题的科学技术的应用达到增强实体经济、增加就业的目的。开发新能源、可再生能源、生物质能（如风能、太阳能、核能、沼气）等可替代传统能源的能源类型，充分利用可循环能源，对于解决国家内部的能源发展瓶颈和环境保护压力，以及推进全球性能源与环境问题的解决都具有重要意义。发达国家加大新能源和新兴产业投入，提供了新的技术转让与经济合作的机遇。日本有识之士已经提出，日本必须举国上下开发和培育新技术、新产业，提高国际竞争力，同时逐渐放弃处于优势的传统领域，并且将自己发明的技术进行转让，因此需要尽快缔结日中韩三国自由贸易协定，在三国之间形成一个巨大市场。

这次国际金融危机也是中国加快经济发展方式转变的良机。按照中央的部署，一是大力发展战略性新兴产业，二是运用高新技术加快改造传统产业，三是大力推动自主创新，四是加强知识产权的创造、运用和保护，五是进一步深化科技体制改革。还要加快推进教育改革，谋划教育发展，推动文化繁荣，提高城乡居民收入和改革分配制度，完善社会保障体系和推进社会事业领域改革等。中国政府坚信，由于失衡的根源是南北发展严重不平衡，所以世界经济平衡发展是大势所趋。只有中国等广大发展中国家有效实现发展，世界经济复苏步伐才会坚实，世界经济增长才能持久。

（原载《四川行政学院学报》，2010年第4期）

论超越意识形态差异建立中美战略互信关系

长期以来，美国对华政策一直不变的价值目标就是希望中国通过和平演变，成为美国理想中的民主、自由国家。美国带有理想主义和意识形态色彩的外交政策在中国通过和平发展日益强大起来的事实面前常常显得不合时宜，被迫改弦易张，更多地采取现实主义或实用主义政策。2009 年 11 月奥巴马总统访华，进一步推进建立和深化中美战略互信关系，意味着美国在超越意识形态差异处理中美关系方面又迈进了一大步。即便如此，美国和中国各自的政治、经济和文化特点有着巨大的差异这一历史鸿沟也不可能在短时间内填平。相反，随着中国总体实力增长与美国缩小差距的时间不断提前，美国国内政界和民众对中国崛起的担忧和警惕还会增强，涉及对华政策的意识形态色彩还可能更浓。本文旨在提出这一问题并尝试作一些初步的探讨。

一、美国重视意识形态安全的国内国际背景

正如美国政治学家罗伯特·达尔所说："美利坚是一个高度重视意识形态的民族，只是作为个人，他们通常不注意他们的意识形态，因为他们都赞同同样的意识形态，其一致程度令人吃惊。"① 美国重视意识形

① 转引自刘建飞：《美国与反共主义——论美国对社会主义国家的意识形态外交》，北京：中国社会科学出版社，2001 年版，第 24 页。

态安全归结于塑造美国的历史和文化。

一是美国人对自由、平等和人权的价值理念的追求以及毫不妥协的态度在世界上屈指可数。这种追求来自美国早期移民的宗教信仰，经过美国独立战争得到巩固，成为美国人的政治信念与政治制度的基石。发展经济学家萨米尔·阿明把美国同欧洲国家进行比较，指出在欧洲不是宗教文化创造了资本主义发展的前提，而是宗教改革适应了新生事物。16 世纪宗教改革时期，英国国教和路德教代表着新兴资产阶级、君主政体和大地主力量之间的妥协。但新教中的极端教派却不愿意妥协，逃出英格兰，漂洋过海到北美洲大陆的新英格兰发展了新教的教义。是他们塑造了美国的意识形态。他们用“天定命运”和“上帝选民”（即天生优越民族）来征服新大陆甚至整个地球。而移民文化注重种族关系、社群关系，淡化阶级政治意识和排斥社会主义意识形态，这使美国缺少进步性的社会文化。统治阶级具有根深蒂固的种族偏见。①

二是美国人具有乐观向上的爱国主义与民族主义精神。“美国的民族主义源自开国以来战争与和平中的诸多胜利，是胜利诉求；而不是像绝大多数的民族那样是悲情诉求，总是被昔日外来强权造成的悲痛所刺激，因而美国人对悲情诉求的民族主义甚少同情。”② 美国的中国问题专家安德鲁·内森拿中国与美国比较，指出美国的民族主义是自信的“天定命运论”，中国的民族主义则不同，其力量来自国耻感和民族自豪感。③ 的确如此，中国悠久的历史文化中不仅缺乏“天定命运论”，而且近代以来有太多的战争创伤和外来的侵略，是同情弱者的民族主义。在意识形态方面美国处于攻势地位，中国处于守势地位。

第二次世界大战以后，美国在西方国家的支持下，在与苏联争夺世界霸权的斗争中推行意识形态扩张主义，即外部世界中凡是与美国的主

---

① 王珍：《萨米尔·阿明对美国的意识形态的批判》，载《国外理论动态》，2004 年第 2 期，第 7 ~8 页。

② ［美］裴敏欣：《美国民族主义的悖论》，载《新华文摘》，2003 年第 12 期，第 158 页。

③ ［美］安德鲁·内森等：《长城与空城计——中国对安全的寻求》，柯雄译，北京：新华出版社，1997 年版，第 39 页。

流价值取向与信仰体系对立的意识形态和社会制度都可能被视为不安全的因素，都力求进行改造和变革。霸权指导下的安全必然包括意识形态安全。美国比其他国家更需要意识形态敌人来保持国家的霸权意志和国内团结。一方面，当美国的国家利益与世界共同利益相一致时，美国按照自己的价值观和理想愿望来塑造世界。每当世界处于重大的历史转折点，美国都会用意识形态的眼光审视世界的变化，发出新的警告并根据需要重新组织本国与世界资源。美国不仅调动本国的资源，而且最大限度地利用了国际资源。在一定程度上，反法西斯战争的胜利和冷战时代都打上了美国意识形态的烙印，美国意识形态的扩张造就了今天的美国和世界。另一方面，美国的意识形态扩张的局限在后冷战时代日益暴露，受到大多数国家的抵制和批评，不受欢迎非常明显，这些国家也力图避免成为美国意识形态武器的牺牲品。冷战结束以后，美国在建立世界新秩序中丧失了意识形态的敌人。2001 年“9 · 11”事件爆发之前，美国一直在四处寻找美国的敌人。在遭到恐怖主义的袭击之后，美国全国上下同仇敌忾，全力以赴地要打赢这场反恐战争。小布什政府奉行单边主义并有意夸大伊斯兰文明和基督教文明的矛盾，甚至违背事实发动伊拉克战争，不惜用武力推翻伊拉克萨达姆政权。试图在中东地区建立一种以崇尚人权和普遍价值为目标的民主政府，用新殖民主义政策来取消失败国家的主权的帝国秩序。尽管美国开动战争机器企图达到维护美国军事霸权，延缓经济衰退的目的，然而，2007 年以来由美国次贷危机引发的全球金融危机还是把美国经济彻底推入衰退之中。这说明当今世界秩序的重建不在于美国追求意识形态安全所想象的敌人。伊拉克战争没有解决任何问题。美国不断妖魔化自己的敌人反而伤害了自己。伊拉克战争结束以来中东地区局势动荡不安，战乱不止，使美国的国际形象严重受损。美国的经济实力在房地产泡沫崩溃之后大打折扣，债务经济模式已经难以为继。美国必须反思追求意识形态安全的扩张主义行为的利与弊。

二、超越意识形态差异关键在于摆脱冷战时代的霸权思维

冷战时代的最大教训是美国和苏联两个世界强国争夺对世界的政

治、经济和意识形态领导权导致国家利益冲突，两国之间互相猜疑，互不信任，彼此防范，使核军备竞赛和军事力量不断提升，陷入一种“安全的陷阱”。1989 年“苏东”剧变之后这种冷战思维并没有自动退出历史舞台，至今仍然存在。不论姓资还是姓社，冷战思维的实质还是唯我独尊，大国霸权与强权的意识形态观念没有改变。它与世界和平与发展的时代主题，多极化和经济全球化的趋势相背离。美国背上冷战思维的包袱有两个原因：一是国家利益本位主义。权力政治是西方现实主义国际政治理论的核心，用权力界定国家利益的政治哲学就发源于美国，这样的国家利益维护的都是一己私利。二是维护世界霸权的优越感。凭借世界唯一超级大国的地位，美国从冷战时代的追求权力发展到维护权力甚至炫耀权力的阶段。捍卫美国从冷战中赢得的胜利，防范和警惕新的挑战者成为美国外交战略的主要任务。

中国始终按照和平共处五项原则处理国家关系，不论当下还是将来，“中国永远不称霸”。中国没有冷战思维的包袱，坚持把维护世界和平，促进共同发展作为外交政策的宗旨，在国际事务中敢于主持公道，维护世界大多数国家的利益，国际道义力量和大国形象都得到提升。20 世纪 90 年代以来，中国既坚决抵制西方和平演变的图谋，又不断超越意识形态差异推动中美关系向前发展。中国认同并积极参与经济全球化，趋利避害；通过加入世界贸易组织和建立市场经济体系，与美国形成相互依存的经济关系；考虑到中国的国情接受国际社会的人权、民主与自由的价值理念，减少了与美国的意识形态分歧。中国既尊重美国在国际安全问题发挥大国的正面作用，又在联合国等多边场合中坚持国际关系准则，发挥安理会常任理事国的积极作用。为了中美双边关系能够正常和稳步地发展，中国领导人做了大量耐心细致的对外工作。从提出双方遵循的原则到处理双边关系中纠纷的具体行动，都表现出中国的克制和耐心，以极大的诚意等待美国的改正。

尽管中国希望美国理解自己，但要美国在拥有霸权的条件下摆脱冷战思维对待中国绝非易事。每四年一度的美国大选共和党与民主党为争斗总统宝座纠结于对华政策以捞取选票。美国国会的院外集团中强大的反华亲台势力和国内各种利益集团相互竞争，影响和制约政府对华政策的制定，致使中美关系出现不应有的大起大落。2001 年小布什上台之前就把中国视为潜在的竞争对手。“9·11”事件成为美国摆脱对华政策的“冷战思维”的一个转折点。经过阿富汗战争和伊拉克战争，中美在地区与全球性问题上的共识不断增多，合作不断增强。2004 年美国大选以来对华政策不再成为两党争论的焦点。2005 年 9 月美国副国务卿左立克提出根据中美双方共同赞成什么来定义双方关系。把中国定位在“负责任的利益攸关者”上。这在一定程度上改变了中国非敌非友的位置。这表明美国统治集团也认识到形势比人强，不能不超越意识形态差异处理双边关系。

世界和平与发展的时代潮流不可阻挡，世界多极化、经济全球化趋势的发展推动中美关系的地位和作用超越了双边性，为超越意识形态差异处理双边关系奠定了基础。

第一，中美关系越来越具有强大的内在动力和丰富的全球意义。中美双边利益与全球共同利益相互交织在一起，解决全球金融危机、应对气候变暖等要求美国超越意识形态差异，主动与中国合作。2008 年席卷全球的金融海啸，虽然产生于金融部门，但本质上是美国债务经济模式和高科技对全球经济推动力减弱相互作用下的结果。美国长期实行低利率政策在全球化时代导致的流动性泛滥，以及美国缺乏监管的资本市场是危机的根本原因。要让美国经济走出衰退就必须保证财政和货币刺激措施能够真正发挥作用。要求中国等外汇储备大国吸收美国政府提供的大量借据。而中国要保持经济的快速增长，实现又好又快的发展也离不开和平稳定的国际环境，特别是欧美市场。因而在金融危机导致的世界经济衰退面前，中国政府积极参与维护国际金融稳定、促进世界经济发展的国际合作，坚定不移地刺激经济增长。截至 2009 年 12 月底，中国持有美国国债 8948 亿美元。2009 年 2 月在“两房”机构中也持有 5460 亿美元债券。由于提出进一步扩大内需、促进经济平稳较快增长的十项措施，中国启动国内需求初见成效，2009 年中国经济实现了 V 型复苏。GDP 增长 8.7%，国内生产总值 33.5 万亿元人民币，外汇储备接近 2.4 万亿美元。中国国际经济地位的提高和影响力的迅速扩大迫使美国要加强与中国的合作。而中美之间在维护双边利益与全球共同利益的基点上可以找到更多的共识和发挥共同作用。这就为中美两个大国开展广泛合作提供了重要条件。中国认为，在共同但有区别的责任原则和各自能力的基础上，中美合作可以发挥独特作用，推动建立国际政治、经济新秩序，促进世界和平、稳定和繁荣。美国经济史学家尼尔·弗格森（Niall Ferguson）就把“China”和“America”合并出“Chimerica”这个英语新词，即“中美国”，用来描绘中美双边关系与全球关系的相互交织、不可分割的状况。

第二，两国在战略层面加大、加深对话与合作，形成以双边合作机制为依托，多边机制为契机建立和深化双边战略互信关系的新格局。

进入21世纪以来，中美互动从来没有这样频繁，双方的利益从来没有这样密切，互利合作从来没有这样广泛，推动中美关系的力量从来没有这样强大。中美之间有共同利益，也有分歧，但是共同利益大于分歧，这是中美双方很重要的论断。在中美两国先后建立起来的60多个磋商机制中，“战略对话”与“战略经济对话”是双边交流的两个重要机制。2005年8月至2008年12月，中美举行了六次战略对话。2006年12月至2008年12月，中美举行了五次战略经济对话。美国次贷危机引发的全球金融危机的爆发又将两国合作提高到全球层面。2009年4月伦敦20国金融峰会上第一次“胡奥会”，中美两国元首确立了共同建设21世纪积极合作全面的中美关系。一致同意将中美“战略对话”与“战略经济对话”两个机制合并提升为“战略与经济对话”机制。2009年7月27日至28日首轮中美战略与经济对话在华盛顿举行。战略部分讨论涉及政治、安全、气候变化等全球问题，经济方面讨论经贸、金融等问题。同年9月华盛顿20国金融峰会上第二次“胡奥会”，两国元首谈及各领域的交流与合作非常广泛。2009年11月15日奥巴马总统访华将中美关系推进到一个全面合作的新阶段。2010年5月24日至25日，第二轮中美战略与经济对话在北京举行。这一轮对话无论是在规格和规模上，还是在双方交流范围的深度和广度上，都可谓史无前例。美国政府参与对话的200名高级官员几乎涵盖所有部门，包括15名内阁成员以及国防部和美军太平洋司令部的主要官员，代表团阵容空前庞大。本次中美对话的四项讨论议题将以全球框架为主轴，包括促进强劲的经济复苏和更加持续平衡的经济成长、促进互利共赢的贸易和投资、促进金融市场稳定和改革以及推动国际金融体系改革。

第三，中美两国既是世界大国关系，又是最大的发展中国家与最大的发达国家的关系。二者政治上需要平等和相互尊重，经济上又体现了互补性与相互依赖性。

构建全球化时代合作共赢的新型大国关系是双方的共同选择。2009年11月双方签署的《中美联合声明》对中美双边关系的定位是：致力于建设21世纪积极合作全面的中美关系，并将采取切实行动稳步建立应对共同挑战的伙伴关系。双方一致认为，尊重彼此核心利益对确保中美关系稳定发展极为重要。双方认为，培育和深化双边战略互信对新时期中美关系发展至关重要。要“携手合作、同舟共济”，“中美两国不应互为对手，而要做相互信赖、真诚合作的伙伴”。在地区与全球问题上，双方对于协调宏观经济推动全球复苏，共同应对地区及全球性挑战，共同应对气候变化、能源与环境问题的挑战达成了共识。中美还签署了《中美关于加强气候变化、能源和环境合作的谅解备忘录》等合作文件，并正式启动中美清洁能源联合研究中心。2010年5月中旬由美国24家清洁能源企业组成的贸易代表团访华，他们代表了美国在清洁能源、发电、能效、电能储备等领域的最高水平。

目前中美互为第二大贸易伙伴，中国是美国第三大出口市场，美国是中国第二大出口市场。今年1—4月，中美双边贸易额达1071.8亿美元，增长25%。中国和美国的经济互相依赖，相互补充。中国本身的制度架构决定了靠投资、出口拉动增长的发展模式，这种模式依赖出口市场的扩大。美国通过金融信贷推动的消费（债务）经济模式将继续维持下去，这就需要中国等国家提供借贷资本。这种双边经济发展模式也被视为一种消费与储蓄关系的失衡，需要双方各自调整发展战略。

三、超越意识形态差异需要排除障碍迎接挑战

就中美关系的全球意义而言，美国每做一件有损于中国利益的事情都可能同时损害美国自己。然而关键是美国，美国真正认同中国是一个完全不同于美国的社会主义国家吗？即使奥巴马政府做得到，美国国会和民间做得到吗？美国社会能否接受与一个政治制度完全不同的国家平

等合作？美国如何看待中国希望壮大自身实力以维护其全球安全利益？可以想见，中美建立和深化双边战略互信关系的过程将是充满争议和摩擦的。对此我们应有不断排除障碍，迎接挑战的意识。

挑战一：中国经济发展迅猛与政治民主进程缓慢的矛盾被美国利用和挤兑。我国理论界早就有专家指出，中美实力差距日益缩小和意识形态上的对立是制约未来中美关系发展的最重要的结构性因素。虽然中美在经济、地区安全、反恐防扩及其他全球性问题上有广泛的合作空间，但与这两个结构性因素比较起来，其在维系、促进中美关系发展上的作用是相对脆弱的。上述经济等因素所造成的国家间相互依赖，远远不能克服由结构性因素导致的国家间的对立和冲突。随着中国经济实力赶超美国的势头加快，中美两国在意识形态和社会制度上的差异更加凸显。如果说美国可以在贸易与汇率问题上做出妥协，但在民主与人权问题上是决不会妥协的。自冷战结束以来，克林顿总统领导的民主党政府就高举民主与人权的道义旗帜。而现任奥巴马总统领导的民主党政府也绝不会丢掉这个传统。美国的手法之一是用印度的民主来旁敲侧击中国。2000 年春克林顿访问印度时，就大谈“世界人口最多的民主国家”和“世界最强大的民主国家”之间的合作。2006 年 2 月小布什访问印度，意在利用印度在南亚的战略地位牵制中国的崛起，保持亚洲的力量平衡。2009 年 11 月印度总理辛格访美期间的讲话更是有意突出印度的民主，他说：“印度与美国之间虽然有着地理上的距离，但是却拥有许多共同的价值观——民主、多元性、法律，以及对人身自由的尊重。”

挑战二：台湾民主、人权进程加快和美国有意暗中支持“台独”，以达到继续干扰海峡两岸的和平进程的目的。李登辉主政时在抛出“两国论”的同时，还抛出了“民主统一论”，即如果大陆不实现民主政体，台湾就不能同大陆统一，将民主作为统一的前提条件。陈水扁民进党政府代表“台独”势力更是投美国所好，把自己树立为“亚洲民主”的样板。美国前副国务卿助理薛瑞福曾在中国军事发展及两岸军事对比举行的听证会上表示，台湾的民主演进令人赞赏，美国为台湾的民主成就感到骄傲，明确表达对台湾民主的支持。美国国防部前副助理部长劳里斯在听证会上说，美国不应也不会为了改善与中国大陆的关系而以牺牲台湾为代价。近年来美国国防部对中国国防力量的快速增长特别是军事透明度的不满，实际上都夹带着美国不愿意抛弃台湾这个“民主典范”，同时又害怕他们眼中的“专制”中国用武力去完成统一大业。中国大陆和台湾地区在民主与人权问题上的差异和分歧很可能成为美国制衡中国的又一张牌。

前两年美国以中国人权问题和武器管理问题为借口，强烈反对欧盟解除禁运，实际上是害怕中国通过购买法德的先进军用技术和设备在军事上强大起来。这不仅会打破海峡两岸军事平衡，而且与美国一贯的战略目标，即与自己的潜在竞争对手保持 10 ~ 20 年的优势相冲突。同时面对中国日益增长的军火市场，美国绝不愿意让欧盟国家抢先。因此，美国明明看到海峡两岸关系近年来走向和平发展的新动向，明明知道中国掌握着巨额的外汇储备并且依赖着中国的国债购买，仍然要侵犯中国核心利益，坚持实施上届政府拟定的巨额对台军售计划。如果为了美国的经济利益就必然牺牲中国的政治利益，这只能表明美国是在继续把台湾作为制衡大陆的砝码，不愿意看到中国的和平统一和和平崛起的前景。对中国的战略信任也无从谈起。

在世界和平与发展仍然是时代主要问题的背景下，国际社会对一国的政治制度中民主和人权的要求不断提高。国际社会更加尊重民主的价值观和对人权的保护。民主不仅已经成了世界多数国家遵奉的价值体系和制度，而且是联系这些国家关系的重要纽带。即使中国的社会主义政治文明建设是走中国特色政治发展道路，既不是印度模式更不是美国模式，但也不能超越世界各国共同遵循的人类社会的共同价值观。因此，2007 年中共十七大政治报告明确要求“加强公民意识教育，树立社会主义民主法治、自由平等、公平正义理念”。这标志着在全面建设小康社会的新阶段，我国在坚定不移地走中国特色的社会主义政治发展道路的同时，将“自由平等”这一国际社会公认的价值观纳入我国政治文明建设的范围。2009 年 4 月中国政府首次发布了两万两千多字的《国家人权行动计划（2009—2010 年）》，内容涵盖了经济、社会和文化权利保障，公民权利与政治权利保障，少数民族、妇女、儿童、老年人和残疾人的权利保障，人权教育和国际人权义务的履行以及国际人权领域的交流与合作等，明确了未来两年在促进和保护人权方面的工作要求和具体措施。这有利于消除国际社会在人权方面对中国的负面舆论。中美双方应相互尊重对方对于发展模式的选择，双方本着平等和相互尊重的精神处理有关分歧，并按照国际人权文书促进和保护人权。

中国清醒地认识到美国的政治制度和国家利益决定了两国在对台军售、“藏独”、经济摩擦等问题上的分歧在短期内很难消除，要通过中美战略与经济对话等交流平台增进共识，找到共同利益的汇合点，妥善解决分歧。同时，要加强国会和人大之间、美军与人民解放军之间，两国人民之间的沟通和理解。通过排除各种障碍来促进中美战略互信的建立和深化。

（原载《中共四川省委党校学报》，2010 年第 3 期）

公共外交及其作用

公共外交既不同于一般传统意义上的以各国政府为对象的官方外交，也不同于各国民众之间的民间外交。公共外交（public diplomacy）是指国家通过卫星电视、广播、电影、书刊、互联网等现代大众传播媒介，以及文化交流和民间交往，树立本国的良好形象，实现本国外交目标的一种外交方式。简言之，公共外交是指一国政府面向国外公众的外交形式。它的活动手段包括文化交流项目、国际广播和互联网等，其主要表达形式是信息和语言。我国公共外交著名学者赵启正认为，公共外交是指政府外交以外的各种形式的，面对外国公众表达本国国情的，意在提高外国公众对本国形象的认知度的国际交流活动。① 假如我们把政府间外交和民间外交称为平面外交的话，公共外交就是立体外交。它是包括政府、各种民间组织、社会精英和普通百姓在内的，行为主体多元化，外交对象多层次的一种立体外交。公共外交活动具有开放性、广泛参与性和互动性的特征。尽管公共外交以国外公众与舆论为对象，但是没有本国公众的广泛参与、非外交部门的合作等，是难以实现的。

一、公共外交形成的时代背景

从平面外交发展到立体外交是当今时代的产物。美国人在 20 世纪

① 赵磊、王燕：《从胡锦涛访美看中国公共外交》，载《党政论坛》，2011 年第 4 期。

60 年代就提出了公共外交的概念。当时的美国处于美苏冷战和东西方对抗的前沿阵地。为了加强对西方盟国的领导和对社会主义国家的渗透，以便于更好地推行美国对外政策，由美国政府出资建立了“美国之音”等。通过国际电台广播和各种新闻媒体渠道展开了针对外国人的外语宣传攻势，以此输出美国的自由、民主价值观。我们认为，当今公共外交被世界广泛接受主要源于全球化进程中各国经济联系的加强和依赖，以及公众对于国际事务的参与和交往的扩大。20 世纪 90 年代初以来，随着经济全球化，信息全球化时代的到来，以科技、经济为核心的综合国力竞争成为世界各国政府关注的焦点。各国经济联系的加强和信息的广泛覆盖、快速传播不仅拉近了各国的距离，也使一国的内政与外交的关系日益紧密，不再像过去那样严格区分和界限分明。一方面，经济全球化条件下跨国经济活动的主体是多元的，企业之间的微观活动搅动的是世界经济的全球效应。尽管利益是多赢的，但矛盾和摩擦却是有增无减。利益需要博弈，双边的问题在两个国家范围内协商解决，也有区域性、全球性的共同问题在地区性和国际性组织的多边范围内协商解决。各国双边和多边关系的发展，区域性和全球性关系的发展已经构建了多主体、多层次、多领域的相互依赖的世界发展格局，任何传统的官方外交或者民间外交都难以驾驭这种复杂多变的局面。因此，政府的宏观经济调控等重大决策都是从国际国内两个大局出发，以内外统筹协调为前提的。另一方面，各国经济发展的相互依赖和共赢的背后是文化的发展和支撑。经济竞争总会分出高低强弱，经济力量的此消彼长必然带来心理上和价值观的冲击，由此引发心理上的不平衡甚至文化误解。

首先，西方国家彼此认同的文化及其价值观在发展中国家中并非得到广泛接受。由于近现代以来工业革命开辟的世界历史不过几百年，特别是 20 世纪内发生的两次世界性战争的阴影在战后几十年中还难以消弭，各国在各自民族历史发展和长期文化积淀中形成的差异更是巨大。而因民族民主革命运动所唤醒的民族意识形态还将伴随新兴民族国家的经济崛起而得到深化并对外扩展。

其次，西方国家在冷战结束以后推行的新国际干涉主义强化了西方的价值认同。西方国家提出的“文明冲突论”实际上居高临下看待非西方文化，贬低了发展中国家的历史文化价值，使西方与非西方之间在意识形态、宗教以及文化方面的差异和冲突被人为地放大甚至扭曲。美国软实力的倡导者约瑟夫·奈就认为，为了维护美国的世界霸权地位，必须采用软实力和硬实力两手来应对世界其他大国的挑战。而在信息、制度和普世性文化方面，美国具有得天独厚的优势。总之，文化的力量、宗教的力量已经参与到冷战后国际政治经济力量的分化和重组之中，其作用日益增大。

再有，随着经济活动的国际化、全球化，公众影响外交决策能力也在增强，一国政府有必要通过公共外交手段赢得国际国内的舆论支持和政策理解。两国之交，在民之心。民众的观点，势必会经由舆论对政府的外交政策行为造成压力和影响。一国内政的成功，越来越需要获得国际社会的认同和支持。公共外交就是立足于国际沟通这个需要。越是在一国的文化易被他国误读的情况下，越应当展开文化交流，用文化对接世界，取信于国际社会。公共外交由此得到各国政府的普遍重视。

二、中国登上公共外交的国际舞台

随着中国对世界的影响日益强大，在中国发生的事情，随时会成为世界的舆论主题。中国加入世界贸易组织以来，在世界经济中的排位不断提高，影响力与日俱增。在2008年世界金融危机爆发后，中国与印度、巴西等其他新兴国家在20国集团中成为推动世界经济发展的主要力量。可以说，中国已经快速地走到了世界舞台的中心。国际社会舆论对于中国经济高速增长褒贬不一，对于中国未来发展的趋势和方向心存担忧和防范。美国一方面感到中国的崛起势不可挡，但又总觉得很难接受一个不信上帝的民族，一个“共产党国家”竟然会成功，要与美国平起平坐。一些人悲观地认为，中国既不会崩溃，也不会走西方民主道路，而是会变成为“富强而专制”的国家。中国驻英大使傅莹认为，西方媒体对中国的负面报道和评论比较多，东西方之间似乎存在一堵无形的墙，这既有中国和西方政治制度和价值观存在差异的因素，也有西方的冷战偏见和对中国快速发展不适应的原因，关键还在于东西方之间缺乏了解。这就需要我们更加积极主动地开展公共外交，让外界更好地了解中国。①

2009 年 7 月，胡锦涛总书记在第十一次驻外使节会议的讲话中，首次提出中国要开展公共外交，这标志着公共外交正式提上政府的议事议程。2010 年全国“两会”期间，外交部部长杨洁篪第一次公开谈论公共外交。他说，公共外交是中国外交重要的开拓方向，公共外交现在是应运而生、正逢其时、大有作为。

中国有必要通过公共外交增强中国的国际话语权，树立中国是世界和平大国的新形象。国家形象是国家文化软实力的重要标志，文化软实力通常是指一个国家基于文化的生命力、创新力、传播力而形成的思想、道德和精神力量。国家形象作为一种软力量，通过政治制度、文化价值观、国民素质和外交关系体现出来，已经成为国家利益的重要内容。2003 年以来，以胡锦涛为总书记的党中央非常注重文化软实力建设。对内提出以人为本的科学发展观，构建社会主义和谐社会和社会主义核心价值体系；对外提出了中国和平崛起（和平发展）的新理念，构建和谐世界的新时代观。中国主张以平等和包容的精神尊重世界文明的多样性，在开展广泛的文明对话和深入的文化交流基础上，努力寻找各方利益的共同点，妥善解决分歧。由于文化的误读可能导致国家之间、人民之间的隔阂加深，分歧扩大，就需要沟通。而文化的沟通又是通过国际人文关系的交流来实现的。中国作为仅次于美国的世界经济大国，在崛起过程中最容易遭到误解，因此中国面向世界的文化沟通和人文交流具有特别重要的意义。中国在国际交往中需要大力提升文化影响力、吸引力来改变国际社会对中国的认可和理解。

毫无疑问，国家领导人对公众舆论的影响很大，他们的公共外交活动具有“四两拨千斤”的作用。中国领导人在对外活动方面很重视公共外交，深入广泛地接触各界，取得了良好的效果。比较典型的例子有，2011 年 1 月 22 日，胡锦涛主席在访美期间专程到芝加哥佩顿中学和孔

① 傅莹：《重视公共外交》，载《今日中国论坛》，2009 年第 9 期。

子学院访问。芝加哥有“美国汉语教学的领导者”的誉称。佩顿中学是芝加哥孔子学院所在地，也是芝加哥第一个中国文化教育中心。芝加哥孔子学院是目前全美唯一设在中学的孔子学院，负责芝加哥公立学校系统 43 所学校近 12000 名学生的汉语项目教学和协调工作。而在美国高中建立中国文化教育中心在全世界都尚属首例，芝加哥也因此而感到骄傲。胡锦涛主席在佩顿中学中文教室参观时，与学生们交流时说：“在这里，我想送大家三句话。第一句话是知识是开启未来的钥匙，第二句话是语言是沟通和交流的桥梁，第三句话是青年是国家的未来世界的希望。希望寄托在你们身上，希望佩顿中学培养出更多领导人。”这体现了中国国家领导人非常重视中国文化在美国社会的传播和影响。

公共外交在表达方式上不同于政府之间外交所具有的政治性和严肃性，因为要面对的是另一国的公众，而最能打动他们的是通过文化沟通的方式来增进彼此的相互理解。比如温家宝总理的公共外交方式就颇有特点。2010 年 5 月温家宝总理访日期间在代代木公园晨练，与东京市民一起跑步、打太极拳，还到上智大学，与大学生一起切磋棒球技艺。他后来说：“要处理好与日本人民之间的感情、信任和了解，就要从点点滴滴工作做起。我所以早起到代代木公园，所以到上智大学去打棒球，其实我都是在做日本人民的工作。”2011 年 5 月下旬温家宝总理参加中日韩三国首脑会议期间，主动要求访问福岛灾区。他应福岛灾民之请手画笑脸的图画，说出令灾民感到鼓舞的话语，表达了体恤之情。由此进一步沟通了两国政府和人民之间的感情。

三、政府主导下民众积极参与公共外交

政府在公共外交中占据主导地位，处于最高层，发挥着推动、组织的作用。与政府之间的官方外交活动不同，各国政府在公共外交中要直接或间接地面对外国公众（非政府组织、社会精英、团体和普通公众）。尽管公共外交最经典的含义是指一国政府为争取他国民心而采取的一种公关行动，但是，公共外交也被称为公众外交。外交部部长杨洁篪对公共外交的诠释是：“公共外交的重要内容之一就是通过传播、交流等手

段，向本国的公众，向外国公众介绍本国的内外政策，以便增进了解，减少误解。"① 而非政府组织，如民间团体、大学、研究机构、媒体、宗教组织以及国内外有影响的人士，他们可以借助各自的领域和国际交往的舞台，面对外国的非政府组织、广大公众，甚至政府机构，从不同角度阐释本国的国情和对外政策。

我认为，公共外交主要是以文化沟通为载体的，应当属于国际人文交流活动。因为任何跨国界的交往与对话背后都有着不同文化影响下的价值观差异，由此构成一种复杂多元的国际人文交流活动。广义上的国际人文交流，不一定是由官方组织的，也不一定是民间组织的。这种交流越来越具有个体心理特征，它是存在于人们内心世界的不同文化背景的价值观的交流与碰撞。它包含着不同文化背景的人对异己文化的认知，以及对于这个国家或者民族的认识，涉及普通百姓、政府官员乃至整个国家的形象。今天，中国人无论从事商业活动还是其他活动，都直接或者间接地处于世界性，即全球性的交往对话之中。每个人都应该具有公共外交的意识。外交官有公共外交的意识，但一般民众，甚至包括学者、艺术家通常缺乏这种意识。在互联网搭建的信息平台上，信息和观点的沟通必然占据公共外交的中心。相比较国内沟通而言，国际沟通受到语言和文化的障碍，不一定是直接的方式，但是一些事件通过新闻媒体放大必然引起别国关注，超越国界传播。因此，新闻媒体在传播事件中往往扮演着非常重要的角色。为了获得新闻效益抓住公众眼球，一些媒体的报道可能捕风捉影，夸大其词，乃至扭曲其真相并改变事件的本来面目。一些网民道听途说、加油添醋，或者借题发挥、借机发泄。如果涉及两国关系问题，在没有搞清楚事实的情况下容易加深误解。

公共外交的基本任务之一就是要塑造本国良好形象，所以广大公众的言行具有公共外交的意义，发挥着文化沟通的作用。在出国考察或旅游的对外交往中，我们不但要会说，还要会听、会交流。然而，往往由于缺乏对他国文化的了解，加上语言交流有一些障碍，我们的收获有

---

① 赵新利：《中国公共外交与国家形象》，载《国际媒介》，2010 年第 5 期。

限，发挥作用也有限。如果仅仅是走马观花，就无法从中感受到其文化的启迪。还有人受到意识形态的束缚，不敢正视不同的文化，也就难以发挥自己在公共外交中的作用。我们应该对他国文化抱有何种心态呢？我认为平等和开放的意识尤为重要。任何居高临下、唯我独尊的意识都会妨碍文化沟通，而带有政治偏见和意识形态色彩参与公共外交会适得其反。要改变这种状况在于自身修养的提高，通过包括对中外政治、经济、文化的比较性的学习和经验的积累，我们才会体验到各国文化的差异，从而尊重文化差异，求同存异，发挥出本国的特色和个人在公共外交中的作用。中国在融入世界的历史进程中必须学会换位思考，要通过文化的交流、沟通来认知世界，同时也让世界认知中国。

（原载《中共成都市委党校学报》，2011 年第 5 期）

附录：

自传、著作、教材及文章汇集

自传

据家谱记载，我的祖辈是福建龙岩人，清雍正年间长途跋涉入川，定居璧山县磨滩河。我的爷爷十几岁就从乡下到重庆沙坪坝给人当学徒，后来在那里成家立业。我的父亲大学毕业后就留校教书。我母亲姓钱，是璧山丹凤人，嫁给我父亲后，在同一所大学搞行政工作。1953 年高校院系调整时，父母带着我的外婆和五个哥哥举家搬迁到成都。1954 年我出生在成都，家中兄弟姊妹一共有六个。我因最小又体弱多病，颇得外婆、父母亲和兄长们的关爱与照顾。

我的外婆为这个家付出了很多。她勤快、能干，对我的哥哥们管教很严。在 20 世纪 60 年代的困难年间，一大家子人吃不饱饭，她就在家门口的水沟旁边开荒种地，依靠自己种菜、喂养兔子来度过饥荒。哥哥们也不偷懒，常常在放学后主动去割牛草卖钱攒积学费。我常常跟着最小的哥哥在校园外的庄稼地里打兔草。我的母亲爱岗敬业、上进心强、工作极其负责。她经常帮助那些有困难的学生，学生们都亲切地称她“钱妈妈”。她对儿女从严管教，很讲原则，但从不打骂，只有个别情况例外。有一天中午她去食堂的途中，得知几个哥哥在食堂的饭桌上抢菜吃，不听招呼，就把他们全叫回家，然后关上门教训他们。板子打在大哥身上，二哥、三哥、四哥、五哥赶紧东躲西藏。外婆在门外使劲拍门大声劝解，完全无用。我在门外也吓得哇哇直哭。我读小学三年级的时候经常晚上发高烧不退，母亲衣不解带守护在旁，用酒精、凉水为我降温，不知为我熬了多少个夜晚。母亲为我四处奔波，求医治病。我因病住过好几所医院，家里为我治病被迫借了学校教职工互助储金会的好几百块钱。这在当时是一笔不小的开支，父母为了还债更要节衣缩食。为了治病我休学了一年，总算渐渐好了起来。“文化大革命”开始时我读到小学五年级了。

我的青年时代是在“文化大革命”中度过的。那时少不更事，懵懵懂懂，看到“红卫兵”大学生发传单，就跟着去，觉得好玩。有一次，竟然跟着他们爬上了“北上”的火车。然而，看着校园食堂贴满了批判某人的大字报，身上挂着“牛鬼蛇神”标语牌的老教授被拖去游街，看着红卫兵抄别人家，我就莫名的害怕和担忧。1969 年复课闹革命，我进了中学读初中，之后就是上山下乡。1971 年 4 月正好遇到云南生产建设兵团来蓉“招兵买马”，我毅然选择了去云南支边。在南下的火车上我度过了 17 周岁的生日。这是我第一次离开父母到几千里地之外去过集体生活。尽管我对云南边疆艰苦的环境在思想上有所准备，但严酷的事实却超出了我的想象。那里的雨季炎热潮湿，上山开荒种玉米，一不小心就被茅草划破皮肤，腿上脚上留下一道道小伤口。就是这些小伤口会发炎、灌脓甚至引起高烧，我的脚肿得老高，穿不进鞋子。遇到道路塌方，粮食运不进山里时，连队只好断炊。到深山老林中去砍竹子，一位叫王友玲的女战友扛着一根长竹子过水沟时一脚踩空，就坠落山崖丢了性命。我自己的厄运也接踵而至。那天我们在南定河边挖鹅卵石修梯田，收工的时候我感到筋疲力尽，到了晚上开始发高烧。我的身体和精神状况一下子就垮了。经过部队医院检查是旧病复发。1972 年年底上级领导同意我回成都治病。经过一段时间的治疗，我的病逐渐好转。在云南知青返城浪潮中，我办理了病退手续在家待业。这期间我当过成都冰厂的临时工、中学的代课老师。那个年代要想找一个正式工作的确不容易。母亲再次为我做出了牺牲，1977 年年底她决定提前退休让我顶替。谁知，我刚顶替母亲在一所高校参加工作不久，1978 年春就恢复高考了。我犹豫了一年决定参加高考。

1979 年夏，我被复旦大学国际政治系录取。有人说，这是山沟里飞出凤凰，国际政治系就是培养外交人才的地方。我觉得这简直是“乱点鸳鸯”，因为我对政治没有一点兴趣和爱好，是渴求读书的愿望把我带到了上海复旦这个大学堂。大学四年时间，必修课和选修课加在一起，有 40 多门课程。在上海同学居多的班上，面对“精兵强将”，我不得不拼命地学习、学习、再学习。从周一到周六每天早上必去操场空地朗读英语课本，每天晚上必去教学楼复习、预习，日复一日，周而复始。学期考试时更是刻苦备战，收获不少战绩。这在相当大的程度上弥补了我在中学时代欠缺的知识，奠定了我终身学习的基础。复旦校园潜移默化地传播着一种思想自由、探索自由的人文精神。我不仅品尝到了思考学问的快乐，而且逐渐相信追求真理应当成为我人生的信条。

我的职业生涯开始于我从复旦大学本科毕业进入省委党校工作。我到科社教研部报到不久，就被派到培训部担任班级辅导员。这是党校实行正规化教育招收的首个科学社会主义专业本科班。我与学员们打成一片，除了跟班听课、参加讨论之外，我还利用晚上业余时间给他们辅导英语。一年之后我回到教研部。1985 年 12 月，我光荣地加入了中国共产党。1987 年 9 月，学校资助我到成都科技大学留学人员培训部进修英语四个月。1988 年夏，我考取了省委党校首届科学社会主义专业的在职研究生。

这里，我要说说陈更生教授。他于 1950 年大学毕业以后长期从事党的干部理论教育工作。1987 年被评聘为教授，1992 年获得国务院政府特殊津贴，是我校资深教授之一。1984 年他担任科社教研部主任，1991 年担任马列所副所长，是我的老领导。他还是科学社会主义专业研究生指导小组的组长和我的指导老师。陈更生教授德高望重、学识渊博、治学严谨、为人厚道、平易近人。我们在课堂内外常常聆听他的教诲，受益匪浅，他也深得大家的爱戴。在他的主持下，学校聘请了中央党校科社教研部的知名教授前来授课，授课内容让人耳目一新、眼界大开。通过系统地学习马克思主义基本原理，我在世界观和方法论方面打下了较为扎实的理论基础。

1990 年夏研究生毕业后，我来到本校马列所工作。1993 年年初至 1994 年 2 月我下派挂职锻炼，担任泸县福集镇青龙造纸厂的副厂长。1993 年 12 月我被学校评聘为政治学专业副教授。为了适应党校在职研究生函授教育的需要，1994 年至 1995 年间，我利用课余时间到西南财经大学旁听了国际贸易和国际金融学课程，并取得了优良的成绩。我先后在省委党校的主体班、在职研究生班、硕士研究生班、函授学院上课。讲授过社会主义国家的对外开放与国际环境、开放的世界与中国的对外开放、邓小平国际战略思想、当代世界格局与中国的外交战略、当代国际政治概论、国际经济与国际贸易专题、当代世界政治与经济、国际政治与国际关系、中国特色社会主义理论体系研究等课程。我还担任了四川职业管理学院大专生的公共政治课程。我先后指导过100多位在职研究生毕业论文的撰写，并担任论文答辩委员。在马列所工作期间，我在1994年和2000年的年度考核中被评为优秀。2001年下半年我正式调回科社教研部，直至2011年8月退休。

我热爱国际政治专业的教学和研究，积极探索不懈怠。学科建设是为了服务于中国改革开放的实践需要，而现实问题总是纷繁复杂的，如何从理论上去解释和把握呢？这就需要我们打破学科界限，努力寻找学科之间的结合点，探索事物的规律性。这已经成为我主持课题和撰写论文的基本思路。比如，我参加了陈更生教授主持的“八五”国家社科基金课题“后冷战时代的世界”的研究，撰写《后冷战时代的世界》中的一章。该书获得省哲学社会科学优秀科研成果三等奖。由我主持编写的《“三个代表”与对外关系方略》（四川省邓小平理论研究中心重点课题，系列丛书之一），是通过面试方式竞争申报的合作项目。该书写成后在全校集体讨论中获得首肯，最终获得四川省哲学社会科学优秀科研成果集体二等奖。该书被一些高校推荐为重要参阅书目之一。2003年1月我被评聘为政治学教授，是当时全校两位女教授之一。

我认识到，探讨一个重大的理论问题需要高屋建瓴，必须认真研读马克思主义经典作家的原著。比如，我从对时代问题的研究，对邓小平国际战略思想的研究，延伸到对邓小平时代观的研究。我运用马克思主义世界历史理论进行了新的论证，提出一种跨学科的研究思路和方法。我主持研究的国家社科基金西部项目“邓小平的时代观及其创新——改变中国和影响世界”，从立项到出书用了7年时间。我在课题上投入了全部精力，承担了全书三分之一的写作任务。课题组的其他老师都非常努力地完成了任务。该课题先由学校组织专家们初审，然后交四川省社科联规划办在全国范围内聘请通讯专家进行终审并提交到全国哲学社会科学规划办审批。2011 年 11 月，课题在网上公告合格。结项之后由校科研处负责联系出版。2012 年 6 月，经过四川大学出版社编辑部的认真编辑和设计，《邓小平的时代观及其创新——改变中国和影响世界》正式出版。该书获得四川省第十六次社会科学优秀成果二等奖。退休之后我继续进行校课题研究。2013 年 9 月由李禄俊教授主持，我们共同编写的《当代西方国际政治与国际关系经典著作读评》出版，这本书给我近三十年的党校生涯画上了一个完美的句号。

我从事行政工作、人才培养、社团活动和对外交流的情况如下。从 2004 年年初至 2008 年年底大约 5 年时间，经过民主测评和上级审定，我担任了科社教研部副主任（任期一届），协助张星炜主任做好教研部的教学、科研等行政工作。培养人才方面，从 2003 年秋到 2011 年夏，我先后指导了科社与国际共运史专业的 6 名硕士生，其中两名在论文答辩中获得优秀，4 名获得良好。我还积极参加社会团体学术交流工作，长期担任四川省科学社会主义学会的理事、常务理事，与学会副秘书长雷萍一起协助会长做好学会工作；我较早参加了四川省政治学会活动，成为理事；后来又参加了中国科学社会主义学会下属当代世界社会主义专业委员会并增补为理事。2003 年 11 月，受大学同学的邀请和资助，我前往香港中文大学中国研究所做访问学者，为期一个月。2005 年 5 月—6 月，我参加了中共中央党校科社专业师资培训班。2006 年 10 月—11 月我参加四川省委组织部、四川省人事厅和四川行政学院组织的第五期公共管理专题中美研修班的学习，并且前往美国佐治亚州对州政府、州议会等进行了实地参观、访问。

从事教研工作以来，我先后获得四川省哲学社会科学优秀科研成果集体二等奖一项，个人二等奖一项，三等奖三项，全国党校系统优秀科研成果三等奖一项，四川省社会科学界优秀奖一项，四川省党校系统首届优秀科研成果一等奖一项，其他奖项若干。我觉得自己没有庸庸碌碌地度过大半生。这里，首先要感谢我的亲人。父母给予我生命和温暖的大家庭，教会我怎样做事和做人。我得到兄长和嫂子们的关爱也不少。结婚后，我和爱人共同挑起了生活的担子。在我家那间书房兼卧室里，我经常会熬夜备课或者写论文，影响了爱人的休息，但他始终尊重和爱护我，在电脑的使用和管理方面帮了我不少忙。我的女儿品学兼优，学习和生活的自理能力都很强。因为我读研究生期间需要住校学习，她才三岁多的时候就被我狠心送进幼儿园全托。没有父母、爱人和女儿在背后默默无私的支持，我坚持不到今天。其次，要感谢云南建设兵团二师八团的邵冠群指导员。他在我生病之际给予我人道主义的关怀和帮助，感谢所有帮助过我的云南知青战友们。再有，衷心地感谢复旦大学的老师们对我四年的教育和培养，以及同学们对我的帮助。最后，特别要向省委党校的校领导、科社教研部领导和同事们致谢，向校内外所有支持、关心和帮助我的朋友们说一声谢谢。正是你们的培养、爱护与帮助，我才取得今天这些成绩。

著作、教材和调查报告

一、著作

1. 田玉松、陈更生等主编：《当代世界政治经济与国际关系》，成都：西南财经大学出版社，1989 年版。撰写 2.17 万字。
2. 姜凌、华孝清等主编：《农村集体经济发展与基层组织建设》，成都：西南交通大学出版社，1991 年版。撰写 1.2 万字。
3. 张运城、张先智等主编：《世界政治经济问题研究》，成都：成都科技大学出版社，1993 年版。撰写 1 万字。
4. 陈更生、洪韵珊、冯良勤、吴嘉蓉：《后冷战时代的世界》，成都：四川人民出版社，1996 年版。撰写 3 万余字。1999 年获四川省第八次哲学社会科学优秀科研成果三等奖。
5. 宋玉鹏、姜忠主编：《职业道德导论》，成都：四川教育出版社，1997 年版。撰写 2.9 万字。
6. 王世达、吴嘉蓉等：《知人善任——儒家尚贤与现代管理用人之道》，成都：西南财经大学出版社，1998 年版。撰写 6 万余字。1999 年获全省党校系统首届优秀科研成果一等奖。
7. 康超光、邓栽虎、张星炜主编：《社会主义初级阶段研究》，成都：四川人民出版社，1999 年版。撰写 2 万余字。2001 年获四川省第九次哲学社会科学优秀科研成果三等奖。
8. 吴德辉主编：《21 世纪世界经济发展研究》，成都：四川大学出版社，2001 年版。撰写 2.4 万字。

9. 吴嘉蓉等：《“三个代表”与对外关系方略》，成都：四川人民出版社，2002 年版。撰写 9.9 万字。2004 年获四川省第十一次哲学社会科学优秀科研成果集体二等奖（丛书）。
10. 吴嘉蓉主编：《国际政治学的理论与实践》，成都：四川人民出版社，2003 年版。撰写 7.9 万字。
11. 王科等：《当代西方政治思潮解析》，成都：电子科技大学出版社，2003 年版。撰写 3 万字。
12. 吴嘉蓉等：《邓小平的时代观及其创新——改变中国和影响世界》，成都：四川大学出版社，2012 年版。撰写 11.9 万余字。2014 年 12 月获四川省第十六次社会科学优秀成果二等奖。
13. 李禄俊、吴嘉蓉、潘胜军等：《当代西方国际政治与国际关系经典著作读评》，成都：四川大学出版社，2013 年版。撰写 6 万余字。

二、教材

14. 华孝清、张如兰主编：《国际形势教育简明读本》，成都：西南交通大学出版社，1990 年版。撰写 1.3 万余字，与钟承先合写。
15. 周治滨主编：《国际共产主义运动简史》，载《中共四川省委党校函授学院》，1992 年 5 月内部出版。撰写 2 万余字。
16. 陈更生主编：《当代国际政治》，载《中共四川省委党校函授学院》，1993 年 11 月内部出版。撰写 6.2 万字。1997 年获中共四川省委党校第三次优秀科研成果三等奖。
17. 华孝清、王世达等主编：《中国行政管理理论与实务》，成都：天地出版社，1996 年版。撰写 2 万余字。
18. 郭伟主编：《“三基本”简明教程》，成都：四川人民出版社，2003 年版。撰写 1.3 万字。
19. 邓达、江一涛主编：《学习邓小平理论“三个代表”重要思想简明教程》，北京：红旗出版社，2005 年版。撰写 2 万余字。
20. 吴嘉蓉：《当代世界政治与经济》（大专函授教学辅导资料），载《中共四川省委党校函授学院》，2006 年 11 月内部出版。撰写 9.5 万字。

三、调查报告

21. 吴嘉蓉、吴德辉、江一涛、陈钊：《四川进一步扩大开放的软性障碍研究》，载《四川省党校系统优秀调研报告文集》，2000 年内部出版。
22. 吴嘉蓉、付建明、安立伟、王敏等：《建设“平等·参与·共享”的社区残疾人服务体系》，《四川省第二次全国残疾人抽样调查研究及分析》，成都：四川人民出版社，2008 年版。

论文、文章

1.《正确认识社会主义国家犯错误问题》，载《开拓》，1987 年第 2 期，0. 45 万字。
2.《关于世界历史时代标准探讨》，载《理论与改革》，1988 年增刊，0. 45 万字。
3.《布什的对外政策》，载《四川外事》，1989 年第 8 期，0. 2 万字。
4.《柬埔寨问题巴黎国际会议述评》，载《四川外事》，1989 年第 10 期，0. 2 万字。
5.《从资本主义向社会主义过渡的时代没有变》，载《四川党校报》，1990 年第 25 期，0. 2 万字。
6.《论和平演变与反和平演变成为当前两种制度斗争重要形式的国际背景》，载《理论与改革》，1990 年第 6 期，0. 6 万字。
7.《谈谈时代问题在国际政治学科中的地位和作用》，载《理论文稿》，1991 年第 2 期，0. 36 万字。
8.《论新旧格局交替的过渡时期与中国的发展》，载《国际问题研究》，1992 年第 4 期，0. 65 万字；载《理论文稿》，1992 年总第 8 期，0. 6 万字；1994 年获四川省第六次哲学社会科学优秀科研成果三等奖。编入四川省哲学社会科学获奖成果大系（1992—1993 年卷），成都：四川人民出版社，2012 年版。
9.《冷静观察国际局势，埋头做好中国自己的事情》，载《四川党校报》，1994 年第 15 期，0. 18 万字。
10.《从不扩散核武器条约的无限期延长看世界核和平》，载《四川党校报》，1995 年第 9 期，0. 12 万字。

11. 《关于世界市场竞争与世界霸权主义的几点看法》，载《国际问题研究》（内刊），1995 年第 1 期，0.4 万字。
12. 《西方国际政治经济学中的国家与市场理论》，载《社会科学研究》，1996 年第 1 期，0.65 万字。
13. 《综合国力竞争中的精神力量因素与态势》，载《探索》，1996 年第 5 期，0.42 万字。
14. 《浅谈中美文化差异与中美关系》，载《教学参考》，1997 年 9 月 10 日，0.46 万字。
15. 《试论邓小平国际战略思想的构建》，《四川省第三次邓小平理论研讨会论文集》，成都：四川人民出版社，1997 年版，0.46 万字，1998 年获四川省社会科学界优秀科研成果奖。
16. 《坚持邓小平外交思想的意义》，载《四川党校报》，1998 年第 7 期，0.15 万字。
17. 《时代观理论与邓小平的时代观》，载《新时期中国国际关系理论研究》，北京：时事出版社，1999 年版。0.75 万字。
18. 《科索沃危机背后的国际政治斗争》，载《四川党校报》，1999 年第 9 期，0.19 万字。
19. 《论当代国际社会与国家的关系》，载《中共四川省委党校学报》，2000 年第 3 期，0.76 万字。
20. 《国家利益原则——观察国际关系的一把钥匙》，载《理论与改革》，2000 年第 6 期，全国中文核心期刊，0.49 万字。
21. 《西部大开发与招商引资中的人才素质、社会舆论环境建设》，载《四川社科界》，2001 年第 1 ~ 2 期，0.56 万字。
22. 《借助于世界生产力与生产的国际关系加快中国的发展》，载《乐山市委党校学报》，2001 年第 5 期，0.5 万字。
23. 《论国家主权与主权平等原则》，载《中共成都市委党校学报》，2001 年第 4 期，0.56 万字。
24. 《经济全球化与中国的发展》，载《天府新论》，2001 年第 6 期，0.36 万字，2002 年获四川省科社学会优秀论文一等奖。
25. 《谋求平等、和平与发展的中国外交战略》，载《中共四川省委党校学报》，2001 年增刊，0.8 万字。

26.《世界多极化是 21 世纪国际关系发展的大趋势》，载《社会科学研究》，2002 年第 1 期，0.9 万字。

27.《试析 9·11 事件后大国关系的新变化与中国外交战略的走向》，载《四川行政学院学报》，2002 年增刊，0.43 万字。

28.《论“三个代表”重要思想指导下的中国国际战略与外交》，载《中共四川省委党校学报》，2003 年增刊，0.9 万字。

29.《试析国际格局的力量结构与世界的安全、发展问题》，载《理论与改革》，2003 年第 6 期，0.75 万字。

30.《论邓小平的时代观对中国国际战略的贡献》，《邓小平生平和思想研究》，成都：四川人民出版社，2004 年版，0.5 万字。2004 年获四川省邓小平生平和思想研讨会优秀论文奖。

31.《论美元贬值与中美经济摩擦》，载《四川行政学院学报》，2004 年第 2 期，0.84 万字。

32.《伊拉克战争之后的中美政治、经济关系》，载《中共四川省委党校学报》，2004 年第 2 期，0.8 万字。2004 年 10 月人大资料中心全文转载，2006 年获全国党校系统第六届优秀科研成果三等奖。

33.《“三个代表”重要思想与执政党的时代精神》，载《四川省社会主义学院学报》，2004 年第 3 期，0.4 万字。

34.《从不协调发展到协调发展是中国发展战略的历史必然——兼论统筹国内发展与对外开放》，载《理论与改革》，2004 年增刊，0.7 万字。

35.《走马观花看香港》，载《四川党校报》，2004 年第 9 期，0.2 万字。

36.《布什政府台海政策的“战略清晰”及其影响》，载《中共四川省委党校学报》，2005 年第 1 期，0.8 万字。本文先载于《台湾研究通讯》（四川内刊），2004 年第 57、58 期，标题和内容略有不同。

37.《在开放条件下构建社会主义和谐社会》，载《四川党校报》，2005 年第 12 期，0.2 万字。

38.《浅论美国的宗教与民族主义意识形态的政治作用》，载《四川行政学院学报》，2006 年第 5 期，0.7 万字。

39. 《试析德国社会民主党从传统科学社会主义向伦理社会主义的转换》，载《中共四川省委党校学报》，2006 年第 4 期，0.7 万字。
40. 《论马克思恩格斯关于世界历史发展的时代观》，载《中共四川省委党校学报》，2007 年第 3 期，0.95 万字。
41. 《论邓小平时代观指引下的中国和平发展新道路与国家大战略》，载《理论与改革》，2007 年第 4 期，0.75 万字。
42. 《马克思恩格斯的时代观与国际关系问题探讨》，载《当代世界与社会主义》，2007 年第 6 期，0.95 万字。
43. 《论马克思主义中国化与中国特色社会主义》，载《中共四川省委党校学报》，2008 年第 3 期，0.82 万字。
44. 《解放思想的关键在于把握和遵循世界发展的客观规律》，北京：时代出版社，2008 年版，0.65 万字。
45. 《论推进马克思主义中国化的历史必然性》，载《中共四川省委党校学报》，2008 年增刊，0.7 万字。
46. 《构建中国和平发展的国家形象：回顾与展望》，《解放思想扩大开放与川渝合作研究论文集》，北京：现代教育出版社，2008 年版。与潘胜军合作，第一作者，0.6 万字。
47. 《建构主义国际关系理论对中国和平发展的启迪》，载《理论导刊》，2009 年第 6 期，0.73 万字。
48. 《论全球治理与我国行政管理体制改革》，载《成都行政学院学报》，2009 年第 1 期，0.75 万字。
49. 《世界历史大时代与科学社会主义》，载《中共四川省委党校学报》，2009 年第 2 期。与杨丽梅合作，第一作者，0.67 万字 。
50. 《论“世界历史”视野下列宁的时代观及其当代价值》，载《科学社会主义》，2010 年第 4 期，0.5 万字。
51. 《论新世纪中国国家形象建设与人文精神的彰显》，载《成都行政学院学报》，2010 年第 1 期。与潘胜军合作，第一作者，0.76 万字。
52. 《论超越意识形态差异建立中美战略互信关系》，载《中共四川省委党校学报》，2010 年第 3 期，0.85 万字。
53. 《世界经济发展失衡引发的国际金融危机剖析》，载《四川行政学院学报》，2010 年第 4 期，0. 78 万字。

54. 《从上海世博会看人文交流的意义》，载《四川党校报》，2010 年第 9 期，0. 12 万字。

55. 《略论公共外交及其作用》，载《中共成都市委党校学报》，2011 年第 5 期，0. 5 万字。

56. 《论邓小平在当今重大时代问题上的创新和发展》，载《毛泽东思想研究》，2011 年第 5 期，0. 7 万字。

57. 《中国公共外交事业的蓬勃兴起》，载《四川党校报》，2011 年第 12 期，0. 2 万字。

后 记

这本自选论文集收录了我于 1988 年至 2011 年期间公开发表的论文 32 篇（含著作节选），内容涉及科学社会主义理论（时代观）、国际关系学（含国际政治经济学）这两大学科领域。我从研究国际政治扩展到研究科学社会主义理论，既开阔了观察世界的眼界，又提高了马克思主义理论水平；在增强分析问题的能力的同时也坚定了对马克思主义的信仰。

这本论文集反映了跨学科研究的意义和价值所在。时代理论是从不同社会形态，主要根据不同生产方式的演变来探索人类从低级社会向高级社会发展的规律的；国际关系学探寻的是各民族国家与国际社会整体（主要是国际政治、世界经济体系）之间的关系及其规律。这两大学科既有明显的区别，又紧密联系并相互影响。跨学科研究从世界历史的纵横两个方面来认识当今世界的发展，落脚点在于如何塑造中国与世界的关系，这一尝试无疑是有现实意义和价值的。

我把“新的时代观”作为论文集的主标题，需要在这里做一点补充。它的第一层含义是指马克思恩格斯的世界历史理论是研究时代问题的理论指南。包括“大工业创造世界历史”，新兴的民族国家通过世界市场、国际贸易和国际分工等活动将其他民族或者国家卷入其中；“世界性”（世界生产力和世界交往的普遍发展）改变了人类分散的历史，形成相互依存、相互联系发展的世界历史。第二层含义是指世界历史形成之后，任何民族或者国家都成为世界的组成部分，离开了“世界性”就会落后甚至挨打。国际关系学探寻世界历史发展各个阶段的国际关系状况，其中带有普遍性和规律性的法则需要国家遵守。第三层含义是指

“和平与发展是当今时代的主题”，它代表了中国共产党的新时代观，成为党把工作重心转移到经济建设上来，实行改革开放的重要理论依据。简言之，中国特色社会主义就是将中国的发展融入国际社会之中并紧跟世界经济发展的主流和趋势，走出一条与世界共同发展的强国之路。

论文集的出版于我个人来说，是一个梦想的实现。青年时代也有虚度光阴的时候，但我总是告诫自己不能庸庸碌碌一生；在职攻读科学社会主义专业研究生时期，由于身体透支，曾经发生肾绞痛被同学们送进医院。我默默地承受住了教学和科研的压力，努力地完成各项工作，才使今天得以圆梦。在此，我非常感谢中共四川省委党校 四川行政学院教授学术文库编委会的各位领导和同志们给我这个机会；也衷心地感谢参与本书编辑工作的四川大学出版社的各位编辑，他们在文字表述的完整性、标点符号的使用等方面对论文集进行了把关，对不足之处进行了认真的修改和校对，使论文集得以进一步完善。

吴嘉蓉

2015 年 11 月 12 日